那时的
文化界

陈明远/著

山西出版集团　山西人民出版社

图书在版编目（CIP）数据

那时的文化界／陈明远著.—太原：山西人民出版社，2011.8
ISBN 978-7-203-07326-0

Ⅰ.①那… Ⅱ.①陈… Ⅲ.①文化事业-文化史-中国-1938~1949 Ⅳ.①G129

中国版本图书馆CIP数据核字（2011）第111761号

那时的文化界

著　　者：	陈明远
责任编辑：	员荣亮　隋兆芸
装帧设计：	谢　成
出 版 者：	山西出版集团·山西人民出版社
地　　址：	太原市建设南路21号
邮　　编：	030012
发行营销：	0351－4922220　4955996　4956039
	0351－4922127（传真）　4956038（邮购）
E - mail：	sxskcb@163.com　发行部
	sxskcb@126.com　总编室
网　　址：	www.sxskcb.com
经 销 者：	山西出版集团·山西人民出版社
承 印 者：	山西出版集团·山西新华印业有限公司
开　　本：	960mm×787mm　　1/16
印　　张：	17.25
字　　数：	300千字
印　　数：	1－6 000册
版　　次：	2011年8月　第1版
印　　次：	2011年8月　第1次印刷
书　　号：	ISBN 978－7－203－07326－0
定　　价：	36.00元

如有印装质量问题请与本社联系调换

目录 CONTENTS

序 …………………………………………………………… [1]

全面抗战前夕东北教育的兴衰 …………………………… [1]

[1]东北教育从无到有 /[2]东北高等学府之首——东北大学 /[3]不比寻常的冯庸大学沿革 /[5]著名学者在东北大学的教学生活 /[7]中国第一个建筑学系 /[10]日寇摧残东北原有的教育系统 /

伪满洲国的文化与生活状况 ……………………………… [12]

[12]伪满洲国傀儡政权的由来 /[14]日寇大肆掠夺东北财富 /[15]伪满洲国的民族状况 /[16]伪满洲国实际上由日本人执掌大权 /[17]东北作家群 /[18]伪满洲国的教育 /[20]14年亡国奴——伪满洲国的民生凋敝 /[22]伪满洲国的中国学生遭遇 /

抗战初期的文化大迁移 …………………………………… [23]

[23]我国108所高等院校的分布 /[24]日寇对我国文教设施的严重摧残 /[32]中国第一所流亡大学 /[34]史无前例的学府长征 /

抗战期间的经济和生活费 ………………………………… [44]

44 1936年中日经济和军事实力对比 /45 国民政府的币制改革 /46 国民党官僚资产阶级的形成 /47 通货膨胀的危机(1939—1945) /48 大后方工农业的发展 /49 大后方交通运输业的发展 /50 民生轮船公司 /51 大后方工薪阶层生活下降 /52 生活费和实际收入 /53 重庆地区的实际收入逐年下降 /54 昆明地区的生活费逐年飞涨 /56 西安地区的生活费逐年飞涨 /57 物价高涨,高级人物并不在乎 /57 上海和江浙一带沦陷区生活格外痛苦 /

大后方(国统区)的文教事业 ………………………………… [60]

60 贷金——抗战期间的大学生待遇 /61 西北(临时)联合大学的两个学年 /63 对于西北教育事业的强力促进 /64 西北大后方各高校艰苦奋斗 /66 1940年以后形势越来越严峻 /67 西南大后方的教育及生活 /68 抗战期间小学教师们饥寒交迫 /70 川北青年教师的心里话 /71 抗战时期的中央大学 /72 战乱中实现了"大学都城梦" /74 重庆复旦大学 /76 1942年教育面临更严重的困难 /78 1943大学公费制的由来 /79 大后方文化人群体的素描 /83 抗战期间教师生活的典型——朱自清 /84 抗战期间作家生活的典型——老舍 /

文化人的反腐败斗争 ………………………………………… [86]

86 为何蒋介石长期重用孔祥熙主管财政? /90 国民党权贵巨额财产之谜 /92 马寅初指责国民党军政要员"大发国难财" /94 师生祝寿为救院长 /95 傅斯年坚持弹劾孔祥熙 /96 "倒孔"运动经久不息 /99 孔祥熙最终怎样下台? /

西南联大的经济生活 ………………………………………… [101]

101 西南联大生活水平逐年下降 /103 西南联大的伙食 /104 西南联大的住房 /104 西南联大的衣着 /105 1940年的生活实录 /107 "半工半读"和"半工半教" /109《大学及独立学院教员资格审查暂行规程》/110 1941年以后的生活津贴 /112 大学教授,困兽犹斗 /113 诺贝尔奖得主杨振宁的老师们 /116 自食其力,自行其是 /118 1944年,教授的幽默 /121 中华民族的脊梁 /

沦陷区(敌占区)的文化人 …………………………………… [122]

122 1935年的汉奸政权——冀东防共自治政府 /123 日寇继续扶持汉奸傀儡政权 /125 贫贱能否移,威武能否屈 /127 沦陷区北平高校概况 /128 北平沦陷时期的艰巨生活 /

[129]沦陷区公共交通萎缩 /[130]汉奸周作人 /[132]上海租界"孤岛"的文化人 /[136]太平洋战争爆发后的教会学校 /[139]抗战期间内迁的教会大学状况 /[140]抗战后期水深火热 /[142]声讨文化汉奸的罪恶 /

中共根据地的文化人 ················· [143]

[143]"工农红军"称号的由来 /[143]早期苏区的供给制 /[144]长征中的衣食住行 /[145]国民政府给八路军发饷 /[147]国民政府给新四军发饷 /[147]抗日战争时期的供给制 /[149]陕甘宁边区先后流通几种货币 /[149]陕甘宁边区的财政来源 /[150]边区物价的波动 /[151]惩治腐败的标准 /[152]奔赴延安的文化人 /[152]延安"鲁艺"的经济生活 /[155]延安根据地的服装 /[157]解放战争时期(1945—1948)的供给制 /[159]全国统一的的供给标准 /[160]新中国成立初期供给制和工资制并存 /

卖国贼汉奸及其下场 ················· [162]

[163]大汉奸汪精卫卖身投靠日寇 /[163]卖国贼汉奸群体的构成情况 /[168]北洋军阀中也有宁死不当汉奸的 /[170]被钉在历史耻辱柱上的大汉奸 /

抗战胜利后的经济形势 ················ [181]

[181]法币和日本军用券 /[182]国民党官僚腐败透顶 /[183]"底薪"和"实际薪津" /[184]抗日胜利后北平的经济危机 /[184]1947年宋子文被迫辞职 /[186]1946—1948年北平粮价狂涨 /[187]1946—1949年四川物价水平 /[189]法币的崩溃 /[190]国民党统治后期的恶性通货膨胀 /[191]按法币计算的最低生活费 /[193]国民政府的财政陷入绝境 /

19世纪40年代后期的学校生活 ·············· [194]

[194]上海学生眼中的经济危机 /[195]校园生活饥寒交迫 /[197]所谓调整薪金和"年功加俸" /[198]震惊国内的"五·二〇"运动 /[198]"2分37秒内战费"等于中大全体同学全月膳费 /[199]挽救教育危机联合大游行 /[200]内战期间的北洋大学 /[201]法币通货膨胀的恶性循环 /[203]罢教、罢研、罢工 /[204]齐白石和法币 /[205]清华大学教授朱自清的气节 /

全面内战时期的文化人 ················ [207]

[207]巴金的主要经济来源——版税支付法币 /[207]《观察》周刊的经济状况 /[208]艰苦奋斗的创业精神 /[210]风云变幻中初战告捷 /[212]忍辱负重,义无反顾 /[214]市场发行——

Ⅳ 那时的文化界

广大读者的经济支持 /216自由战士,大众喉舌 /

金圆券和独裁政权的崩溃 ………………………… [218]

218金圆券的加速灭亡 /221一个学生的日记 /2241949年仍然通行银圆 /224"金元宝兑换法币"的故事 /225金圆券的垂死挣扎 /225浦熙修评金圆券 /228对于金圆券的嘲笑和抗议 /230金圆券时期的校园生活 /231经济危机与顾颉刚 /234金圆券、银圆券的大洗劫 /

从金圆券到人民币 ……………………………………… [235]

235知识分子的待遇 /236法币和金圆券时期的实际薪津 /239南方文化人日记中的金圆券 /244人民币的新时代 /249历史的教训必须牢记 /

附　录 ……………………………………………………… [252]

252从法币到金圆券 /25420世纪中叶各地购买力 /2561937—1948年1银圆合法币多少元 /258度量衡的标准化 /

后　记 ……………………………………………………… [261]

序

20世纪日本侵华战争,从1931年就已经开始,此后整整14年间,日寇一系列的残酷暴力罪行,时而"鲸吞",时而"蚕食",不断侵吞中国的领土,掠夺中国的财富,残害中国的人民。

1931年9月18日,中国东北地区的日本驻军——关东军在南满铁路柳条湖段制造爆炸事件,借口遭到中国军队攻击,偷袭并占领了沈阳的中国军队(奉系军阀张作霖张学良所部)营地"北大营",历史上称为"九·一八"事变。接着不到百日就占领中国东北全境。国民党政府的反应是"绝对不抵抗",请西方列强调停:"先以公理对强权,以和平对野蛮,忍怒含愤,暂持逆来顺受态度,以待国际公理之判断。"国际联盟调停建议:中日两国都从中国东北撤出武装力量,中国东北由西方列强各国共管。国际联盟通过了多数决议:不承认日本占领中国东北。结果是日本退出"国联",在东北建立"满洲国"。

日寇不仅侵占中国东北,而且制造事端,进犯上海。1932年1月28日,"淞沪战争"爆发,史称

"一·二八"事变。驻上海十九路军奋起抵抗日寇,激战33天,中国军民死伤1.6万余人,财产损失20亿元以上。5月5日,国民党政府签署《上海停战协定》,划上海为非武装区,中国不得在上海至苏州、昆山一带地区驻军。淞沪战争暂停。

1932年3月,日寇扶植、利用前清废帝爱新觉罗·溥仪建立傀儡政权——伪满洲国,日本帝国主义在中国东北实行殖民统治14年之久,使东北3000万同胞沦为亡国奴。东北抗日联军及义勇军奋起抗争,遭到残酷镇压。杨靖宇、赵一曼等爱国志士英勇牺牲。

1933年1—5月,日寇先后占领了热河、察哈尔两省(今内蒙及辽宁一部分)及河北省大片土地,进逼北平、天津,并于5月31日,迫使国民党政府签署了《塘沽协定》,承认了日本对东北、热河的占领,划绥东、察北、冀东为日寇自由出入地区。"长城线以南由中国方面担任之警察机关,不可利用刺激日寇感情的武力团体",限令中国军队撤离。

1934年5月,日寇在天津市南开八里台和吉林省伊兰县强占民地修建机场,并动用飞机轰炸伊兰县,炸死我民众2万余人。

1935年6月27日国民党政府签署《秦土协定》,中国丧失了在察哈尔省的大部分主权;7月国民党政府签署《何梅协定》,中国河北省主权大部分丧失。11月,日本唆使汉奸殷汝耕在通县(今北京市通州区)成立"冀东防共自治委员会"。冀东(今河北东部)22个县宣告脱离中国政府管辖,沦为日本殖民地,促使北平学生掀起"一二·九"抗日救亡运动。

1937年7月7日,北平卢沟桥"七·七事变"爆发,不久上海"八·一三"抗战,中国军民奋起展开全面的抗日战争。一直到1945年8月15日,日本宣布无条件投降,这一历史时期称为"八年全面抗战"。

全面抗日战争打响了

1937年日本侵略军倾其主力入侵中国东部富庶地区。7月底,日寇攻占天津、北平；11月，太原沦陷，上海失守；12月南京、济南相继沦陷；1938年1月，中国守军撤离青岛；5月徐州合肥、6月安庆、7月九江，10月广州、武汉接连落入敌手。国民政府西迁重庆。

不到一年半，1938年底日寇已占领中国三分之一的国土，占有中国工业实力的92%和农业实力的40%，除了上海市租界和香港英殖民地成为包围圈内暂时中立的"孤岛"以外，从北平到武汉、广州一线以东的文化区沦落敌手。

然而，由于不愿做奴隶的中国军民奋起浴血抗战，"用我们的血肉筑起我们新的长城"，日寇"三个月灭亡中国"的野心被阻遏，企图在中国关内重演"满洲国"丑剧的妄想被击碎。

为了保存实力，中国文化人纷纷随政府迁移到西南"大后方"，有少数迁移到西北；中国共产党及其武装部队则守住了陕甘宁边区。

1939年2月，日寇攻占海南岛、3月南昌、6月汕头潮州、8月深圳、11月南宁，阻断了中国与越南之间的运输线，同时又迫使法国停止利用滇越铁路向中国运送商品；1940年7月，迫使英国停止开放滇缅公路，至此中国从国外进口商品就更为困难。

抗日战争进入了持久战的相持阶段。

1944年4月，日寇又做垂死挣扎，侵犯河南、湖南，发动豫湘战役，至8月先后占领郑州、长沙与衡阳等地；9月，日寇侵犯广西，发动柳桂战役。12月，日寇攫取了大陆交通线。

此后一直到1945年8月中旬，日寇宣布"无条件投降"为止，中国广大国土分为三个部分：（1）国民政府撤退到西南（重庆、四川、云南、贵州）及西北（陕南、甘肃、兰州）等地区，即国民党统治区，当时称为大后方；（2）日寇占领区包括伪"满洲国"在内，当时称为敌占区或日占区；（3）中国共产党及红军（八路军新四军）控制的地区，主要是陕甘宁边区以及苏北解放区。

从1937年7月17日到1945年8月15日，整整8年全面抗战期间，中国除大西南（重庆、四川、云南、贵州、西康、西藏）、大西北（陕西、甘肃、宁夏、青海、新疆）等欠发达地区以外，其他东部与南部比较富庶的省份皆遭日寇铁蹄蹂躏，伤亡人数达 3500 多万，直接和间接财产损失共达 620 多亿美元。

然而，我国文脉犹存，护持文明火种未熄。文化界奋起抗争，以坚韧不拔的毅力，继承五四新文化传统，继续履行了救亡与启蒙的历史使命。

本书分别叙述 20 世纪 30—40 年代这三大地区文化人颠沛流离状况，以及 8 年全面抗日得到胜利后，紧接着天翻地覆的 3 年内战的艰巨生活。

这十几年间，中国流通的法币及金圆券，在人类货币史上创下了通货膨胀、物价飞涨的世界最高纪录。中国文化人长期陷入了水深火热之中。

全面抗战前夕东北教育的兴衰

1932年以后,中国流行着一首爱国抗日歌曲《松花江上》,每当歌者唱到"九·一八、九·一八,从那个悲惨的时候,离开了我的家乡!……"听者无不动容,甚至凄然泪下。这首歌就是东北大学生们,不愿做亡国奴而流亡关内的凄凉沉痛的心声。

20世纪30年代,日本开始侵华战争,首先侵占了中国东北地区。因此本书一开始,就从全面抗战(1937年)前夕东北教育的兴衰谈起。其中特别叙述过去罕为人知的东北高等学府之首——东北大学,以及不比寻常的冯庸大学。

东北教育从无到有

清末民初,东北地区的文化水平较内地相对落后,老百姓多数为文盲。

1905年在沈阳创建了奉天师范学堂(今辽宁当时称为奉天),1909年更名为奉天两级师范学校,1918年更名为沈阳高等师范学校;1910年创建了奉天省立第一农科高级中学;1920年奉天公立外国语专门学校更名为奉天公立国文专修学校,后来又更名为公立文学专门学校。

周恩来曾经对张学良说:"其实我是在东北长大的,家叔把我从江苏淮安带到铁岭读书。当时我读书的地方是银冈书院。"

1916年全省中小学校5326所,中小学生为225902人;到1926年,全省学校增加到9576所,学生623028人,学校数比10年前增加了一倍左右,学生人数增加了两倍多。

奉天省长王永江责令每个县每年选送一名优秀学生公派留学，期满归国后，向他们发放贷款，让他们引进国外设备，依靠先进技术夺回日商垄断的市场。

张学良也特别重视东北的教育，他在奉天兴办同泽中学、同泽女中，在家乡兴办海城同泽中学，在东三省各地试点兴办新民小学，等等。

东北高等学府之首——东北大学

1922年春，张作霖命奉天省长兼财政厅长王永江筹办东北大学。第一次奉直战败后，1923年5月，张作霖宣布"东北三省独立"。几乎同时，1923年4月26日，东北大学正式成立。由原沈阳高等师范学校改办为东北大学的理工科，原文学专门学校改办为东北大学文法科。文法科设中国文学系、英文学系、俄文学系、法律学系、政治学系；理工科设数学系、物理系、化学系、土木工学系，机械学系。经费充裕，教职人员待遇优厚，超过国内各公立私立大学。如留美归国的英语文学专家吴宓，1924年就到东北大学英语系教授"英国文学史"、"修辞及作文"，并在国学系教英文。

此后，东北大学成为东北地区的最高学府。所需经费，初拟奉天、吉林、黑龙江三省按成摊款（奉天六成，吉林三成，黑龙江一成），后以吉林拟自行创办大学，不愿摊成，遂由奉天一省独担大学经费。除开办费外，第一年即拨款近44万银圆，以后逐年增加，至1927年共拨经费260万银圆。校址暂设在沈阳高师旧址内，第一期学生480余人。

王永江兼任校长，亲笔题写了"知行合一"的校训，拟定了《东北大学组织大纲》，计划设立文科、法科、理科、工科、农科、商科六科，每科又设若干系。当时奉天省财政收入近70%用于军费。而奉天省长兼财政厅长王永江拿出财政收入的5%用于教育，实为难得；他还把教育的普及情况作为考核地方官员政绩的条件之一。

1927年11月1日，王永江去世，终年56岁。1928年，张学良兼任校长，东北大学逐渐发展成为全国一流大学。1929年，奉天省立第一农科高级中学并入东北大学，改建为东北大学农学院。

张学良将父亲遗产1000万银圆，作为振兴东北教育之用，而重点投入东北大学。他先后又捐助300万银圆，修建了汉卿南楼、汉卿北楼、图书馆、实验室，及当时远东最完善的可容纳数万人的罗马式体育场，1929年第十四届华北运动会在此召开。东北大学的实习工厂铺有铁路，可以维修机车及大型机器，农学院有试验田三百多亩，及大型机械耕种设备。

当年国内荒乱，北平、南京均不安定，北平各校经常欠薪、减薪。相对说来，东北较为安定一些。常年办学经费，东北大学居全国之首，为150万银圆（清华大学每年120万银圆，北京大学每年90万银圆）。还重金聘请国内外著名专家教授任教。东北大学教授平均月薪360银圆，（天津南开大学240银圆，北京大学、清华大学300银圆），许多关内知名学者联袂出关在东北大学任教。

1929年，全校教职员达234人，学生达2300人。1931年"九·一八"事变前夕，东北大学有387人毕业。

东北大学创办之后，黑龙江省于1926年成立了哈尔滨工业大学、哈尔滨医学专科学校，1927年交通部在锦县设立交通大学，吉林省于1929年成立了吉林大学。至此，东北三省的高等教育初具规模。

不幸，1931年日寇发动"九·一八"事变，严重破坏了东北教育事业。

1931年"九·一八"事变后，东北大学师生流亡到北平，成为第一所"流亡大学"。1933年，冯庸大学并入东北大学。1937年，东北大学更名国立东北大学。（东北解放后，1949年3月，东北大学一分为三，分别并入东北工学院、东北师范大学和东北农学院。）

不比寻常的冯庸大学沿革

冯庸大学是中国东北地区著名一时的私立大学，校址在今沈阳市铁西区滑翔小区一带。1927年8月8日，由奉系空军将领冯庸创办，校园位于沈阳市铁西汪家河子村，当时的南满铁路揽军屯站附近。设大学部、中学部、小学部。其中大学部分设工学院、法学院、教育学院。

冯庸（1901—1981）是奉系军阀冯德麟长子。张作霖与冯德麟为至交，冯庸与张学良同年（1901年，清光绪二十七年）出生，两人曾结拜兄弟，并同取字"汉卿"。冯庸毕业于北京中央陆军第二讲武堂。1926年，冯德麟去世后，冯庸继承父业担任军职，被张学良任命为东北空军司令；他又在沈阳小西门建立沈阳大冶铁工厂，附设大冶工业专科学校。他拿出冯家几乎全部家产，着手创办冯庸大学。当时冯庸认为，中国内忧外患的主要原因是工业落后，"工业兴国，先育人才"，这是他创办冯庸大学的本意。

冯庸大学为中华民国第一所西式大学，也是中华民国第一所拥有军用教学飞机及机场的大学。冯庸变卖了绝大部分家产，投资310多万银圆创办冯庸大学。为维持义务办学的费用，家中几处缎庄和药店也归校产管委会管理，每年收入20万银圆全部用于办学。

1927年8月8日，冯庸大学开学，时年26岁的冯庸担任校长兼训练总监。

冯庸大学是一所私立公益性大学，主体建筑为忠楼、仁楼、中庸楼，三座楼用廊道连接，分设大学部、中学部，相当于初中的小学部。起初开设工学、法律、体育、文学等9个专业，学生600人。冯庸也和学生们一起学习、运动，每天早晨督促学生早起，并时刻叮嘱他们要热爱自己的祖国。

当时日本人经营的"南满铁路"穿越冯庸大学正南方。每天看到日本人的火车驶过，冯庸谆谆教育学生们说，一定要奋发图强，报国雪耻。

冯庸大学对学生完全免费，由冯庸家产支付学校的全部教育经费。他的义举颇为东北人景仰。

1931年"九·一八"事变前夕，冯庸大学扩充为三个学院：工学院、法学院、教育学院，学生总数达700余人。

冯庸的办学宗旨是"造成新中国的青年"，即培养具有新思想以及传统的卫国与建国能力的"新青年"。冯庸教育思想有三：一是"八德八正"，"八德"即孝、悌、忠、信、礼、义、廉、耻；"八正"即正行、正业、正思、正言、正视、正听、正德、正容。二是"教育机会均等"，对学生不收取任何费用。三是"工业救国"。当时，面对日本侵略者推行奴化教育的严峻现实，冯庸提出"八德八正"，就是要以中华民族的传统美德武装青年思想和精神，从而抵制日本侵略者的奴化教育。

冯庸规定，除课堂上应讲授的课程外，人人都要受军事训练，每日实行强迫运动一小时，即便是严冬积雪，学生也要坐卧雪地反复苦练，以增强学生体魄，培养其吃苦耐劳精神。当时，沈阳人都把冯庸大学与东大营、北大营两个军营相提并论，称冯庸大学为"西大营"。

"九·一八"事变，冯庸大学遭到严重破坏。1931年9月21日，日本关东军冲进冯庸大学，将教室、宿舍的箱柜洗劫一空，并将校长冯庸带走软禁起来。日寇占领冯庸大学后，将校园改建成飞机修理试飞机场（即后来的滑翔机场）。

当晚，冯庸大学大部分师生有组织地在马三家子火车站乘车撤到北平。

从此，冯庸大学流亡北平，1931年10月28日于北平原陆军学校复校。张学良特将北平西直门崇元观五号的前陆军大学校舍，用来收容这些师生。

冯庸被日寇扣押后，先是软禁在沈阳大和旅馆，劝降不成，又将他劫持到日本东京。后来冯庸在一位日本朋友的帮助下逃离虎口，从上海绕道回到北平，继续主持冯庸大学校务。1931年11月1日，冯庸大学抗日义勇军誓师成立。

1931年年底，冯庸会同当时东北知名进步人士王化一、卢广绩、阎宝航等人同赴南京，向蒋介石请愿抗日。1932年，"一·二八"上海淞沪抗战打响，流亡中的冯庸大学抗日义勇军，由冯庸率领到上海参加阵地宣传和救护工作。1933年初，日寇进攻热河省，冯庸又带领学生抗日，赴承德参加热河战役，英勇杀敌。

1933年9月，冯庸大学并入国立东北大学。冯庸本人加入中华民国空军继续投入抗日和民族独立斗争，军衔累至中将。冯庸大学的许多爱国师生也继续参加抗日活动。

著名学者在东北大学的教学生活

东北大学以重金向关内聘请教授，以理工学院的师资力量较强。

马宗芗原为奉天文学专门学校教师，1923年主持建立东北大学国文系，担任主任教授。

吴宓从美国留学归国后，应聘于1924年8月初到东北大学。他每周任课13小时，教英语系"英国文学史"3小时，"修辞及作文"6小时，国文系"英文读本"4小时，月薪320圆国币，依现市价，在官银号可合现银（大洋）约240圆。在校内，他有住室两间，粉墙砖地，与南京的西式楼房迥异。他与另外两位同事合用一仆，用洋油炉做饭，费用由三人均摊。由于这里天气冷，生活费高昂，吴宓便没有带家眷。第二年离职南下。

化学家庄长恭，1919年赴美国留学，1924年在芝加哥大学化学系毕业，获博士学位。回国后，1924—1931年任东北大学教授，化学系主任。"九·一八"事变后被迫离开东北，出国进修，1931—1932年任德国哥廷根大学、明兴大学客座教授。

原北京大学教授冯祖荀，1926年8月应聘到东北大学任数学系主任、教授。

原北京大学教授林损，1927年应张学良聘请赴东北大学任教。张学良7岁从师名儒，读四书五经，对儒家文化推崇备至。林损授课时出口成章旁征博引，"衍百家之说，析以片言；证古今之学，归于至当。"张学良听课时钦佩之极。张虽政务繁忙，仍时常邀林探讨学问，两人情谊甚笃。1928年皇姑屯事变后，林损离开东北大学，辗转南下任教，这期间，林损和张学良一直有书信往来,保持联系。

原北京师范大学教授黄侃,1927年秋后到东北大学,任教的时间也不长,1928年南下,转到中央大学。

1928年刘仙洲受聘为东北大学教授,成立了机械工学系,刘仙洲为主任,主讲机械原理、热机学、经验计划等课程。"九·一八"事变后,刘仙洲不愿做亡国奴,随即到唐山,受聘为唐山交通大学教授。

陈雪屏在美国哥伦比亚大学心理研究所进修(1926至1929),1930年返国,在东北大学担任教育心理系主任。1931年"九·一八"事变后陈雪屏返回北平,于北京师范大学教育系任职。

张学良出任东北大学校长后,更新聘了一些大学者前来东北大学执教。

第4任东北大学校长宁恩承回忆:"1930年我在东北大学校长任内,张学良聘伯苓(按:张伯苓,宁恩承的老师)先生为东北大学委员会委员(校董)。其他委员为罗文干,汤尔和,章士钊,王树翰,臧式毅,金静庵,萧纯锦,王卓然等诸贤。真正具有办大学经验,能出谋划策者是伯苓先生。当时国内荒乱,北京,南京均不安定,北京各校教授欠薪,减薪;而东北安定已久,教育经费充足,东北大学教授月薪360银圆,天津南开大学240银圆,北大清华300银圆。重赏之下,必有勇夫,关内许多名人学者联袂出关不是无因的。"(引自《百年回首》)

当时东北大学教师阵容很强,皆全国知名学者——

文法学院有:章士钊(院长),邱昌渭,吴柳隅,李正刚;

理工学院有:冯祖荀(数学系主任),刘仙洲(机械工学系主任),梁思成(建筑系主任),林徽音,庄长恭(化学系主任),王董豪,张豫生。

教育学院有:陈雪屏(教育心理系主任),郝更生,高梓,吴蕴瑞,宋君复。

1930年,章士钊欧游归来,应张学良之邀,到沈阳东北大学讲学,受聘为东北大学文法学院教授,次年任院长,月薪800银圆,为教授中最高者。在校内供给独院的眷属住宅,可谓优礼厚币。"九·一八"事变后,章士钊回到上海,为杜月笙宾客,不久正式挂牌当律师。

《静晤室日记》1930年5月20日记云:"章行严来辽讲学,东北大学所邀也。今晚宁君恩承邀饮大陆春,余往作陪。往者喜读行严之文,凡《甲寅杂志》之作,每细心读之,以谓今日言论有二大家:一梁任公,一即行严也。行严之文清言娓娓,以懿美胜,于任公之外,别树一帜,并世作者殊罕其俦。恩承谓行严长于文笔,而短于思想,可谓搔着痒处。如所撰《五常解》,可谓奇觚不中,毫无理致,而文笔固雅洁可诵也。"(引自《静晤室日

记》第四册)

可叹 1931 年"九·一八"事变后,这些教授名家都被迫离开了东北。好端端一个东北大学毁于一旦。

中国第一个建筑学系

梁思成、林徽因闻名天下,是一对多才多艺的情侣。然而,他们曾在东北大学工作三年,并创建了中国第一个建筑学系的事迹,却罕为人知。

梁思成、林徽因在美国留学的专业——建筑学

梁思成 1901 年 4 月 20 日出生于日本东京,是梁启超的长子,祖籍广东新会。1898 年,梁启超与他的老师康有为积极参与戊戌变法,失败后逃亡日本。1912 年 11 月 6 日,梁思成随父母从日本回国,先住在天津,后到北京,曾在北京汇文学校及崇德高小读书。梁启超 1914 年脱离政界后,应清华校长的聘请到清华讲学。1915 年梁思成入清华学校。由于书香世家的熏陶,梁思成学习特别刻苦。1919 年"五四"运动中,他是清华的学生领袖之一,同学们称他是"有政治头脑的艺术家"。

林徽因 1904 年 6 月 10 日出生于杭州,祖籍福建闽县(今福州市)。从小就受到良好的家教,1912 年随祖父从杭州迁居上海,进入爱国小学读书。1914 年,林徽因 10 岁时随祖父到北平,与父亲林长民同住,三个月后祖父去世。1915 年,袁世凯称帝,林徽因随全家迁居天津英租界的红道路,在天津生活了一年。从杭州到上海,到北平,再到天津,童年的林徽因大开眼界。各地不同的建筑外观,使她感受到诱人魅力。1916 年,林徽因又随全家返回北平,并进入英国教会学校培华女中读书,掌握了地道的英语,又学会弹钢琴。1920 年 3 月,林徽因随父亲赴欧洲考察,游历了法国、瑞典、意大利、德国和比利时,9 月到达英国伦敦,随即进入圣玛丽学院(ST. Mary's College)学习。礼拜天,她随父亲进入伦敦社交界,认识了许多社会名流,增长了不少见识。1921 年 10 月 14 日,林徽因随父亲回国。

林长民是段祺瑞政府的司法总长,是民主党(1912 年成立)及共和统一党的代表人物。而梁启超实际上是民主党的主脑和幕后主持人。他两人是多年的挚友。由于这层关系,梁思成与林徽因早在 1918 年就相互认识,1922 年处于热恋中。双方确定了婚姻关系后,梁启超明确提出:先立业,待儿女赴美留学,完成学业后再订婚、结婚。

1922 年春,梁思成顺利通过去美国留学的考试。1923 年,梁思成从清华学校毕业,正做赴美留学的准备时,5月7日,他和弟弟乘一辆摩托车去天安门参加"国耻日"纪念活动,在长安街被一辆大轿车撞成重伤,住进协和医院抢救并做了手术,从此两腿一长一短,造成终身残疾。留美一事只好推迟。

1923年7月,林徽因于培华女中毕业,并考取了半官费留学。1924年7月6日,梁思成与林徽因比翼双飞,来到美国康奈尔大学。经过康奈尔大学预备班两个月的学习与适应,他们按照出国前的安排,进入宾州(宾夕法尼亚)大学建筑系学习。1927年2月,梁思成读完了宾州大学课程,获建筑学士学位。为了研究东方建筑,他转入哈佛大学研究生院,半年后获建筑硕士学位。1927年9月,林徽因结束了宾州大学的学业,获美术学士学位,转入耶鲁大学戏剧学院,在C.P.贝克教授的工作室学习舞台美术半年,成为我国第一位在国外进修舞台美术的专家。

1928年2月,他们各自完成了学业。学成归国前,梁启超便操劳他们的婚事,决定由双方父母在国内完成他们的订婚仪式;由梁思成的大姐在加拿大渥太华帮他们完成婚礼。梁思成与林徽因于1928年4月完婚后,在欧洲作蜜月旅游,同时对西欧各国古建筑进行实地考察,准备回国。

学成归国到东北大学创办第一个建筑学系

1928年4月26日,梁启超给正在欧洲度蜜月的梁思成写信:"你们回来的职业,正在向各个方面筹划进行,一是东北大学教授(东北为势最顺,但你们去也有许多不方便处,若你能得清华,徽因能得燕京,那是最好不过了),一是清华大学教授,成否皆未可知……"

张学良将军于1928年接任东北大学校长,积极网罗人才,全校的师资大部分都留学于英、美、法、意、德、日、俄等国的世界名牌大学。当时东北大学工学院院长高惜冰,是在清华学校读书时比梁思成高几班的校友,十分乐意梁思成来担任系主任。在取得梁启超的同意后,6月19日,梁思成夫妇在旅游考察途中,东北大学先将聘书送到北平梁启超手里,而且待遇十分优厚,梁思成月薪800银圆,林徽因月薪400银圆。

1928年8月18日,梁思成与林徽因结束了欧洲旅游考察,回到祖国。不久,梁思成和林徽因便赶在东北大学开学之前走马上任。

在东北大学的第一学期,梁思成既当系主任,又当主力教员,既管讲课,又管教务,系里大小事都要他操心;林徽因既当教员,又当丈夫的助手,还要操劳家务。教学方式完全采取英美模式:以"美学与技术综合"为主;采用师带徒教学,坐席不按年级划分。建筑学系开设的课程,与宾州大学建筑系相同,有图案、图画、营造法、应用力学、铁石式木工、图式力学、营造则例、卫生学、炭画、水彩、雕饰、图式几何、阴影、透视学、西洋宫室史、中国宫室史、西洋美术史、东洋美术史等。

开学后,所有专业课都由梁思成与林徽因分担。上课时教授点名。理工科几乎全用英美大学教材,讲课、做题、实验报告均用英语。40多名学生,集中在一间大教室。梁思成主讲"西方建筑史"、"中国建筑史"。林徽因担任"美学和建筑设计"、"雕饰史"等,还教专业英语。

林徽因上"美学与建筑设计"的第一堂课时,把学生们带到奉天(沈阳)故宫的大清门前,让大家从这座宫廷建筑的外部去感受建筑与美的关系。她教学任务繁重,天天忙到深夜。那时她已怀孕,但她不顾惜自己,还常与梁思成一起到北陵测绘各种古建筑。

1929年夏,在美国宾州大学的同学陈植、童寯和蔡方荫,应梁思成和林徽因之邀,也来到东北大学建筑学系任教。志同道合,建筑学系搞得生气勃勃。

每个周末,老同学聚在梁家,吃茶、聊天,日子过得倒也快活。

1929年8月,林徽因生下第一个女孩(梁再冰)。

张学良校长设奖征集东北大学校徽图案,林徽因设计的"白山黑水"图案独受青睐,获得400银圆奖金。

此外,他们成立了"营造事务所"。不久便完成两项设计任务:一项是吉林大学校舍,一项是交通大学的锦州分校。还设计了沈阳郊区的肖何园以及一些私宅。他们边教学边设计;边实践边研究。

在东北大学教学过程中,1930年,梁思成撰写了《中国雕塑史》。这部3.5万字的书稿是梁思成的自编教材。这是中国人撰写的第一部《中国雕塑史》。

东北大学建筑学系仅存在3年

"九·一八"事变后,日本帝国主义占领了沈阳,摧毁了东北大学。校舍成为侵略军的兵营,体育场成为日寇的马厩,东北最高学府遭受到奇耻大辱。

中国第一个建筑学系,仅存在3年就夭折了。但这个只办了3年的建筑学系,培养了一批卓有成就的建筑学者,如刘致平、刘鸿典、张镈、赵正之、陈绎勤等。

1931年9月,梁思成从沈阳回到北平参加中国营造学社。(1945年抗战胜利后,梁思成又筹办了清华大学建筑学系。1947年梁思成参加联合国大厦的设计工作。1948年梁思成当选为中央研究院院士。1950年梁思成与林徽因等共同设计了中华人民共和国国徽。1955年4月1日林徽因逝世。

同年，梁思成、刘崇乐、傅鹰、蔡方荫等在东北大学任教的几位教授，都当选为中国科学院院士。）

"九·一八"事变，东北大学与冯庸大学遭到严重破坏，高等教育由此中断。不愿做亡国奴的东北大学与冯庸大学的大批师生集体逃亡到关内，颠沛流离14年之久仍坚持办校，成为世界罕见的"流亡大学"。

日寇摧残东北原有的教育系统

日寇占领东北初期，为阻止中国师生的抗日运动，关东军司令部下令关闭所有学校；长期令东北的中国青少年失学、失业。然后强制实行殖民主义教育，大大降低了东北的文化教育水平。

小学校

据1929年统计，东北有幼稚园及小学校13777所，小学生747827人，教员24498人。这些学校在"九·一八"事变后一律停办，学生离散，教职工失业。直到1933年末进行所谓整顿，才在原有学校基础上，恢复小学10592所，但设备简陋，质量低下，当时东北学龄儿童就学率仅为23%，直到1937年，就学率仍不超过30%，而失学率竟达70%以上。

中等学校

"九·一八"事变前夕，东北地区的中等学校共有181所，分初中与高中两级。高中实施以文理系统为主的教育，设有普通农、工、商、师范、家事等科，采取选科制，两级修业年限各为3年，设补习学校和职业学校。日本侵占后，借口"中学校为排日干部养成所，成了排日之地方轴心，教授训练内容不用说，就是课外读物，第一是党义之彻底及排日思想之涵养为目的"，从而大肆破坏中学教育，或停办关闭中学，或将中学改成日本侵略军的营房。1934年以后，陆续恢复开办一些中学，但直到1937年仅恢复中学173所，而且在恢复过程中，把普通中学改为农、工、商等科的职业学校，降低中学教育的文化水平。中学的就学率极低，失学率竟达50%以上。

师范教育

"九·一八"事变前夕，东北的师范教育设有师范讲习科、高中师范科及师范学校，均为3年毕业。另设有乡村师范学校，修业年限1年或2年。高级师范教育则有教育学院及师范专修科，共计87所。

日本占领后，称"新教育需要有新意识之教师"，1933年4月，日本侵略者在长春设立了"教员讲习所"，认为"现职的教师，受建国前之教育者很多，受正规师道教育者极少，其素质很有些缺陷的地方"。因此，主张对原有教师必须进行轮训。1938年1月，又完全废止原有的师范学校，改为师道学校，以培养执行殖民奴化教育的师资。

职业教育

东北的职业教育同样遭到日本侵略者的摧残。据1933年6月日伪统计记载："满洲国实业教育，在事变前夕共计62所，事变时一度停办。（伪满洲国）建国后，逐渐恢复，现已开学30所，学生2067人。"日本侵略者为在伪满洲国强化以经济掠夺政策为主的"产业开发"，恢复了一批职业学校，而且取消高、初级中学的文理科，改添工商各科或职业学校。后来，实行"新学制"，国民中等学校也实行职业化，分农、工、商、水产、商船五科。

高等学校

东北地区的高等教育在1931年"九·一八"事变前已初具规模，共计30余所大专院校，设文、理、政、法、经、工、农、医等专业。这些大专院校在日军占领后，被摧残殆尽。东北大学、冯庸大学、交通大学被迫迁往关内，其余专科院校全都被封闭。

当时，日本侵略者为破坏东北教育制造了种种谎言，说关闭高等学校是出于"不得已"和由于经费不足。实际上，封闭高等学校的真正原因是想以此扼杀和扑灭中国学生的抗日斗争。日本人皆川丰治在《满洲之教育》一书中说："大学生，狂奔排日……因此，国家（日伪满洲国）当局对高等教育也特别持有慎重态度；与建国同时，赶快封闭了旧政权时代的高等教育机关。"直到1932年后，才开放了奉天医学专门学校和哈尔滨医学专门学校。又创办了伪大同学院，作为推行殖民地奴化教育的示范大学。

伪满洲国的文化与生活状况

伪满洲国是1931年"九·一八"事变后,日本侵略者扶持清废帝爱新觉罗·溥仪在中国东北地区建立的一个傀儡政权,定都于"新京"(长春)。领土包括今辽宁、吉林和黑龙江全境、内蒙古东部及河北北部。人口3256万,其中85%是汉族,而满族人不到300万,其他还有朝鲜族、蒙古族等。通过这一傀儡政权,日本帝国主义在中国东北实行了14年的殖民统治,使东北同胞饱受亡国奴的痛苦。

伪满洲国傀儡政权的由来

1929年,日本首相田中义一在上呈天皇的奏折中说:"如欲征服世界,必先征服中国;如欲征服中国,必先征服满蒙。"于是处心积虑扶持满蒙傀儡政权。

1931年9月18日,中国东北地区的日本驻军——关东军在南满铁路柳条湖段制造爆炸事件,借口遭到中国军队攻击,袭击沈阳的中国军队营地北大营,发动了"九·一八"事变。因中国东北军主力在1930年入关参加中原大战,后方空虚,奉张学良"不抵抗"之命令退出东北。其后两个月内,日本军队迅速占领了辽宁、吉林、黑龙江以及内蒙古东部,并在各地招降纳叛、网罗汉奸走狗,成立了地方性的亲日政权。

1932年3月1日,满洲国宣布"建国"(后改称大满洲帝国),首都位于新京(今吉林省长春市)。最大城市沈阳称为"奉天"。领土包括今中国辽宁、吉林、黑龙江三省全境及内蒙古东部、河北省北部;人口3000多万,土地和人民约占全中国的十二分之一。以清朝逊帝爱新觉罗·溥仪为国家元首。宣布官方语言为满洲官话（又称为"满大林"即北京官话）、日语、蒙古语三种；官方文字为汉文与日文，而满族自己的满文和满语早就被忘却了。由此，满洲国实际上是以汉族为被专制压迫多数的日本附庸国。

1932年3月9日，日本军国主义正式举行大典，扶持傀儡溥仪"执政"，建年号为"大同"。10日，溥仪致函关东军司令，委托日军维持国防和治安、管理铁路，并聘请日本顾问。

3月13日蒋介石就伪满洲国的成立发表谈话说："东北成立伪国，完全为日方一手包办。政府虽痛恨溥仪等等为傀儡，但如讨伐，即难免扩大战争，考虑结果，暂不颁讨伐令。"继续奉行不抵抗政策，但否认满洲独立，并向日本提出强烈抗议。

3月16日关东军司令本庄繁宣称：伪满洲国的一切政令，须经过驻地的日本军部及特务机关许可，方能实行。

1933年2月24日，国际联盟大会通过报告书，指明：东北三省主权属于中华民国；日本违反国际联盟的盟约占取中国领土并使之独立；"九·一八"事变中日军行动并非自卫；"满洲国"是日本参谋本部指导组织的，其存在是因为日本军队的存在，满洲国不是出自民族自决的运动。

为此，日本于同一天宣布退出国际联盟。

1934年改国号为"满洲帝国"，改年号为"康德"，溥仪由执政改称皇帝。为了便于"分而治之"，伪满洲帝国在1934年行政区划为14个省和两个特别市：安东省、奉天省、锦州省、吉林省、热河省、间岛省、黑河省、三江省、龙江省、滨江省、兴安东省、兴安西省、兴安南省、兴安北省，新京特别市、哈尔滨特别市。1937年增设牡丹江省、通化省，1939年增设东安省、北安省，1941年增设四平省，共为19省。此外，今大连市，当时为日本的关东州。

伪满洲国一直没有得到国际社会的普遍承认。当时世界上共有60多个独立国家或政权，直到1937年日本挑起全面侵华战争时，正式承认伪满的除了日本外，只有智利、萨尔瓦多、罗马教廷（梵蒂冈）等少数国家，这说明日本扶持傀儡政权失道寡助。据英文维基百科全书的资料，第二次世界大战期间，先后与满洲国"建交"的只有17国，其中主要是日本、德国、意大利、西班牙、罗马尼亚、保加利亚、芬兰、克罗地亚、匈牙利、丹麦等法西斯轴心国及傀儡政权"中华民国南京汪伪政府"、"蒙古自治邦（内蒙古）"。苏联为了自己的私利，通过默认的方法，为伪满拓宽外交空间留下了余地。日文维基百科全书则认为"建交"的有21国。

日本驻伪满洲国大使由关东军司令官兼任。

1945年8月，苏联红军出兵迅速击败了驻守满洲国的百万关东军和满洲国军，日本战败。1945年8月18日，"康德"皇帝爱新觉罗·溥仪宣读退位诏书，伪满洲国政府也同时灭亡。

日寇大肆掠夺东北财富

"九·一八"事变后，日寇迅速占领沈阳、长春、吉林、齐齐哈尔等城市，首先夺取东北的主要金融机构，即东三省官银号、吉林省永衡官银号、黑龙江省官银号、边业银行和辽宁省城四行号联合准备库，以及中国银行、中国交通银行分行等金融机构。除黄金外，关东军还抢走了张学良存在边业银行的私有黄金8000两和古玩字画等。其中，从"四行号"掠取的资金达1.4亿元。这些银号的附属事业投资额高达3800余万元，亦全被日寇掠夺。

日寇吞并东北四银号后，筹划设立伪满银行。1932年7月1日，伪满中央银行总行、支行共128个单位正式开业，"满铁"的社员被安插到银行进行监管，原有四银号被撤销。

伪满中央银行是伪满洲国傀儡政权的"国家银行"，受关东军的全面控制。日本银行在伪满中央银行行内设有参事室进行监督，实际上伪满中央银行是日本银行的特殊分支机构，专门为关东军提供军费和筹集军需物资。

日本占领东北后，大大地削弱了中国的经济，占全国铁矿藏量的37%、生铁产量的79%、石油开采量的93%、黄金开采量的55%的资源悉数被日本掠去。

在东北地区，日本奉行"原料满洲，工业日本"的殖民掠夺方针，把东北变成日本发展工业的原料基地，而满洲国的工矿企业则为日本所控制，以重工业为主，到1942年，重工业资本额占工业资本额的79.2%，而轻工业仅占20.8%，比例严重失调。

日寇侵华期间，大肆掠夺中国东北金银财宝及其他金属货币，一手收买东北所生产、储备的黄金、白银及现大洋等，再运往日本国内及出口英美各国，换取英镑美元外汇，购入战争必需物资，资助日寇作战。

日伪统治者从1937年起实施"产业开发五年计划"。1937年伪满洲国计划开采黄金4230千克，最终生产了3709千克；1938年生产了3000多千克。1941年日本侵略者运回国内的黄金数量为23000千克。（以上部分根据美国西格雷夫《黄金武士》一书及其他有关资料）。

伪满洲国的民族状况

东北地区虽然又称为"满洲",是女真—后金—满清的发源地,但在明代早已是满族、汉族、朝鲜族和蒙古族等兄弟民族混合杂居的地区,其中以辽宁省的满族人数较多。满清入关后实行民族等级与隔离制度,严禁汉人进入满洲"龙兴之地"垦殖——颁布禁关令。然而满八旗几乎全军倾族入关,东北人口剧减,借口"祖宗肇迹兴王之所"保护"参山珠河之利",长期对东北实行封禁政策。19世纪,黄河下游连年遭灾,清朝政府却依旧禁关。山东等地的破产农民不顾禁令,成千上万冒着被罚危险,闯入东北,此为"闯关东"来历。至1840年东北人口突破300万,比一百年前猛增了七八倍。后来沙俄侵略到黑龙江,意欲南下,清朝于1860年在满洲局部弛禁放荒,1897年全部开禁,1910年东北总人口增至1800万人。

清代后期和民国初年,经过山东等各地农民源源不断"闯关东"进入东北垦殖移民,满洲(包括汉八旗蒙古八旗)人口中已经有85%是汉族,而且原有满族早已接受汉文明而同化,日常生活中普遍说汉语(称为满洲官话或满大令),甚至忘却了原有的满族语言(这一点跟明代以来我国境内的广大回民类似)。伪满洲国绝对不是满族的独立国家,而是日本侵略者制造的傀儡政权。

东北沦陷后,当地满族人民同样遭受了日寇压迫与屠杀。抚顺平顶山大惨案,3000多遇害中国人中80%是满族人。满族聚居的凤城白旗村,273户人家被强迫出劳工200余人,占总劳动力的60%左右。和睦村不足50户,就有50多名满、汉族青年被强迫无偿劳役,病饿而死。

满族民众也绝不是日本占领军的同盟者,作为中华民族一员的东北满族民众对满洲国并不认同。东北义勇军及后来在华北等地加入抗日队伍的满族人数众多。例如:打响中国抗战第一枪的黑龙江代省长马占山、抗日联军第三军军长赵尚志、七七抗战指挥者佟麟阁、八路军第一二〇师政委关向应、抗日空军飞行员高志航等都是满人。邓铁梅、苗可秀、李春润、阎生堂等在满族聚居的凤凰城、岫岩等地组织抗日队伍向日寇浴血奋战(第一出抗日名剧吴祖光的《凤凰城》就是讴歌这一悲壮事迹的)。满族人邓铁梅发起的东北民众自卫军,到1932年秋已发展到1.5万余人,组成八个团,两个大刀队,其中半数以上是满族青年。1932年夏秋,东北抗日义勇军的活动达到高潮,直接参加反抗日伪统治斗争的人数累计达40万之众,其中包括大量的满族领袖领导的抗日队伍，如：黄显声组建的"辽宁义勇军"，唐聚五领导的"辽宁民众自卫军"，高玉山领导的"国民救国军"，白承润领导的"少年铁血军"，等等。

溥仪在《我的前半生》里坦言："这时占据着我全心的，不是东北老百姓死了多少人，不是日本人要用什么办法统治这块殖民地。它要驻多少兵，要采什么矿，我一概不管，我关心的只是要复辟，要他们承认我是个皇帝。"溥仪曾于1930年到日本东京参拜靖国神社，甚至迎奉"天照大神"牌位回"满洲国"供奉，承认满人的祖宗为"天照大神"。满族民众反抗而并非支持他们过去的皇帝卖国求荣投靠日本侵略者，这在以前的清朝是不可想象的。

伪满洲国实际上由日本人执掌大权

伪满洲国国务院，是伪满洲国政府的最高机关。国务院在体制上是国家元首溥仪的直属组织，但实际上却由日本关东军主导，不少日本人在国务院中担任要职。

1932年（大同元年）伪满洲国建国时，国务院以"国务总理"为首，以下各部组织长官则称为"总长"。伪满洲国建国当初的国务院首届内阁如下：国务总理郑孝胥，民政部总长臧式毅，民政部次长葆康；文教部总长由郑孝胥兼任，文教部次长许汝棻；外交部总长谢介石，外交部次长大桥忠一（日本人）；司法部总长冯涵清，司法部次长古田正武（日本人）；财政部总长熙洽，财政部次长孙其昌；实业部总长张燕卿，实业部次长高桥康顺（日本人）；交通部总长丁鉴修，交通部次长平井出贞三（日本人）。1934年溥仪即位"皇帝"；年号改为"康德元年"。各役职名稍有变更：国务总理改称国务总理大臣，总长改称大臣。

1945年（康德12年）日本无条件投降前夕，伪满洲国解体（终战）时的国务院内阁各部实际上早已由日本帝国主义者执掌大权，如下：国务总理大臣张景惠，厚生部大臣金名世，厚生部次长关屋悌藏（日本人）；国民勤劳部大臣于镜涛，国民勤劳部次长半田敏治（日本人）；文教部大臣卢元善，文教部次长前野茂（日本人）；外交部大臣阮振铎，外交部次长下村信贞（日本人）；军事部大臣邢士廉，军事部次长真井鹤吉（日本人）；司法部大臣阎传绂，司法部次长辻朔郎（日本人）；经济部大臣于静远，经济部次长青木实（日本人）；兴农部大臣黄富俊，兴农部次长岛崎庸一（日本人）；交通部大臣谷次亨，交通部次长田仓八郎（日本人）。也就是说，国务院各部的部长名义上是满族或汉族人，而操纵权柄的实际上全都是日本人。

伪满洲国实际上沦为日本最重要的的殖民地。

东北作家群

20 世纪 30 年代，在哈尔滨出现了东北作家群。哈尔滨的《国际协报》是哺育东北作家群的摇篮。《国际协报》的文艺副刊"国际公园"，先后发表了刘军（萧军）、刘莉（白朗）、悄吟（萧红）等人的作品。

为什么哈尔滨能聚集这样一批文学青年呢？不是偶然的。1931 年"九·一八"事变以后，哈尔滨有大约半年相对宽松的环境，这是因为俄国的中东铁路枢纽在北满的哈尔滨，日本及伪满洲国起初还顾忌国际政治影响。哈尔滨是东北最后沦陷的一所大城市。当时日本准备全力侵略关内，对苏联则采取防御政策。

东北三省一区中，黑龙江与俄罗斯间接壤最多。十月革命之后的苏联，仍然保持着对哈尔滨潜在的巨大影响。因此，哈尔滨人有种"后方"的感觉。哈尔滨的文化背景，尤其城市建筑有鲜明的俄国特色，被称为"小莫斯科"。俄国人在哈尔滨经商开店的很多，还有一些俄国人经办的学校（25 所）、医院、教堂等等。

文坛的繁荣先要看发表作品的阵地。哈尔滨是国际都市，报业发达。"九·一八"以前，当地发行的中日俄英等文报刊多达 200 余种。其中民间报纸就有《滨江日报》、《国际协报》、《晨光报》、《哈尔滨日报》等 20 余家，此外还有《大公报》、《申报》、《新闻报》，苏联《真理报》、《消息报》等几十种外埠和海外报纸布满报摊。各报代表各种势力：亲日的，宣传大东亚共荣圈；亲英美的，宣传西方民主；亲苏的，宣传社会主义；其他还有社会新闻、商务贸易、娱乐等行业报刊。总之思想活跃，言论也较自由。

1932 年 2 月哈尔滨沦陷后，报业受挫，频遭接收、查封、合并，但鉴于复杂的国际背景和各种势力较量，报刊还有相对的存活空间。由赵郁卿任社长的《滨江午报》，把日本人办的《大北新报》贬称为"大背心报"，并与之论战，一时发行量达三万份，影响很大，最后终被日伪当局停刊，资产归《大北新报》强行接收。

1932 年，《国际协报》、《滨江时报》、《哈尔滨公报》三家民营大报曾被合并为《滨江日报》。但《国际协报》仍是当时有影响的民营大报。社长张福生、主笔王星珉，均是同盟会老会员，思想上坚持孙中山的三民主义。报上经常发表具有进步和革命倾向的文章。副刊部主任赵惜梦是五四时期出现的东北文坛新文学作家，先后培养了于浣非、张铁弦、金人、杨朔、孔罗荪、陈凝秋（塞克）等一批文学新人。1932年2月赵惜梦逃入关内。同年3月7日裴馨园到《国际协报》任副刊编辑，团结了一批爱国文学青年。副刊一直是他们主要发表作品的园地之一。"（引自《跋涉生死场的女人萧红》第三章）

萧红、萧军、端木蕻良、舒群、骆宾基、罗烽、白朗、李辉英等，这些从东北流亡到上海及关内的青年作者，被称为"东北作家群"，形成于30年代中期。中国的抗战文学，从东北作家群发轫。

依据《大公报》副刊1940年披露的东北作家39人名单，有杨晦、穆木天、萧军、罗烽、高兰、萧红、李辉英、辛劳、师田手、白朗、端木蕻良、舒群、邹绿芷、丘琴、雷加、骆宾基（张璞君）、姚奔等人。东北作家群里面，萧红的文学成就是最高的。他们分期分批向关内流亡，先后辗转跋涉到了北平、天津、青岛、上海、武汉、临汾、西安、延安、香港、重庆、桂林等地。

东北作家群的突出贡献，就是首先把"反对日本帝国主义"的主题，大量、集中、醒目地表现于文艺创作。反帝、反专制、反旧道德，是中国新文学的基石。"九·一八"之前，反帝的作品数量比较少，且大多是侧面描绘。东北作家群以他们的作品，正面直接地描绘了东北人民的抗日战斗，从大部队的沙场激战，到游击队和民众的自发抗争，将反对日寇侵略、反对汉奸、反对卖国投降的内容，作为文艺创作的焦点。

伪满洲国的教育

1932年春，日本关东军自治指导部确定社会教育两大要点，一是宣传"民族协和"，二是宣传"王道乐土政治"，借助于中国传统的儒教，大肆崇拜孔孟之道，寻找殖民奴化的思想统治工具。伪满文教部的《文教月刊》宣称："我国家尊崇王道，仁义是资，以后自当恭体执政宣言，以道德仁爱为主。除去种族之见、国际之争，以王道修齐治平之旨，内以树立我国民族精神，外以协和世界人民情感，此本部教育之方针也。"

伪文教部指示各省市县"祭孔"，并表彰孝子节妇，编纂教科书灌输"王道建国精神"。1932年3月25日，伪国务总理郑孝胥训令各省，"嗣后各学校课程，著用《四书》《五经》讲授，以崇礼教，俾国民皆知建国精神之要义，庶几统一国民思想"。日伪统治者大力提倡孔孟之道，利用儒家的"仁义道德"愚弄东北人民。

1932年7月25日，伪满洲国文教部成立，下设礼教司社会教育科，监督管理东北社会教育机关。伪省教育厅下设社会教育科，监督管理各县旗市的社会教育。

伪满洲国成为日本殖民地以后，经过数年的血腥镇压和残暴的军事专制，一直到1933—1937年才正式按照日本学制改建了12000所小学、200所中学、140所师道学校（即师范学院），以及50所技术及专业学校（院）和一些军官学校。例如：原有奉天（沈阳）塔湾的农科高中改设为高等农业学校；原中俄合办的哈尔滨工业学校，事变后改名高等工业学校，原有私立哈尔滨医学专科学校等，都由日本人接管控制教学。

1937年7月，伪文教部并入民生部，改设民生部教育司、社会司。社会司管辖东北的青少年教育、成人教育、民众教育馆和民众讲习所、图书馆和博物馆、召开讲习会、电影广播、民众娱乐、推荐图书杂志、指导宗教团体、沟通日满文化等十项社会教育内容

1938年伪满公布《大学令》，实行新学制，把奉天高等农业学校、哈尔滨高等工业学校、新京医学专科学校三所专科改编升级为"大学"，奉天药剂师养成所改编为学院，建立吉林师道高等学校（师范学院）。还有"满洲建国大学"同年举行入学式（满洲国务总理大臣张景惠兼任建国大学总长，学制为6年），新京南岭设立中央师道训练所。1939—1940年在长春设立新京政法大学、新京工矿技术院、新京畜产兽医大学，以及奉天（沈阳）工矿技术院，奉天陆军飞行学校，哈尔滨农业大学，都是竭力恢复"九·一八"以前的东北各级高等院校。1940年建立满洲国中央博物馆、满洲国民俗博物馆。

伪满洲国创建的"准学制"大学，也称特别教育施设的专科学校，实际相当于中专。如专门为北满地区日本移民开拓团设立的龙井开拓医学院、哈尔滨开拓医学院、齐齐哈尔开拓医学院等等，规模很小，相当于医务培训班，专门招收日本移民学生。培训各蒙旗学生的兴安医学院招生人数也不多。

私立大学共计4所，其中私立奉天医科大学是英国基督教会在沈阳小河沿创立的医科大学，伪满初期降为专科学校，后又恢复大学名称。私立北满学院是俄国人创办的圣乌拉吉米尔专门学校，日伪当局把白俄事务局的俄侨学院合并到专门学校，改名为私立北满学院。新创立的私立奉天商科学院由满铁会社和伪奉天市政府资助，私立奉天药剂师养成所原附属新京医科大学，1940年独立办学。

20世纪40年代前期，在伪满洲国教育系统中，共有60万学生和25000名教师。另外，还有1600所私立学校，150所宗教学校以及哈尔滨地区的25所俄国学校。一直到这时候，才算初步建立了正规的教育体制，然而教

学质量和师资水平远远比不上从前的东北大学。

伪满洲国教育系统为伪满洲国以至韩国和日本各项事业提供专业人才和驯服工具。如韩国前总统朴正熙和韩国将军白善桦均为满洲国军官学校毕业。

在所有这些学校和文化机构中,厉行日本殖民主义政策,强制推行日本语文教学,灌输"无限忠于天皇"的奴才思想。由日本人管理学校,规矩很多。进校门要面向日本靖国神社方向敬礼,早练时要用日语背诵"国民训";上午十点,下午两点,要全体学生立正默念"大东亚共荣圈战胜之完绥"。就连服装、发型都要严格按照日本的规定执行。

总而言之,这样的教育机制实际上是把中国东北和台湾当做日本管辖的殖民地,强制洗脑,训练民众成为日本帝国主义的愚民和奴隶。

14年亡国奴——伪满洲国的民生凋敝

伪满时期,除了统治阶层中的日本军政要人和满清皇亲国戚以外,在平民中间,日本人是第一等人,朝鲜人是第二等人,中国人(汉族)是最底层的第三等人。

中国汉族百姓最受歧视。在日本殖民统治时期,"中国人"这三个字是不能叫的,而叫"支那",凡是写到"中国"的书籍、报刊一律得烧掉,不准阅读。中国原有的地名如"长春"不准叫,而叫"新京";"沈阳"也不准叫,而叫"奉天"。而大连地区直接划为日本的一个州,叫做"关东州"。

严加监视中国汉族人,不准小声说话,不准交头接耳,不准拥有收音机或者收听收音机,如果被发现或者被检举出来,就犯了"思想罪"。中国人不准对日本人统治和伪满洲国说个"不"字,一旦被发现,就是"反满抗日",犯了"政治罪"。

中国人过年过节以及平时不准吃大米白面,谁吃了就是犯了经济罪。中国人违反了上述规定中其中一条者,轻者被打或者被强行灌水、火油、辣子水,重者坐老虎凳,放狼狗咬,坐牢纠正。

当时伪满洲国实行粮食配给制度。规定日本人吃大米,朝鲜人吃小米,汉族少数的一些官僚可以吃到大米饭。

伪满洲国成立后,通行货币称为"绵羊票"。在铁路局(满铁),搬运工的劳务按重量计件(由工头抽5%后),每月工资一般为25块绵羊票,而满铁的正式职工每月大约40块绵羊票(当时一袋面1块6毛,一斤猪肉1毛2分钱)。中国职工待遇远远低于日本人。

住在城市里的中国人，粮食和油盐凭户口本供应，普通汉人的粮食定量分三等，最多的一等是男人每月 26 斤（或 25 斤），二等 20 斤，高粱米是红色的，其中掺有杂合面（即橡子面），味道苦，非常难吃。老年人配给量仅为成年人的一半（每月 13 斤），日寇公然说："都快入土的人了，少吃点罢！"

农民种地也不自由，日本人规定你种什么（棉花或杂粮等）就得种什么，不准种其他品种，否则挨打挨罚。

三等是农村人，没有定量保障，粮食都是统购统销，日常完全是是高粱米或者苞米面。另外特殊节日也配给一些"协和面"，就是很差的混合面粉，这就算是不错的特别待遇了。

日寇还经常在十字路口"点天灯"。什么是点天灯？就是把那些不服从的中国人吊起来，全身浇上汽油，活活烧死。还逼迫老百姓去观看，以教育中国人俯首帖耳地接受日寇统治。甚至规定，日寇的狼犬打谁家门前过，这家人就得向狼犬行 90 度敬礼，还要用日语问好。如果敬礼的姿势不标准，他们就放狗咬人，咬死咬伤都没人管。这就是东北亡国奴生活的写照。

中国的男青年到了 20 岁，要逐个检查身体，身体条件合格的就得去当伪满洲国的兵，不合格的就得参加"勤劳奉仕"，也就是无偿劳动 3 年。做够了 3 年回到家，还得轮流去给日本人当劳工，编成大队、中队、小队专做脏、累、危险的活，吃不饱穿不暖，日夜都有日本兵看守，如有不出力者就得挨打挨关押。去军事基地或秘密场所（如细菌战研究部门）做工，往往工程结束后被集体杀害，一个人也不能活着出来。甚至强制征选有姿色的女青年当慰安妇，还要随日寇上战场。

日寇在中国东北抓获许多"劳工"，当做会说话的牲口使唤，根本不把劳工的生命放在眼里。有些劳工为了活命，逃了出来。日寇发现后就开枪追，在严寒中，不少人被活活冻死。

根据伪满洲国官员王子衡笔供：1943 年 7 月到 1945 年 8 月的两年间，按照伪满民生部命令，每年由伪滨江省供出劳工 6 万人，勤劳奉公队 6 万人，两年共征调 24 万人。指令各市、县长负责，由各村屯长协同警察按户数人口分派，不服从分派者，即由警察逮捕，打骂关押，不配给食品、豆油、食盐等必须物品，结果仍得去劳动。1944 春季和 1945 年春季……征调劳工被分派在阜新、鹤岗等矿山工厂和牡丹江省的日寇军事工地，都是在恶劣的条件下每天从事 10 小时的残酷劳动，衣服破烂不能蔽体，饭食粗恶，分量不够。住的是破漏席棚，不蔽雨雪风霜。还常常受着监工把头的毒打恶骂，身瘦如柴，有病无医药，任其痛苦死亡。据伪滨江省民生厅长巡视牡丹江省军事工地归来报告：眼见劳工被打和工人病死在席棚外，还没掩埋，病者 12 人呻吟无药。伪开拓厅长王某到阜新矿山，见到病者十几人卧在露天的破席棚里,没有医药。有一劳工死卧在矿井外边。劳工的惨状可以想见。由此,根据伪滨江省公署动员科的报告,1943年到1944年的供出劳工和勤劳奉公队的死亡率,都为百分之五左右。两年间的劳工、勤奉队24万人中,死亡者当为1万2千人以上。(引自中央档案馆编:《伪满洲国的统治第27篇·伪满洲国官员王子衡笔供》)

伪满洲国的中国学生遭遇

伪满洲国对于中国学生一律用日本语教学,老师上课必须讲日语。

每年秋季,各所学校统一安排一天参拜日本神社。每年的3月1日学校纪念"满洲国皇帝登基",5月纪念"伪满皇帝访问日本"和"伪满皇帝访问日本归来"等等。在生活习俗上,中国学生一律按日本人规矩,如日本人剃光头,我们的学生也都得剃光头;日本人见哪个学生留头发就毒打一顿。日本人戴战斗帽,我们的学生也要戴战斗帽,而且一年四季小腿上都要打绑带。

日本人对中国学生进行军国主义教育:"上级打下级这叫阶级服从。"所以在学校里、在马路上,高年级学生打低年级学生"天经地义",而低年级学生挨了打还不准躲闪不得反抗,每被打一下,嘴里还得用日本话喊道:"嗨(是)!"

被打时两腿不得挺直,否则还得继续挨打。

"日本的小孩可以随便打中国小孩,中国小孩不得还手,如果中国小孩还手打了日本小孩,那就犯了抗日罪。"

对青少年学生不仅进行奴化教育,还有更多的额外负担,有些学校的学生每人要交两张兔子皮,4只活田鼠。这活田鼠是供日本军队作细菌试验用的。有时还得交10只乌鸦蛋和中草药等等。

每月两三次要到火车站接"英灵",就是装日本战死军人的骨灰盒。列车在此经过,命令学生们站在车站两旁,待火车快进站时,行90度鞠躬,直到火车开出很远才能礼毕,一站就得一个小时。有的学生受不了,晕了倒下,也没有人敢上前去拉一把。

日军经常有战死的,人们就一年四季每月都有两至三次去接"英灵"。

伪满洲国对于中国学生就是这样"洗脑",培训忠实的奴才和驯服的良民。

抗战初期的文化大迁移

20世纪30年代后期中国东部有一批名牌大学,已进入了教育科研现代化的行列,并且跟国际接轨。中国高等教育的起点高、发展快、成效大。当时有一句国际公认的评价:"中邦三十载,西土一千年。"——欧洲经过千年才完善的"现代大学"体系,在中国只用了三十年就建成了。中国当时的大学师资力量、研究成果、毕业生质量,都已提高到世界先进水平。

1930年中国共有高等院校85所,在校学生37566名;到1936年,高等院校数量增加29%即新设23所,达到108所;在校大学生增加了12%,在校学生和研究生达到41,922人;各校教员7560人,职员4290人,共有师生5.4万人。6年内高等院校规模稳步扩大。

独立研究机构有两个:中央研究院和北平研究院。此外还有12所大学设立研究学部。(参看《1937年以来之中国教育》,原载《教育通讯》复刊第2卷第9期;又见《第二次中国教育年鉴》,商务印书馆1948年12月出版)

但是,日寇侵华战争,残酷地破坏了我国高教和科研事业的发展。

我国108所高等院校的分布

1937年7月全面抗日战争爆发前,我国的高等院校分布很不平衡。无论是公立(国立或省市立)、私立(民办或教会合办)的大学,多数集中在东部沿海的沪宁杭与平津等几个主要城市、各省会以及若干通商口岸(如青岛厦门)等比较富饶的地区。战前全国共有高等院校108所,其中,在上海就有 25 所，北平 14 所，南京及江南 12 所，河北（包括天津保定等）8 所，广东 7 所，以上五处就占了高等院校一多半，在校学生则占全国总数的约 80%。而在中部一些省会城市武汉、长沙、成都、重庆等只有零星的院校分布。至于西部赤贫地区，如贵州、云南、西康（后并入四川省）、陕西、宁夏、甘肃、青海等省，一所大学也没有。

我国东部的教育文化中心，可说是"一头沉"，极易遭受敌人攻击。

1936—1937 学年我国的 108 所高校，包括 42 所综合性大学（国立 13 所、省市立 9 所、私立 20 所）、36 所独立学院（国立 5 所、省市立 9 所、私立 22 所）、30 所专科学校（国立 8 所、省市立 11 所、私立 11 所）。按规定，综合性大学（University）可辖文、理、法、工、农、商、医、教育（师范）八个学院（College），凡具备三个以上学院的称为大学（但这三个学院必须包括理学院或农、工、商学院之一；不足三个学院的学校为独立学院）。

抗日战争初期，在 108 所高校中，因校舍遭受日寇占领、轰炸、破坏，而大多数师生不愿意做亡国奴，被迫迁移者，达 94 所，占 80% 以上；其中一部分合并或解散。留在原地者仅有 14 所，主要是一些有西方背景庇护的教会协办的学校，如北平的天主教会辅仁大学、基督教会燕京大学、协和医学院，上海的天主教会震旦大学，上海基督教联合大学（由圣约翰大学、沪江大学、东吴大学、之江大学四校组成），以及在上海尚未卷入战火的"孤岛"——外国租界地区的大同大学、光华大学、交通大学等。

1937—1938 学年，我国高等院校数目下降 16%，减为 91 所，在校大学生下降 26%，减为 31,188 名；也就是几乎下降到 1929 年的规模。

日寇对中国文教设施的严重摧残

学校、图书馆、出版社等文教园地，并不是军事机关，按理不应成为敌人轰炸的主要目标。然而，抗日战争期间，日寇有意识有计划地大肆破坏中国的文化教育设施。当时一个日本军官说："如果我们炸毁的只是上海的几条马路，中国人一年半载就能把它修复起来；只有炸毁了大学和出版社，中国人才不得翻身！"看来这帮强盗都明白：要想灭掉有着数千年悠久历史的民族，必须先灭掉它的根，灭掉它赖以生存的文化。民族间的一切较量，归根到底就是文化的较量！

1937 年"七七"事变后，日寇派出大批飞机，对平津地区、沪宁杭地区以及各地院校进行狂轰滥炸。南京中央大学、北京大学、清华大学、北洋大学、南开大学、复旦大学、浙江大学、广州中山大学等名校,首当其冲,横遭日寇蹂躏。上海的商务印书馆、中华书局等出版机构,也遭到毁灭性破坏。

战后(1946年11月)联合国教科文组织第一届大会上,中国代表团的报告书控诉:"抗战八年间,我国教育文化曾受敌人之重大摧残。日人认为各级学校均为反日集团,所有知识青年均系危险分子。为欲达到其长期统治中国之目的,故极力奴化我青年之思想,摧毁我教育及文化机关,欲以消灭我固有之文化。因此之故,战时我国教育文化之损失,至为惊人。"

第二次世界大战中,没有哪个国家的文教事业像中国那样遭受到侵略者如此严重而且是蓄意的摧残。日寇对中国文化教育灭绝人性的大破坏,成为中日关系史上最黑暗的一幕。

日寇对上海文教设施的疯狂破坏

1931年"九·一八"事变爆发以后,日寇就对我国关内的文化教育进行肆意破坏。

1.1932年"一·二八"事变

1932年1月28日"淞沪战争"发生,日寇攻占上海市区(英法租界除外),在南市放火9天,百姓死伤无数,5255家中国工厂被占,损失超过8亿银圆。

上海市各大学及出版社多遭劫难。据当时上海各大学联合会主席、交通大学校长黎照寰于4月10日致教育部的报告称:

"自日寇犯境,淞沪沦为战区,所有各大学或遭炮火轰击而毁坏无余,或为敌军所占领,虽房屋仅存,而书籍木器供其炊薪。"

1932年6月3日国家教育部报告给中央行政院秘书处《淞沪被灾专科以上学校所报损失表》载:

"国立中央大学商学院、国立中央大学医学院、国立暨南大学、国立同济大学、国立劳动大学、国立交通大学、私立复旦大学、私立大夏大学及附中、私立东吴大学法律学院、私立上海法学院、私立持志学院及附中等14校,在日寇侵沪之役中,所受直接、间接损失,共计7,438,178银圆。"

"一·二八"事变日寇进攻上海时,还对上海的出版社、印刷厂以及图书馆的公私收藏品,进行了故意焚毁和掠夺,这一场浩劫将许多文化人的毕生心血化为灰烬。

在上海档案馆现存的一本影像资料中,记录了1932年商务印书馆总厂及附属的东方图书馆被毁后的景象。1月28日清早8点多钟,日寇飞机轰炸了商务印书馆。第一枚炸弹就落在油墨仓库里边,瞬间燃烧起来,那些被熔化了的铅字像水银一样在地上流淌。宝山路的总管理处、编译所、四个印刷厂、仓库、尚公小学等全部中弹起火被焚毁。随后,日本浪人又潜入东方图书馆纵火,浓烟遮蔽上海半空,纸灰飘飞十里之外,火熄灭后,纸灰没膝,五层大楼成了空壳,商务印书馆80%的资产被毁。

东方图书馆是商务印书馆的附属机构。其前身涵芬楼,是商务印书馆编译所最早的图书资料室。该图书馆在张元济先生等人的努力下,已收集各类书籍46.3万册,图片、照片5万余幅,其中善本书经鉴定和整理的共计3745种、35083册。加之当时尚未鉴别整理的扬州何氏藏书4万册中之善本书,其总数达5万册。善本书中海外孤本和精品约有500多种、5000多册。另外,馆中还收藏有地方志2641种、25682册,其中有元明刊本141种。这些书籍,在日寇炸弹轰击和故意焚毁之下,顷刻便成了灰烬。价值连城的善本孤本图书从此绝迹人寰。

据当时出刊的报刊报道:"东方图书馆于今年1月29日被日寇焚毁,损失中文书26.8万册,西文书8万册,善本书3203种(注:这个数字似未包括'海外孤本和精品约500多种',应以上述的3745种、35083册为准),何氏善本书约4万册。又方志2641种,价值10万银圆,亦悉数被焚,殊为痛惜!"

"西文书8万册,有15世纪前,所印之西洋古籍图照5千余种,内有罗马教皇凡的康所藏明末唐王、太后、太子及司仪太监皈依天主教皇之影片,闻系张菊生先生游罗马时,重金购得。又,荷兰出版之《通报》、英国亚洲文会出版之《学报》、德国出版已达百年之《理比希化学杂志》,公元1832年香港出版之《中国汇报》以及《爱丁堡评论》等,殆为远东孤本。国内杂志,则有《外交报》、《新民丛报》、《国闻周报》全份。以上种种损失,其价值殊难加以估计。"

在1932年"一·二八"事变中,东方图书馆的藏书除于1927年移存在上海金城银行仓库的500多种善本书之外,其余全都化为灰烬。此外还有许多私家藏书惨遭厄运。

望着漫天飘舞的纸灰,商务印书馆老总张元济涕泪俱下。他痛心疾首地对夫人自责说:"这是我的罪过!如果我不将这些书搜罗起来,不是集中保存,仍然让它散存在全国各地,岂不可以逃过这场浩劫!"但一切都无法挽回,他仰天长叹:"廿年心血成铢寸,一霎书林换劫灰。"

2.1937年"八·一三"抗战

上海在1937年"八·一三"连天炮火之中,有92所文教设施(包括复旦大学、同济大学、大夏大学、持志学院、正风学院、上海商学院、上海医学院、东南医学院、同德医学院、上海体育专科、上海商船专校以及商务印书馆、中华书局等）连续惨遭日寇轰炸机袭击，其中全毁的占75%。

由于光华大学是五卅反帝运动（1925年）的产物，具有坚决抗日爱国的传统，更成为日本军国主义最仇视的不共戴天之敌，所以光华大学和附中校舍全被日寇焚毁，图书、仪器等教学设备损失殆尽。

复旦大学所在的江湾正处激烈交火的战场，大学主体建筑简公堂和几座宿舍大都炸毁，"学校内外、尽成邱墟、无瓦全可言"（引自费巩教授《母校被毁简报》，载《复旦同学会会刊》1938年4月）。藏书5万余册、二层宫殿式建筑的复旦大学仙舟图书馆毁于日寇炮火。

上海商务印书馆总厂于1月29日即被日寇火炮猛轰、飞机掷弹炸毁。2月1日，编译所、研究所被日寇焚掠。其他出版机构同商务一样，亦难逃劫难，如三大出版社之一世界书局，到1938年冬，日寇从该局劫走了图书500万余册，并占领了该局印刷总厂。出版事业遭受了文化史上空前浩劫。

当时上海市内各类图书馆有173所先后遭到严重破坏，总计损失书刊40万册。如1936年9月开馆的上海市立图书馆新馆舍被炸毁；上海最大的区级图书馆——南市文庙图书馆书库被炸毁，藏书5万册中损失近3万册；落成于1935年的上海商学院图书馆高三层的书库大楼，藏书2万余册，在主要馆舍被敌炮击中时，大部分书刊随楼毁于战火。

位于南市的私立大同大学校舍被日寇侵占，约有七成建筑物被陆续拆毁。

国立交通大学的校舍被日本宪兵队盘踞。交通大学、光华大学、大同大学等校留在上海老家的师生，只能迁往"孤岛"即外国租界（日寇尚未进入的地区）勉强维持学业。

文化人遭受没顶之灾。例如：暨南大学教授曹聚仁的家被征作日寇司令部，满满一屋子的书籍不见了踪影；文学家郑振铎的藏书则化为了灰烬，他只能仰望空中的纸灰捶胸叹息。戏剧家熊佛西的书稿被炮火吞噬，他说："我的作品不但是我的生活线，也是我心血的结晶。把我的作品毁了，无异戕杀我的生命。"（熊佛西《写剧原理》序言）

出版家张元济的损失更为惨重，由他参与创办的商务印书馆和东方图书馆均毁于一旦，他说："工厂、机器、设备都可以重修，唯独我数十年辛勤搜集的几十万册书籍，毁于敌人炮火，无从复得，从此在地球上消失了！"（引自张树年《我与商务印书馆》，载《商务印书馆九十五年》）

日寇对北平、天津文教设施的疯狂破坏

故都北平沦陷后，日寇即开进北京大学、清华大学，美丽的校园成了马厩、兵营、伤兵医院。北大红楼一度成了日寇的宪兵队队部，地下室被用作囚禁爱国志士的牢房。北大的图书、仪器和教具大量被毁，仅此一项损失即达60万银圆之巨。（引自顾毓秀《抗战以来我国教育文化之损失》，载《时事月报》第19卷第5期，重庆，1938年10月15日）

1937年7月29日，日机连续轰炸天津四个小时，天津南开大学成了日寇破坏的主要目标。日机飞到八里台南开大学上空投弹，"该校秀山堂及图书馆已成灰烬"。中央通讯社当时从天津报道：7月30日下午2时，"日炮队亦自海门寺向南大射击，其中四弹，落该院图书馆后起火。""两日来，日机在天津投弹，惨炸各处，而全城视线，犹注意于八里台南开大学之烟火。缘日方因29日之轰炸，仅及两三处大楼，为全毁灭计，乃于30日下午3时许，日方派骑兵百余名，汽车数辆，满载煤油到处放火。秀山堂、思源堂、图书馆、教授宿舍及附近民房，尽在烟火之中。"至8月1日晨，火犹未熄，南开已成瓦砾之场。之后又纵火焚烧教学楼、图书馆及师生住宅37栋，中文图书10万册，西文图书4.5万册及大量珍贵的成套期刊，南开大学财物损毁按战前价值统计达663万余银圆。洗劫一空的校园沦为日寇医院和军马牧场。

据教育部编写的《敌人摧残我文化事业录》载，截至1937年10月，抗战爆发仅3个月，天津南开、河北女师、河北工学院、保定河北医学院、河北农学院等高校先后被炸毁。

为了不当亡国奴，平津地区知识分子们随同学校、文化机构向大后方（西北或西南）转移。流离失所的万般艰苦，固然波及每一位逃难者，但是文化人的损失远远超过常人之上——因为他们还有书籍资料，还有自己的研究成果。例如，建筑学家梁思成逃离北平前，将他多年来搜集的有关古代建筑的照片和资料寄存在天津一家英国银行的地下保险柜里，不曾想一场大水将他的心血淹没一空。陈寅恪教授的损失更为惨重，除了清华园家中书房的几万册藏书沦入敌手外，他更于长途迁徙中散失了随身携带的至可宝贵的读书笔记和资料。他读书时的习惯，凡遇有所得或有所疑者，均提笔标注于书页周围的空白处；待全书读毕，再将这些眉批、眉注、眉识整理出来，便是精辟的论述。因这些资料的毁灭，使他痛心疾首几乎精神失常。

日寇对南京及各地文教设施的疯狂破坏

1937年8月日本轰炸机首次空袭当时的首都南京时，就选定中央大学为轰炸目标；8月15日至26日，中央大学就遭日本轰炸机4次袭击。中央大学的校舍被轰炸成一片瓦砾废墟。

1937年12月，日寇攻占南京之后，在大肆杀戮城中居民的同时，还有计划地对这座文化古都进行了空前的文物掠夺。其涉及面之广、危害之大，是八国联军侵华之后中国文化所遭受的最大一场灾难，有70余处目标遭到攻击，80多万册汉籍文物被掠走。其中，遭受损失最大的为中央研究院，被劫汉籍33，319册；国学图书馆，被劫汉籍为167，923册、古物8件、历代名人字画464幅；国立中央博物院筹备处，被劫汉籍1365种、文物1679件，另有图书文物设备167件；中山文化教育馆，被劫汉籍58，735册，古物186件。

抗战期间，全国图书馆由1848所减少到831所，各类图书馆所损失的图书在1500万册以上。

日寇轰炸湖南大学时，以27架飞机分三队侵犯长沙岳麓山上空，密集投弹约50枚，其中许多是烧夷弹，图书馆完全轰塌、宿舍三栋炸毁，剩下残垣断壁，全校精华付之一炬（引自陈礼江《这一年的中国教育》，载《教育通讯》第40期，1938年12月）。浙江大学迁到广西宜山复课以后，突然遭到敌机18架轰炸，在浙大校园投弹118枚，师生被迫停课。武汉大学从抗战开始就迁往川西乐山，但是也横遭日寇飞机36架次轰炸，炸毁并焚烧了大半个古城……

日寇对我国博物馆文物的摧残

在日寇侵华战争中，中国博物馆一半以上遭受破坏。据1946年中国代表团向联合国教科文组织巴黎大会递交的材料中说：

全国博物馆，战前计有37所，工作人员110人。战事起后，北平故宫博物馆所藏之文物珍品多迁至四川贵州各地妥藏。国立中央博物馆筹备处亦迁四川李庄继续筹备。各省设立之博物馆则以战事影响，大多停办。1944年统计，全国仅存博物馆18所。

江浙沪一带的博物馆受害尤深。上海博物馆于"八·一三"事变中遭到日机炸毁。江苏无锡县立博物馆两千多件文物于1939年11月被日寇洗劫一空。浙江省立西湖博物馆文物、标本被日寇多次掠夺，历史文化部损失尤多。

战时日寇劫夺的文物数量惊人，据国民政府教育部所编《被日劫掠文物目录》及《文物损失数量估价表》，我国战时被劫之公私文物，查明有据者计有书籍、字画、碑帖、古物、仪器、标本、地图、艺术品、杂件等3，607，074件，另1870件；又被劫古迹741处。以上估价共值国币（战前币值）9，885，646银圆。仅南京一地，被日寇抢劫的古字画就有284万件，古玩7300件。

抗战期间，中国大量无价之宝、稀世珍物被日寇劫走，造成了无法挽回的损失。如1929年12月2日，考古学家裴文中在周口店发掘出的"北京猿人"第一个完整的头盖骨,是世界古人类研究史上的重大发现。1941年12月太平洋战争爆发时,曾由学院送交美国海军代为运出,后传在秦皇岛附近被日寇截夺。

日寇对中国科学研究事业的摧残

日寇侵华期间,中国科学研究事业亦遭受严重破坏与损失,极大地延滞了中国科学研究事业的发展。

战前至1935年1月,全国已有学术研究团体、机关共124个,属于自然科学方面的有34个。除中央研究院外,还有北平研究院、中国科学社生物研究所、实业部地质调查所、中央农业研究馆、中国西部研究院,以及清华、北大、北洋、南开、中大、武大等10所高校的研究院。战争初期,这些研究机构匆忙西迁,加之被日机轰炸,遭受了巨大的物质损失。

以当时全国最高学术研究机构中央研究院为例,1937年7月抗日战争全面爆发后,中央研究院奉命西迁,各研究所辗转千里分别迁至重庆、昆明、桂林、北碚等地。虽事先准备较为充足,组织也算周全,但各所图书、仪器仍遭受不同程度的损失。据中央研究院编《抗战估计损失》载:自1937年7月7日至1939年6月30日,因日机轰炸及迁移散失所造成的损失即有:器具58,149件,约值276,379.79银圆;图书65,800册,约值192,230银圆;仪器251件,约值259,113.80银圆;古物65件,约值4185银圆;总计73.19万银圆。留在战区不能搬迁的仪器设备,损失更为惨重,如设于上海的物理、工程、化学三研究所共用之理工实验馆,被日伪侵占后用作市政府,馆内"所有实验室之实验台、水汀、水电设备,几乎全部拆毁,伤心惨目"。另物理所曾在南京紫金山建地磁观测台,日寇攻占南京后,亦全部拆毁。据估计,其修复费需达1.4亿银圆。

各研究所迁至内地后,因日机的不断轰炸,又经多次迁移,其间损失不可估计。1940年底,历史语言所由昆明再迁四南溪李庄途中,部分珍贵古书、古物不幸落入水中,经及时打捞抢救,书籍损失仍达10%—20%,全部仪器报废,落水物还包括历代帝王头骨,唐、元、明、清有系统之碑帖等百余箱,总计损失在10万银圆以上。

尤其值得一提的是,中国历史上唯一的民办天文台——南军山天文台,在日寇登陆时,所有房屋即毁于兵火,以后仪器、资料又尽遭洗劫,整个天文台不复存在。

除此直接的损失与破坏之外,研究人员在西迁中颠沛流离,劳累困顿,日机骚扰,以及物价上涨,物资匮乏,资金困难,交通不便等等,也使学术研究和科学调查工作受到极大限制,甚至被迫中断。如昆明近郊的国立西南联合大学，研究和教学用的各个实验室，均置有一个大汽油桶，当警报响时，研究人员立即将最珍贵的仪器放置其中，除直接中弹者外，可保无虞。研究人员则疏散到附近山上。警报解除，再走下山来，从汽油桶中取出仪器，将中断的研究继续下去。

出版界遭战火摧残较严重，造成科学书籍出版困难，以至科学论文及著作找不到出路，给科学家们的科学研究带来了极大影响。抗战开始后，宁沪等地的各大书局，如商务印书馆、世界书局等，印刷财产全部沦落敌手。部分迁至香港的出版机构，在1941年12月太平洋战争爆发后，也遭到破坏。而内地新办之厂，设备既简陋，物资人才尤感缺乏，只能印刷人文科学方面的著作，对于各种科学书籍之排印，大都因无法制图，及缺乏科学符号不能出版。

1942年中，全国各主要的出版机构的自然科学出版物竟减至可惊之程度，商务印书馆、正中书局、交通书局、文化供应社、建国书局、浙大研究部、独立出版社等7家大型出版机构，仅出版纯粹科学、应用科学著作26种；怪不得李约瑟1942年在昆明各研究机构考察时，发现"论文的抄稿，在以往两年内堆积在这些研究所中者甚多。科学论文在中国得不到合适的印制，这些事实对于中国科学界同人之精神实已构成一种很大的威胁"。

控诉：中外空前未有的文化浩劫

抗日战争开始的一年内，全国所有院校有十分之九惨遭日寇破坏。

1937年11月5日，中央研究院院长蔡元培、南开大学校长张伯苓、北京大学校长蒋梦麟、中央大学校长罗家伦、清华大学校长梅贻琦等102人，联合发表关于日本破坏中国教育机关之事实声明。

声明称："北自北平，南至广州，东起上海，西迄江西，我国教育机关被日方破坏者，大学、专学校有23处，中学、小学则不可胜数。诚所谓中国三十年建设之不足，而日本一日毁之有余也。日方此种举动，每以军事必要为藉，殊不知此种教育机关，分布各地，往往距军事区域非常辽远，且绝与军事无关。日人之蓄意破坏，殆即以其为教育机关而毁坏之，且毁坏至使其不能复兴，此外皆属遁辞耳。"

"员生流离转徙，不遑居处，而设备欠缺，图书损失，教学与研究之进行，困难孔多，精神上之损失，尤不可以数计。此种学术文化上之浩劫，实为中外空前所未有。"

抗战第一年，据国民政府教育部统计，全国高校财产损失达4172万银圆。截至1938年，108所学校中，有91所遭到破坏，10所完全遭破坏。25所因战争而陷于停顿；教职员减少了17%，学生减少了一半。此项损失，实为中华文化之浩劫。

随战事的发展，日寇不断向内地渗透，战火从华北、华东沿海城市烧向武汉、长沙等华中、华南地区，我国文化人和文教事业惨遭浩劫。

中国第一所流亡大学

"九·一八"的炮火炸碎了东北大学的强校之梦。

1931年9月18日，日寇一夜之间占领沈阳，城陷未几，日本南满公学（学堂）堂长来东北大学，假惺惺致词慰问，劝大家照常上课，称经费由日本供给。全校师生悲愤已极，严词拒绝，被迫走上流亡之路，成为全中国第一所流亡大学。东北大学师生先到北平、后来迁开封、西安，南下四川三台县，一路求学，一路斗争。

1931年9月26日，东北大学大部分师生迁往北平，教授们组织"教授代表会"，推动学校复校事宜，学生也成立了"东北大学东大临时学生会"，协助教授们工作。10月18日，东北大学借北平南兵马司旧税务监督公署为校舍，在北平复课。因条件所限，部分系科停办，同时添加边疆政治系、家政系等实用学科。

1932年，张学良校长出资8000圆现大洋资助东北大学学生刘长春参加第十届奥运会。7月30日，刘长春手执中国国旗阔步走在奥运会开幕式上，这是中国首次派运动员参加奥运会。

1933年，冯庸先生将冯庸大学九个系全部并入东北大学。

1935年12月日本帝国主义者及汉奸走狗准备于9日成立"冀察政务委员会"，以实现"华北政权特殊化"。华北局势危在旦夕，"华北之大，已放不下一张平静的书桌"。12月9日，北平市学生救国联合会组织"一二·九"抗日爱国运动，在其他各校师生受军警围困，未能及时到达城区的情况下，东北大学师生冲破手持大刀、喷射水龙的军警包围，孤军出动，流亡学生纠察队与军警搏斗、夺取水龙头，从崇元观到西四北大街，再到东交民巷，冒着严寒，一直坚持到夜晚。有人被捕，有人受伤，但学生们紧接着又举行了"一二·一六"示威游行。斯诺评述"一二·九"运动："这是我第一次看到中国知识青年所表现出来的政治勇气，情景振奋人心，无论对参加者还是旁观者来说都是如此。"

《五月的鲜花》这首东北大学校园歌，在抗日民众中引起强烈共鸣，全国传唱。

"一二·九"运动后各大学纷纷准备内迁。1936年初，张学良校长在西安西门外选定陕西省立农林职业专科学校旧址为校舍,东北大学工学院及补习班率先迁往西安,成立西安分校。2月24日,西安分校正式上课。正在西安任职的张学良将军,筹资15万银圆修建校舍。在修建大礼堂时,张将军有感于"九·一八"后国破校散的处境,在礼堂基石上题词:"沈阳设校,经始维艰;至'"九·一八'",惨遭摧残,流离燕市,转徙长安,勖尔多士,复我河山!"

1936年"一二·九"运动一周年那天,西安一万多青年学生,举行了"停止内战,团结抗日"的请愿游行。东北大学西安分校的学生,走在游行队伍的最前面,高呼:"枪口对外,打倒日本帝国主义"、"停止内战,打回老家去!"等口号。向陕西省主席邵力子请愿未达到目的,于是冲出军警戒严的中山门,高唱救亡歌曲,向临潼进发,向正在那里的蒋介石请愿。得知消息,蒋介石下令堵截学生,武装镇压。张学良校长深恐学生遭到伤害,驱车追上学生请愿队伍,劝阻学生返回校园。

1936年12月12日,张学良、杨虎城扣押了蒋介石,实行兵谏,逼蒋抗日。史称"西安事变"。"西安事变"的和平解决促成了国共两党第二次合作,成为由国内战争走向抗日民族战争的转折点。但西安事变以后,张学良校长却从此失去自由,开始了半个多世纪的幽禁生活。

1937年1月,南京国民党政府委臧启芳为代校长,根据国民党政府南迁东北大学的指令,在开封河南大学内设东北大学办事处,东北大学迁到开封。同年5月,东北大学改为国立,臧启芳来西安接收西安分校,6月,开封学生迁来西安,集中办学。

1938年春,日军轰炸西安,东大不得不再度迁校,由陕入川,沦落到四川三台。

东北大学暂借四川三台县旧试院和草堂寺及县属联立高中之一部分为校舍,工学院迁出,重点建设文、理、法、商学科。一批名师齐集东北大学,陆侃如、冯沅君、金毓黻、高亨、杨荣国、姚雪垠等先后来校任教。

1940年,学者金毓黻到东大筹备"东北史地经济研究室"。1942年,国民党政府教育部令:改东北史地经济研究室为文科研究所,研究生毕业给予硕士学位。东北大学编印学术刊物《东北集刊》、《志林》;研究生教育,由此发端。

在三台这座川北小城,东北大学度过了8年时光。校友刘黑枷在《歌声琴韵》中回忆:"我们那时在学校里最爱唱的歌,是东北流亡三部曲、在松花江上等,每次唱歌都心潮激荡,怀念故乡,遥想前线"。抗日战争中,有60位东北大学校友牺牲。

1945年胜利来临，陆侃如教授撰写对联：万里流亡，尝胆卧薪，缅怀黑水白山，此时真个还乡去；八年抗战，收京降敌，珍重禹时舜壤，来日无忘守土难。

1946年，东大师生从三台陆续返回沈阳，1947年2月在北陵原校址开学。1948年6月，东北大学再迁北平；1949年1月31日，北平和平解放，随着新中国的成立，东北大学进入新的历史时期。

史无前例的学府长征

1937年8月13日，大上海保卫战即壮烈的"淞沪战役"打响了。经过3个月的拉锯争夺，11月12日，日寇占领了上海主要地区（公共租界除外）。12月13日，日寇占领南京，并向武汉逼进。

为延续中国教育的精髓，使无校可归的师生不致失学当亡国奴，中央研究院院长蔡元培、中央大学校长罗家伦、北京大学校长蒋梦麟、清华大学校长梅贻琦、南开大学校长张伯苓、北平研究院院长李煜瀛、同济大学校长翁之龙等102人联合发表声明，提出"教育为民族复兴之本"，要求政府采取果断措施，将一些高校迁往内地办学。根据国防政府的命令，华北、上海、江浙等地的70多所高等学校，纷纷向西部内地迁移，继续"教育救国"的事业。

面对日寇侵略，东部各高等学府师生连同家属十几万人，无论老中青，只要是健康状况允许的，大多数毅然舍弃家产，随同学校西迁内地。例如：当时陈寅恪和吴宓商量，"为全节概而免祸累，……各不得不微服去此而他适矣。"（引自《吴宓日记·Ⅵ》第219页）

史无前例的、全国大多数高校空前规模的迁移，随着国防军的节节撤退，而分为几个步骤：起初，平津各校迁往陕西，组成西安临时大学；东部其他各校迁往华中地区，如浙江大学先迁往江西吉安，北大、清华、南开三校在湖南组成长沙临时大学，上海的复旦、大夏等校也奉命组成临时大学迁往江西庐山等等；接着几个月乃至一两年内又多次西迁。最后迁往"大后方"主要是西南的四川、云南、贵州等省，有少数迁往西北的陕西和甘肃。

中央大学

中央大学（即今南京大学与东南大学之前身）在被敌机狂轰滥炸4次以后，校本部于1937年10月初开始从南京往四川重庆迁移。

中央大学校长罗家伦说："九·一八"事变（1931年）和"一·二八"

淞沪战争（1932年）以后，中国学术界，尤其是大学，毫不挫气，而且加倍迈进。从"一·二八"到"七七"（1937年）这一时期间，可以说是中国高等教育进步最迅速而最沉着的时候。中央大学也是他的学术伴侣，在这迈进轨道上奔着前程的一分子。可是主持大学像我这样的一个人，处境却是困难极了。因为我是略略知道国防政策的一个人，知道中枢是积极的准备抗日；同时又是天天和热血青年接近的一个人，他们天天在要求抗日。我在这方面知道的不能和那方面说，精神上的痛苦，可想而知了！"

"卢沟桥事变"的第二天（1937年7月8日），罗家伦正在庐山，他听到这一消息后，知道一场大战已经不可避免，他和最高当局不需要再忍辱负重了，于是他一扫以往的抑郁，感到非常兴奋。几天后，他为学校招生出题的事飞回南京，同时开始布置迁校事宜。在这方面，他显然要比北方的著名大学占有地理上的优势。不过，罗家伦的未雨绸缪也不容忽视。

早在一年前冀东事变时，他就让总务处准备了一批里面钉了铅皮的大木箱。庐山谈话会结束后，他先拿出550只木箱，用来装重要的图书仪器。可以设想，如果事先没有准备，事到临头，肯定是来不及的。

由于是突然事件，中央大学根本不知道该向何处搬迁。罗家伦派几位教授分别去两湖、四川寻觅校址。在这危急关头，教授们不但顾不了家庭，还要承担意想不到的风险。据说心理学教授王书林在湖南醴陵时，居然被当地县长当做汉奸捉了起来，最后还是由朱经农出面才释放。

经过详细考察和慎重考虑，罗家伦决定除医学院到成都外，其他各院系都迁往重庆。当时战局还不明朗，有人主张在城外挖防空壕上课，有人主张迁往上海，有人主张迁往安徽，有人主张迁往庐山，还有人主张迁往武汉、沙市、宜昌，真是众说纷纭，莫衷一是。为此，罗家伦拜见蒋介石，陈述他的理由，得到蒋的同意，才下了最后的决心。

他的理由是："第一，我断定这次抗战是长期的，文化机关与军事机关不同，不便一搬再搬。第二，所迁地点，以水道能直达者为宜，搬过小家的应该知道搬这样一个大家的困难。第三，重庆不但军事上为险要，而且山陵起伏，宜（易）于防卫。"（参看罗家伦：《文化教育与青年》，第224页）从这三条理由看，罗家伦的确是少有的堪付重任的人才。

不久，敌人开始空袭南京，中央大学也被轰炸，破坏严重。在这种情况下，罗家伦指挥若定，他刚让男女生从危险的宿舍搬出，那里就遭到轰炸。他说这样做并不是什么灵感和直觉，而是因为有一颗负责任的心。

随后，他率领教职员工，在战火中井然有序地进行搬迁。经过两个多月努力，到10月下旬，中央大学不仅全部迁往重庆，还在嘉陵江畔的沙坪坝盖起可以容纳上千人的校舍。11月初,中央大学在重庆正式上课,"这个速度,不能不算是一个纪录!"(参看罗家伦:《文化教育与青年》,第228页)

罗家伦说:"我们这次搬家,或者可以算是较有计划有组织的;几千个人,几千大箱东西,浩浩荡荡的西上,于不知不觉中,竟做了国府为主持长期抗战而奠定陪都的前驱。这次搬来的东西,有极笨重的,有很精致的;还有拆卸的飞机三架(航空工程教学之用),泡制好的死尸24具(医学院解剖之用),两翼四足之流,亦复不少。若是不说到牧场牲畜的迁移,似乎觉得这个西迁的故事不甚完备。中大牧场中有许多国内外很好的牲畜品种,应当保留。我们最初和民生公司商量,改造了轮船的一层,将好的品种,每样选一对,成了基督教旧约中的罗哀宝筏(诺亚方舟 Noah's Arc),随着别的东西西上。这真是实现唐人'鸡犬图书共一船'的诗句了。可是还有余下来在南京的呢?我以为管不得了。所以我临离开的时候,告诉一位留下管理牧场的同人(王酉亭)说,万一敌人逼迫首都,这些余下的牲畜,你可迁则迁,不可迁则放弃了,我们也不能怪你。可是他决不放弃。敌人是11月13日攻陷首都的,他于9日见军事情形不佳,就把这些牲畜用木船过江。由浦口、浦镇,过安徽,经河南边境,转入湖北,到宜昌再用水运。这一段游牧的生活,经过了大约一年的时间。这些美国牛、荷兰牛、澳洲牛、英国猪、美国猪和用笼子骑在他们背上的美国鸡、北京鸭,可怜也受日寇的压迫,和沙漠中的骆驼队一样,踏上了他们几千里长征的路线,每天只能走十几里,而且走一两天要歇三五天。居然于第二年的11月中到了重庆。我于一天傍晚的时候,由校进城,在路上遇见他们到了,仿佛如乱后骨肉重逢一样,真是悲喜交集的情绪。领导这个牲畜长征的,是一位管牧场的王酉亭先生;他平时的月薪不过80银圆!"(参看罗家伦:《文化教育与青年》,第228—229页)

这其实是当时社会风气的一个缩影。罗家伦和竺可桢等人都说过类似的话,如果在学生时代就想占公家的一点小便宜,将来到社会上就可能是贪官污吏。

11月中旬,即南京沦陷的前夕,牧场管理人员把余下的牲畜用木船运到江北。接着,在炮火声中,像沙漠中的骆驼队一样,开始了几千里的长途跋涉。……最后,它们终于在1938年的11月中旬到达重庆。这一段游牧大远征,经过了整整一年。(据罗家伦《炸弹下长大的中央大学》,《教育杂志》第31卷第7期,1941年7月出版;又据《全国专科以上学校最近实况》所记。)

对于这件事,当年还是学生的王作荣说:

"在所有内迁的学校中,中大是唯一事先有准备,临危又不乱,将全部图书仪器迁至后方,立即安定下来,维持弦歌不绝的一个学校。虽然其他中大老师对迁校之功甚大,但究竟不能缺少当家者的气魄与眼光。中大不仅图书仪器全部内迁,连农学院的外国种牛猪鸡等都经过一年多迢迢万里的跋涉,而到达重庆。在化龙桥附近与罗校长的座车相遇,连天烽火,几番生死,老友异地重逢,罗校长的诗人气质又来了,当下热泪盈眶,下车与那些畜牧拥抱亲吻了一番。中大附近的居民常美慕中大的校工厨司的谈吐举止,都有大学生之风,其实,中大的牲畜都有中大之风——朴实而有光辉。默默地走遍长江黄河,秦岭蜀山来参加抗战行列,多么朴实,多么光辉。"写完这段轶闻后,他真诚地表示:"罗校长迁校成功应得到一个勋章。"(参看《走近南大》,第54—55页)

中央大学校长罗家伦立下誓言:"我们抗战,是武力对武力,教育对教育,大学对大学,中央大学所对着的就是日本东京帝国大学!"(以上转引自智效民《胡适和他的朋友们》,特此致谢。)

国立西北联合大学

1937年抗战初期,平津地区的北洋大学工学院、北平师范大学、北平大学等三校迁往西安。在这以前,"九·一八"事变后东北大学早已迁到西安。

北洋大学创建于1896年(原为天津北洋西学学堂),1913年改称国立北洋大学,1928年更名为国立北平大学第二工学院;北平师范大学的历史可追溯到1902年京师大学堂师范馆,是清政府建立的第一所高等师范学院;北平大学是留法学者李石曾在1928年实行法兰西式大学区制度时,合并北平几所专科院校创建的。

1937年9月10日,教育部下令"以北平大学、北平师范大学、北洋工学院和北平研究院等院校为基干,设立西安临时大学"。1937年11月15日开学,临时校址设在西安城隍庙后门前省立中学内;文学院在城隍庙后街,法学院在通济坊,理工学院则同距城五里的东北大学在一处,农学院借居西北农专。

当时滞留平津地区的许多师生,得知这个消息后,纷纷前来报到。但由于华北陆路交通被日寇封锁断绝,他们不得不向南再向西、向北绕道而行:冒着被日寇搜捕的危险,先进入天津英、法租界,然后搭乘英国客轮经大沽入渤海、抵达山东的龙口或青岛上岸,绕一个大弯,再奔赴西安。先后到校学生 1553 人、教师 159 人。

此外,李公朴带领的"抗战建国教学团"和丁玲主持的"西北战地服务团"都来到西安。李公朴等组办了民族大学。1938 年 1 月,萧红、萧军和聂绀弩、艾青、田间、端木蕻良等人应民族大学副校长李公朴的邀请,离开武汉到山西临汾民族大学任教。萧红、萧军、端木蕻良在校担任文艺指导员。2 月,临汾形势紧张,民族大学要撤退到乡宁,萧红、端木蕻良随丁玲率领的西北战地服务团来到西安;萧军先是留下,后经延安也来到西安。

1938 年 3 月,山西临汾失陷,日寇窜抵风陵渡,关中门户潼关告急。同时,西安也屡遭日机侵扰轰炸。国民政府教育部发来电令:命令西安临时大学迁至陕西汉中。4 月 3 日临时大学接到教育部命令:"为发展西北高等教育、提高边省文化起见,拟令该院校逐渐向西北陕甘一带移布,并改称国立西北联合大学"。(参照《西北大学校史稿》45—48 页、《北洋大学—天津大学校史》240 页)

学校为做好千余名师生的南迁工作,在迁校前,推举北平大学校长徐诵明任大队长,将全校师生分成几个中队,每个中队为一个行军单位。师生们先是坐"闷罐"火车从西安到宝鸡,随后,学生和年轻的教职员按照原预定的行军编制,沿川陕公路,开始徒步千里大行军。他们过渭河、越秦岭、渡柴关、涉凤岭,风餐露宿,长途跋涉近千里,用了半个月多的时间,胜利到达了陕南汉中。行军途中,每晚歇息时,师生们都凑在一起讨论前方战场的消息。当时交通通讯极端落后,看不到报纸,每到一地,各队就把从几台陈旧收音机里听到的前方战况及时用大纸书写出来,供大家阅读。

"西安临时大学"决定迁往陕西城固;1939 年 7 月,教育部指令西北联大改组为西北大学、西北工学院、西北师范学院和西北医学院,分别设立在陕南几个县城里。

西北联合大学本部在陕西城固县、学生 800 名;工学院也在城固县、学生 820 名,师范学院也在城固县、学生 500 名,医学院在陕西南郑县、学生 200 名。此外,农学院在陕西武功县、学生 500 名。后来由于相隔异地,不便统筹管理,就各自独立为 5 所学校。

随后西北师范学院又迁移到甘肃兰州,成为现今"西北师范大学"的前身。

西北高等教育的基础,就这样在抗日战争时期奠定了,来自平津地区名牌大学的教师们作出了重大贡献。

国立西南联合大学

自 1937 年"七·七"事变后,北京大学、清华大学、天津南开大学是战争开始后首遭日寇蹂躏的三校。北大和清华的校舍被日寇用作马厩、兵营和伤兵救护所，南开被日寇炸毁。1937年秋季，三校学生一部分留在平津，秘密地做抗日救亡工作，很多师生有组织地分批南下。1937年8月，北大清华南开三校校长组成"临时大学筹委会"。由蒋梦麟、梅贻琦、张伯苓担任领导。先后抵达长沙的三校教职员和学生共约八百人，组成国立长沙临时大学，于11月1日正式开学上课。三校原有的院系较多，为适应形势，略加调整合并，如历史社会学合为一系，哲学心理教育合为一系，地理气象合为一系。共设四院（文、理、工、法商）十七系。这一学期上课不到三个月即告结束。

1938年2月中旬，战火焚烧到长沙，由北大、清华、南开三校联合组成的"长沙临时大学"开始迁往昆明。人员分成两路，一路主要是女生、家眷及老弱病残，约有400余人，集体经粤汉路至广州，走海路，取道香港转而搭船到越南海防，取道河内，沿红河北上，越过老街沿滇越铁路进入云南的河口；另外一路组织"行军"，由中将参议黄师岳担任团长，取道贵州，徒步前往昆明。参加行军者约300人（一说师生240人），其中包括闻一多、曾昭抡、李继侗、黄钰生、袁复礼等11名教师。一路上冒着风寒雨雪，跋山涉水，经过68天，他们终于在4月28日胜利抵达昆明，行程1671公里，其中徒步1300公里，穿越湘、黔、滇三省，成为中国教育史上的一次壮举。

1938年4月2日，国立长沙临时大学更名为"国立西南联合大学"。

从长沙来的学生加上在昆明接收的少数借读生，共有学生993人。因为校舍比较紧张，联大分成了两部分。理学院和工学院设在昆明，借用昆华农业学校、昆华工业学校、昆华师范学校、昆华中学等处的校舍上课，称为联大本校。文学院、法商学院设在蒙自，称为联大蒙自分校。一个学期后，蒙自分校（文学院、法商学院）迁回昆明，跟联大本校的理学院和工学院会合在一起。

1939年夏天，联大建起了占地120余亩的新校舍。这是100余所低矮的土墙、泥地、铁皮顶（有一部分是草顶）的平房和一些高一点的图书馆、饭堂。文、理、法商学院的教室、实验室、宿舍均搬到这里；后来成立的师范学院也在新校舍附近；工学院仍在迤西会馆、江西会馆旧址。

至此，西南联合大学基本上有了教学场所。梅贻琦校长于合并后的西南联大立下誓言："在这风雨飘摇之秋，清华正好像一个船，漂流在惊涛骇浪之中，有人正赶上负驾驶它的责任。此人必不应退却，必不应畏缩，只有鼓起勇气坚忍前进，虽然此时使人有长夜漫漫之感，但吾们相信，不久就要天明风定。到那时我们把这船好好的开回清华园，到那时他才能向清华的同人校友，敢告无罪。"（梅贻琦《在昆明公祝会上的答辞》，载《清华校友通

讯》1940年第6卷第9期）

上海临时联合大学

抗战期间，复旦大学分为两半，一大半即主体部分陆续西迁，沿着长江溯流而上、经过江西进入四川，最后到达"大后方"的陪都重庆北碚；另一部留在上海市区转移到了"孤岛"即公共租界，赁屋复课。

"八·一三"日寇侵沪，战争爆发，正在徐家汇复旦附中上课的复旦大学暑期学校，被迫停办。由于上海军民英勇抵抗，9月初战事呈胶着状态，部分教职员倡议，仿照"一·二八"战时办法，在徐家汇附中开学。但因战火纷飞，学生到校极少。

不久，南京国民政府教育部派人来到上海，指示复旦、大同、大夏、光华四所私立大学，效法平津的北大清华南开，组织"临时联合大学"内迁。四所大学援例申请迁移开办费30万元，常年补助费每月4万元。但是教育部则要"各校校董自筹款充用"。大同、光华因经费无着而退出。复旦、大夏则按教育部的要求，组织临时联合大学；并遵照命令，将上海联大分为二部：第一部先迁往江西，第二部直接迁往贵州。

临时联大第一部以复旦大学为主体，由复旦副校长吴南轩负责，大夏大学吴泽霖任教务长，先迁往江西庐山，租赁普仁医院为校办课堂、一些旅馆为宿舍，分文、理、法、商等学院，实到学生895人，教职员99人，于11月8日开学。

第二部以大夏大学为主体，由大夏副校长欧元怀负责，复旦大学章益为教务长，直接迁往贵阳；由贵州省政府指定贵阳讲武堂为校舍，拟于11月份开学。

11月12日，上海沦陷，日寇分兵三路进逼南京。在江西庐山避难的要人眷属，纷纷下山西行；而在庐山的中央政治学校，亦有迁移之说。联大第一部决定内迁贵阳，与第二部合并。为此，吴南轩向在庐山的陈立夫借得旅费1万元法币，并请陈向政府申请调拨轮船。

12月1日，国民党军委会命令招商局快利轮开到九江，运送中央政治学校师生西迁，但该校准备不及，只能改上上海联大使用。原复旦大学师生随校西迁者，共500余人，其余散归家乡。快利轮到了宜昌后，不能上航。师生在宜昌滞留，等候半个月，分三批入川，12月底到达重庆。其时贵阳联大第二部来电报挡驾，重庆各界则欢迎复旦留在四川。

上海临时联合大学自西迁以后，逐渐形成重庆联大第一部即复旦，贵阳联大第二部即大夏，循名责实，已无继续联合之必要。1938年2月25日，上海临时联大在贵州桐梓举行第三次行政会议，决定自1937年度第二学期开始，以重庆之第一部为复旦大学，贵阳之第二部为大夏大学，并报经教育部批准。原在第二部任教务长的章益，由吴南轩推荐到教育部任总务司长，两校遂各自独立。

浙江大学

其他一些院校也经历了类似的"学府长征"，例如——

自抗战开始，浙江大学即随战局西移而辗转西迁。1937年11月自杭州迁往建德；1938年1月再迁往江西吉安、又到泰和，2月迁往广西宜山，1940年底最终迁移到贵州遵义。两年多以内五度迁居，跨越五省，行程2600公里。跋山涉水，千难万险，但浙江大学师生竭力创造条件，坚持上课。他们往往在迁抵临时校址后，于最短期内复课，延长学时，定期考试，甚至用取消星期例假、寒假及缩短暑假等办法进行补课。

浙江大学校长竺可桢带领着浙大的师生，一迁，再迁，三迁，四迁，夫人病逝了，幼子夭亡了，他埋葬了亲人们，继续向前。亲历者留下了值得自豪的记录："上千的人，驮着一个大学，在烽火连天的夹缝中，奔走万里的路程，经历六七省的地域。……经过十年漫长的时间，又凭着四千人的力量，依然驮回来，不能不算是五千年来的奇迹。"（引自诸葛麒《十年教训》，载《国立浙江大学》，台北国立浙江大学校友会1985年编印）

1939年2月5日，敌机18架侵入广西宜山，在浙江大学校舍上空盘旋，于40多万平方米内投弹118枚，造成惨重损失。浙江大学师生停课三天进行抢救整理，2月9日又照常上课。如此艰苦奋斗，一直坚持到1945年抗战胜利，全校4000名师生，在竺可桢校长率领下，重返杭州故园。

广州中山大学

1938年5—6月，日寇轰炸机滥炸广州。中山大学地处广州东北石牌，踞冲要之区，常遭受敌机轰炸。

当时，中山大学决定迁往罗定县，在10月19和20两日，分批用船将人员及公物约1200余箱运离广州，这些公物虽是员工们在危难中抢运出来，也只有三分之一。至10月底全部运抵罗定县。当时据报，广州已于10月21日沦陷于敌手。11月初旬，本校总办事处在罗定城北窗明学校办公；农、法、医三学院分设罗定城内，附属中学则设在对岸塔溪乡；理、工两学院设在郁南县属大湾；研究院、文学院、师范学院和图书馆在罗定县的罗镜，分别择地布置。至10月中旬，正在准备复课，忽接教育部电以汇款不便，另觅广西、云南两省迁校，又择定广西省龙州区凭祥、上金、宁明各县为校址，岂知正在筹备启运之际，又接到教育部电知，日敌谋在北海登陆，接近龙州，迅迁滇省等语。因此又改计划，遂于12月1日结队西行，溯西江而上，1939年1月5日到南江口，7日到梧州，增加员生百余人。19日，员生和四批公物，均已抵达龙州，于2月6日出发，决定由龙州乘越滇铁路赴云南，随即筹备开学，至3月1日复课。

另有一部分同学结队分批步行到云南，同时，又有十余批同学到香港乘船到西贡，转到云南新校址。

1940年春间，云南物价暴涨，生活程度日高，员生生活顿感困难。到了夏季，日寇侵迫越南，威胁滇境，时局突告紧张。这一年6月间，中枢遂任命许崇清为代理校长，主持迁校事宜，决定迁返粤北坪石镇；惟公物、人员都要经过滇、黔、桂、湘数省，辗转输运，间关数千里。到1940年12月，已全部抵达坪石镇，经过一番筹措，终于将中山大学总办公厅和研究院均设坪石镇，并续办先修班。这时，先修班与学生审查贷金委员会均设于此。文学院设于坪石镇附近之铁岭；理学院设于坪石镇附近之塘口；工学院设于三星坪等地；又增设一年级教育委员会于车田坝；医学院设于乐昌县城；法学院设于武阳司；师范学院设于管埠，均属乳源县境。农学院则设于湖南宜章县之栗源堡。1941年1月间先后上课。

迁坪石镇后，在1942年间常闹米荒，生活极为艰苦。这个环境处在敌伪四面包围之中，物价飞涨，货币贬值，很多员生把衣服、被子、书籍等，以最低价格出售，博取高价粮食，因粮食接济不足，常以野菜充饥。曾有物理系一位教师，因缺粮吃野菜中毒，幸得及时救治无恙。因此，组织员生，爬山越岭，通过敌人封锁到湖南、香港等地运米接济，由于持久地进行这种艰苦工作，终于克服了粮食困难。

在这种情况下，当时教育部对广州中山大学员工的薪给问题，有这样的规定：即发给时价的米代金，订定年龄在30岁以上的，给予一石的米代金，28岁以上的八斗，26岁以上的六斗，不及26岁的均三斗。又两夫妇在同一机关工作，都在30岁以上的，一方给予一石，另一方只给予三斗。当时本人（杜鼎培）和杜定友等五位同事，两夫妇都是在中山大学工作，也都在30岁以上，就很觉得不值，为了免饿，就相约以集体离婚的方法，在韶关建国日报广告栏登报，才使夫妇各都得到了一石的代米金，这是在痛苦生活压迫下，造成了集体的假离婚的不正常现象。

（以上中山大学材料来自杜鼎培文章）

1939年，西北联合大学的5个部分逐步各自独立发展，西北高等教育的基础就这样在抗日战争时期奠定了。到1949年，西北地区已经有8所正规大学，包括从平津地区迁移过来的5所大学。

上海的复旦大学、大夏大学也组成"临时联合大学"，先迁往江西庐山，后来两校分别迁往四川重庆和贵州贵阳，各自独立。

在西南地区，转移到川东重庆一带的有中央大学、复旦大学、中华大学等，还发展了重庆大学；转移到川西（成都一带）的有武汉大学、东北大学、齐鲁大学、光华大学、华西大学等，还发展了四川大学；转移到贵州（贵阳一带）的有浙江大学、大夏大学、湘雅医学院、唐山工学院等；转移到云南（昆明一带）的有西南联合大学、中法大学等。

1941年12月"太平洋战争"爆发，日寇悍然占领上海租界和香港等地，又一批高校和教会学校的师生西迁。……总之，抗战八年期间，我国文化教育重心向西、特别是向四川云贵一带转移。这些，对于我国西部内地的文教事业的开拓、发展，起了重大作用。

然而在坚苦卓绝的抗战岁月中，学校师生的经济状况有了多少变化？日常生活水平如何？至今未见系统的研究。

如果说社会存在决定了人们的意识，那么知识阶层、文化人的经济生活不能不对于他们的行动、思维、言论、著述、乃至个性发展、风格和道德面貌等，产生重要影响。由此，若要理解知识阶层的人品、文品特点及其变化的轨迹，必须调查他们的物质生活状况。为填补这一空白，本书对此专题作初步探讨。

抗战期间的经济和生活费

除了早已被日本占领的东北地区（所谓满洲国）以外，中国的现代工业主要集中在东部、特别是东南沿海。全国工厂的 70% 分布于江苏、浙江、安徽三省。日本"以战养战"，遏断了中国的经济命脉。在敌占区，日伪政权的疯狂掠夺，使得我国民众陷入空前的苦难和赤贫境地。

本来，东南沿海是中国政府财政收入的最主要来源地。战前，关税、统税（货物税）和盐税保证了政府开支，其中关税占据政府全部收入的 70% 左右。日寇占领中国几乎所有的进出口商埠以后，国际贸易被迫中断。转口贸易主要在沿着军事封锁线的交界地区和大后方各省区。

1936 年中日经济和军事实力对比

1936 年，日本的国民生产总值（GNP）约合 60 亿美元，其中工业总产值近 50 亿美元，占国民经济的 80%，已经成为工业强国。

按照《抗战时期重要资料统计集》和《中华民国史》等汇集的数据，1936 年中国工农业生产总值为：工业 13 亿美元+农业 62 亿美元=75 亿美元，然而其中工业总产值为 13 亿美元，仅占国民经济的 17%；相当于日本工业总产值的四分之一（1/4）。总的说来，中国还是一个农业为主的经济弱国。

虽然 1936 年中国的国民生产总值（GNP）跟日本相当甚至略多一些，但是必须考虑到：(1) 中国的现代工业基础非常薄弱；(2) 中国当时的人口（4.5 亿）是日本（7 千万）的 6 倍多，人均 GNP 只有日本的六分之一（1/6），文盲众多，广大人民生活更为贫困、愚昧、天灾人祸所苦。

30年代，日本军国主义政府为了摆脱世界范围内经济危机对本国的影响并发展生产，进而实现期盼已久的"大东亚共荣圈"，遂一方面发动"九·一八"事变，侵占了中国的东北；另外一方面大力加速扩军备战，国家用于发展军工生产的支出高达 70 亿日圆，军费开支已占日本政府开支近 50%，日本经济彻底备战化。

由于备战刺激军工和对中国东北（所谓满洲国）资源的掠夺，日本较早地挺过了 30 年代的经济危机。1931 年至 1937 年，日本工业增长的平均速度达 9.9%，是资本主义大国中发展速度最快的国家。

总之，在 1937 年全面抗战爆发前夕，中日双方无论在经济实力还是军事实力上的对比，日本都占非常明显的优势。日本军国主义者甚至以 300 年前清军入关的历史故事相比拟，预期"三个月灭亡中国"。

但是他们低估了中华民族公众和知识分子"不愿做奴隶"的爱国力量。

国民政府的币制改革

临近全民抗战以前，1935 年我国的货币制度发生了一次关键性的大变动，就是由"银圆时代"转向"法币时代"。

清末民初，中国流通的货币主要是银圆以及可兑换银圆的兑换券（钞票），而日常市面上常用铜圆和小额钞票（角币分币）等辅币。1935 年 11 月国民政府废止银本位制，实行纸币制，在货币史上称为"法币改革"。

中国疆域辽阔，多年间地方（军阀或地头蛇）各自为政，各省甚至各城市的银两单位及度量衡各有一套，货币制度一直很复杂混乱，严重地影响了商品的流通和交易，也不利于工农业生产的发展和国家财政金融的稳定。

1933 年 3 月，国民政府"废两改圆"（废除银两改用"圆"即银圆为货币单位），实行银本位制，虽对货币制度进行了初步改革，但整个中国的币制仍非常紊乱。1934 年 6 月，美国政府实施《购银法案》，提高白银收购价格，使中国的白银大量外流，动摇了银本位制的基础。国民政府为谋求稳定币值，摆脱财政经济危机，采纳英国财政专家李滋罗斯的建议，决定放弃银本位制，改行法币—外汇本位制。

1935 年 11 月 3 日国民政府财政部发布施行法币公告，主要内容为：统一货币发行权，施行法币政策。以中央、中国、交通三银行（1936 年又增加了中国农民银行）所发行之钞票为法币；其他银行不得继续发行新钞票；所有完粮纳税及一切公私款项之收付，概以法币为限，不得行使现金；其他原经财政部核准发行之银行钞票，准其照常行使，由财政部定期以法币换回。实行白银国有。禁止白银流通，并将收归国有的白银移存国外，作为外汇准备金；凡银钱行号商店及其他公私机关或个人，持有银本位币或其他银币生银等银类者，应自 11 月 4 日起交由发行准备管理委员会或其指定之银行兑换法币。

放弃银本位制，采用外汇本位制。为使法币对外汇比价稳定，规定由中央、中国、交通三大银行无限制买卖外汇；法币的价值用外汇率来表示；法币与英镑保持固定汇率，当时规定法币 1 元等于 1 银圆，合英镑 1 先令 2.5 便士。为此引起美国的争夺，同年 12 月美国变更购银办法，迫使世界银价猛跌，影响中国外汇基金的稳定。

1936 年 5 月，国民政府被迫与美国缔结《中美白银协议》，法币又与美元保持固定汇率，法币 1 元等于 1 银圆，等于 0.2975 美元，使法币成为英镑和美元两者共有的附庸。

法币政策的实施，统一了币制，是中国货币制度的进步，在实行初期对社会经济的发展起了一定的积极作用。

国民党官僚资产阶级的形成

满清政府、北洋军阀政府（1912—1928）的官办企业，以及国民党政府（1928—1949）的国营企业、银行等，都属于官僚资本。由此产生了官僚资产阶级，是相对于民族资产阶级（民营企业家）而言。通过资产阶级专政党政军一体化（一党独裁、专制政府、党管军队）的统治，官僚资本控制了全国经济命脉，由层层组织关系获得的经济利益，为国民党大大小小统治者所共有，形成既得利益的集团。

南京国民党政府统一全国后，1928 年 11 月 1 日成立了中央银行。自 1928 年至 1935 年，蒋介石的亲戚宋子文、孔祥熙先后担任国民政府财政部长兼中央银行总裁。

官僚资产阶级利用政治特权，垄断经济命脉。抗战期间，孔祥熙、宋子文等权贵大发国难财，迅速扩张官僚资本，成为蒋介石政权的经济基础。此后国内贫富悬殊，权利和财产的分配极大不公，阶级矛盾不断尖锐化。

从 1935 年 11 月法币改革到 1937 年抗日战争前夕，法币的发行额增加到三倍以上。截至 1936 年 6 月为止，缴存政府的银通货就达二亿二千五百万银圆。1941 年，由国外输入内地的物资只及 1939 年的三分之一。加上日军封锁长江,铁路大多陷入敌手,日寇飞机的轰炸严重破坏了交通运输线。商品愈趋紧张,物价迅速上涨。

从1942年7月1日起,法币的发行权统一于中央银行。国民政府利用货币发行权的集中,加强了金融垄断;又以法币系拥有"法偿"资格的不兑现纸币,严厉限制民间以法币直接兑换英镑和美元。同时,用膨胀发行的办法(经常大量印制法币投入市场)来填补财政赤字,导致市场经济畸形、恶化,成为后来(40年代中期以后)国民经济崩溃的重要原因。

通货膨胀的危机四伏(193—1945)

中华民国成立以来的前25年内,从1912年到1936年,中国的物价是基本稳定的,升降平缓、浮动不大。有时反而出现了通货(银根)紧缩、物价下跌的反常现象。但是,抗战爆发后,到40年代开始了严重的通货膨胀,经济危机。

以上海1936年生活费指数和实际工资指数为100%,1937年物价上涨为128%,年底,上海市除租界成为"孤岛"以外,几乎完全被日本侵略军占领,到1941年上海沦陷区生活费指数上升到871.9%,而实际工资收入指数(购买力)下降为53.6%,只有原来的一半。

1939年以后,中国各地(无论是敌占区或是大后方)发生了持续十年之久的通货膨胀危机,表现为:物价指数迅猛上升;对金银和英镑美金等外钞的兑换率大幅度跌落;出现紧缺物品和外汇的黑市。

国民政府推行"战时财政",逐渐默认了以通货膨胀(增大法币发行量)为手段平衡财政收支、弥补赤字的做法。1939年1月国民党五届五中全会通过决议:"供应军费、收买物资,使用多量法币,则筹码之流通,自无不足之虑。"(引自《中国国民党历次会议宣言决议案编》第二册第441页)

抗战初期的两年内,通货膨胀较慢,物价上涨还不算特别严重。

但是从1940年以后,局势迅速恶化。物价上涨的幅度明显超过法币发行增加的幅度。1939年12月法币发行指数为305%,物价指数升为355%;1940年12月法币发行指数为560%,物价指数猛升为1276%,而薪金、工资的相应调整远远赶不上物价飞涨的速度,三者差距日益扩大,国统区的通货膨胀陷入恶性膨胀阶段。

1940年,国民政府又大规模征兵,三年内每年征兵50万人,减少了农业劳动力,直接影响生产。同时,在各省修建军事基地,运输军需物资,大大增加了军费,并使消费品的供应越来越紧张。从 1939 年到 1941 年,政府总支出增长 3.5 倍以上,其中国防开支占国民政府总支出的 73%;政府入不敷出,赤字惊人。1941 年,政府收入仅占支出的 13%(支出 100.03 亿元,收入 13.10 亿元);赤字达 86.93 亿元,巨额赤字只有靠发行钞票(通货)来弥补。到 1941 年 12 月,法币发行额达到 151 亿元,使得批发物价比 1939 年 12 月上涨 6 倍。

1937—1941 年间一百元法币的购买力变化如下:

1937 年可买黄牛二头;1938 年一头大牛一头小牛,

1939 年一头大牛,1940 年一头小牛,

1941 年初一头猪,1941 年底只可买一袋面粉……

除了政府对于货币的过量需求外,流通过程出现了大量投机活动。面对物价飞涨,投机者纷纷囤积工业原料及其他商品,转手倒卖就可牟取暴利;民众家里普遍储存粮食和其他消费品,把手中货币换成实物以保存价值。囤积居奇、投机倒把,加剧了供求矛盾,物价进一步上涨,造成恶性循环。(注:对照后文 20 世纪 40 年代后期概况情形更加恶化。)

日本投降后,国民党政权通过接收沦陷区的敌伪财产,又从美国的大量财政援助中肥私,"党天下"的权势达到巅峰;贪污受贿、中饱私囊,滥发钞票、通货膨胀造成物价飞涨,民不聊生。经济崩溃是国民党政权惨败的重要原因之一。

大后方工农业生产的发展

然而事情还有积极的一面,就是大后方的工业,在八年抗战期间得到了空前发展。

专家论及抗战前的西南(四川重庆云贵)地区称:中华民国成立后过了 25 年,这里几乎无工业、无现代交通可言。是什么改变了西南地区特别是四川和重庆?是 1937 年以后的抗日战争。不仅许多文化人和学校、报社、出版社纷纷迁移到西南"大后方",同时大批兵工厂与沿海工矿企业也迁移到四川、云南一带。

抗日战争初期,由于敌强我弱,日本侵略者处于战略进攻地位,华北、东南广大地区相继沦陷,占战前财政总收入 90% 以上的关税、盐税、统税和烟酒税等税源大部丧失。为了坚持抗战,国民政府于 1937 年 9 月在军委会下设立工矿、农产、贸易三个调整委员会,分别指导维护国家资源、促进战

时生产。

工矿调整委员会大力协助沿海沿江厂矿内迁,到1941年止,统计迁入后方各省的民营厂矿约为452家(公营和国营的除外),总计内迁机器和物资达12万余吨,随工厂内迁的技工约10余万人。对内迁厂矿诸如厂址选择、机件补充、原料采购、技工聘用和资金调剂等,该会均予指导和协助解决。

截至1940年,迁往重庆的工厂约为243家,占内迁工厂总数的54%。它们不仅向四川重庆移植了数万吨新式机器、数万名熟练技工与数以亿计的资本,更为大后方带来了沿海地区数十年积累起来的管理经验与先进技术。

在资金贷款方面,财政部给工矿企业以较大帮助,仅1940和1941两年,工矿企业贷款总数即达数亿元(国营厂矿在内),使内迁工厂得以较快复工。同期新建工厂亦达3000余家,促进了后方工业的发展。又在内地成立"工业合作协会",孔祥熙兼任该会董事长,以合作方式组织当地人力,利用各方物资或就地取材,在后方发展小型工业,到1941年成立了工业合作社大约2000个,参加生产者达15万人,月产值2000多万元,效益可观。

农产调整委员会推动战时农业生产。国家银行和农本局大量增加农业信贷,对提高后方农业生产关系甚大。1939年2月财政部饬令四行向后方各省发放农业贷款四亿元,1941年度贷出之总额则近五亿元。

农产促进委员会则主办农作物优良品种的推广、病虫害的防治,以及水利、垦殖、肥料、蚕桑、畜牧和农村副业的推进等,到1941年计使农业增加收入达二亿元。

粮食增产委员会主办粮食增产工作,据1941年公布增产总额为8970余万市担。由于财政和农业主管部门注意促进后方农业生产,加上这几年自然灾害较轻,农产品有较明显的增加,使前方军需和后方民用赖以供应。(以上资料由周有光先生提供)

大后方交通运输业的发展

在八年抗战期间,大后方的交通运输业也得到了空前发展。

抗战前夕,重庆城市人口26万左右,但仅有营运汽车73辆、自备汽车106辆、黄包车1992辆、自备人力车129辆、营业脚踏车178辆、营业板车10辆、自备车9辆和滑竿3000余架。市区公路总共只有20公里,城郊公路34公里。

抗战以前，在四川、重庆办事很不方便，二地处于山坡丘陵地带，坡陡路狭。人们出行，走坡路或坐滑竿，坐了滑竿再坐黄包车，交通状况十分窘迫。

四川行路难的主要原因在于当时公路太少，而且大多是"断头路"，不能连贯环通。随着抗战初期大量人口迁移到重庆，市工务局大力修路，1938年新建马路，使交通大为发展。从市区公路到出川公路，从川江航运到航空中心，构建起比较完整的交通体系。

到1944年重庆马路干线、支线网络基本形成。市区公路达到39公里、城郊公路89公里，比战前增加公路里程74公里。公路成了重庆与西南、西北各省的主要通道。云集川渝的汽车多达6000辆，大部分运的是国防进出口物资。重庆的汽车运输一下子空前活跃起来。

抗战之前修建的成渝公路，是四川第一条横贯东西的公路干线，在战时被称为"全川命脉"。当时先后还修筑了以四川为中心辐射出去连通陕西、湖北、贵州、云南的川陕公路、川鄂公路、川黔公路、川滇公路（从泸州接云南）和滇缅线（至缅甸）公路。这些公路在抗战时期把整个西南西北的大后方连成一片。以渝沅线（重庆—川湘边境）、渝筑线（重庆—贵阳）为例，1938年秋至1939年7月，运送旅客高达27.2万人次，行程2048万公里。

从1938年到1944年，大后方共新修公路11，675公里，改善公路88，901公里。

民生轮船公司

原名民生实业股份有限公司，是近代中国最大的一家私营航运企业。由实业家卢作孚于1925年发起筹办，议定集资五万银圆，1926年6月10日在四川合川正式成立，后来迁往重庆。卢作孚任总经理，陈伯遵、黄云龙任协理。

当英国、日本等国航运业横行川江时，民生轮船公司积极投入收回内河航行权的爱国斗争。最初从上海订购一艘载重量为70吨的小轮船"民生"号，在重庆、合川之间经营川江客运。以后继续扩充营业。公司坚决反对高级船员只能由外国人担任的作法，并首先在本公司实行高级船员均由中国人担任。对中普级船员，实行招考录取、专业培训、考工考绩、奖惩并用等制度，并革除当时沿袭外轮"买办"包干的陈规陋习，船上各项业务由公司统一管理，表现出企业进取精神，增强了在中外同业竞争中的实力。1930—

1935年，公司先后收买并入中外各家航业的船舶近40艘，经营航线由川江一隅逐步延伸到长江中下游。到1937年，公司资本扩充到350万银圆，船舶增至49艘、18000多吨。并逐步扩大投资范围，兼营煤矿、染织、水电、船舶修造、银行保险等业务。

1937—1938年抗日战争初期，长江中下游被日寇侵占。但是民生轮船公司依据川江，保全了大部分船舶，成为大后方水上运输的主力，对支援抗战、维护战时交通，起到很大作用。1945年抗战胜利，民生轮船公司利用战时外汇积累和国外贷款，大量购进新型客货船，除恢复长江航线外，陆续开辟沿海航线和南北洋航线，并与金城银行合资创办太平洋轮船公司，经营远洋运输，航线伸展到越南、泰国、菲律宾和日本。职工人数达8000多人，船舶增至146艘、63000多吨。

民生轮船公司在发展过程中，曾与四川军阀、国民党政府、外国垄断资本发生过联系。但最终不免受到官僚资本的压榨、外国航商的排挤，在当时社会经济破产、通货恶性膨胀的打击下，陷入严重危机。20世纪40年代后期，客货运输量锐减，加上公司本身开支浩繁，以致债台高筑，不得不出售部分投资股权来维持营运。中华人民共和国成立后，政府对民生轮船公司扶持贷款，同时组织川粮东运。1952年9月1日起，改为公私合营民生轮船公司。1956年经协商实行经济改组，定股定息，民生轮船公司并入长江航运管理局。

大后方工薪阶层生活下降

在四川成都地区，如1937年2月至6月生活费总指数平均为100，则1940年1月份成都劳动者生活费总指数提高到195；2月提高到212。

从1940年1月到1942年6月的两年半中，职工平均工资增长2—4倍，而一般物价上涨10倍，大米上涨35倍，一般每月伙食费用由4银圆提高到100元法币……

国民党政府弥补财政赤字和扩充军费的办法，已不能再依靠发行公债，而只有依靠银行垫款——大量增加法币发行量。到1945年8月，法币发行量已经达到8年前（1937年7月）的300倍，约为52亿元。

根据张公权《中国通货膨胀史（1937—1949）》一书提供的资料，抗战期间大后方四川一带，薪金阶层和工资阶层实际收入指数如下（以1937年=100%）：

年 份	小公务员	教 师	服务人员	一般工人	产业工人	农 民
1937	100	100	100	100	100	100
1938	77	87	93	143	124	111
1939	49	64	64	181	95	112
1940	21	32	29	147	76	63
1941	16	27	21	91	78	82
1931	11	19	10	83	75	75
1943	10	17	15	74	69	58

可见，抗战时期大后方人民的实际收入（特别在1940年以后）总趋势为大幅度下降，而景况最为悲惨的却是文化界、教育界和小公务员等脑力劳动者。这是20世纪中国历史上第一次的"脑体倒挂"反常经济分配现象。

在1940年8月14日的日记中，唐纵写出了他观察社会现状而得出的体会和预感："抗日三年，有钱者未尝减少，且因国难而膨胀其资财。中间层以薪水为生活之士大夫阶级，因物价之上涨而日渐感受生活之痛苦，其思想感情逐渐左倾。加以我（引者注：指国民党）政治之无能，腐化依旧，建树毫无，此在客观环境上均于共（产）党有利。如再过一年两年，纵敌（日）军不深入夔门，社会亦将有巨大之变动。"此后的局势发展，真让他说中了。

生活费和实际收入

抗日战争8年间，特别在1940年以后，中国各地（包括敌占区、战事区和大后方）经济状况都越来越艰难险恶，通货膨胀愈演愈烈，普遍的时局艰难、物资匮乏、物价飞涨，民众和文化人的经济生活越来越贫困。

这8年间，随着法币发行量迅猛增加，城镇居民的工薪（货币收入）一直都呈上升的趋势，但同期生活费价格的上升速度更快、幅度更大，因此，实际生活水平不断下降。

个人的货币工资（月薪）或家庭的货币收入，并不能作为衡量实际生活水平的指标。因为货币数量所代表的购买力，随物价涨落而变化。只能将收入和生活费两者结合比较，得出的实际收入，作为衡量实际生活水平的指标。

实际收入的多少，取决于两个因素：一是货币收入的多少；二是生活费

的高低。实际收入用公式表示为:

实际收入＝货币收入/生活费

多年以来中国社会学家和经济学家一直进行有关"生活程度"的采访、统计和研究。从1919年起,清华大学就开始对中国当代家庭生活费用进行社会调查,根据《东方杂志》41卷第二号所载《我国历年关于工人家庭生活费之研究评述》一文介绍,从20年代到40年代,各种民间学术团体和官方机构,至少对于249个地区展开过90次社会生活程度调查。

从中华民国初年(1912)到40年代末(1949),中国城市居民一般家庭为4—5口人。在统计学意义上的消费水平相当于4个成年人,叫做"等成人"或"当成年人"。一般定义"生活费"是按照吃穿住行用等五大类日用品消费量来计算的。

1941年国民政府行政院在社会学、经济学专家主持下,根据社会调查的实际情况,制定了"公务员日用品消费量",也就是包括文化人在内的一个典型"等成人"每月日常生活费用标准,包括五大类(细分为29项):

(一)食物费用,(二)衣着费用,(三)房租费用,(四)燃料费用(后改为水电煤气费),(五)杂项,包括交通、子女教育、卫生医药、文艺娱乐、亲友应酬、嗜好烟酒等。

有关生活程度的学术调研和统计成果,具有社会性的实用价值。学者们运用这些结论,来维护人民群众和知识阶层的切身利益。

重庆地区的实际收入逐年下降

资料表明,大后方各重要城市中,食品价格上涨幅度较小的是重庆和成都,涨幅最大的是昆明和西安,而桂林、贵阳、衡阳等地则介于两者之间。

一方面四川向来是"天府之国",物产丰富;另一方面战时四川实行了较严格的经济管理。特别是重庆,作为陪都(战时首都)和大后方首要工业基地,国民政府对物价控制及农副产品的调剂注入更多的精力,因而物价涨幅成为大后方最低的一个。

抗战八年,各城市物价变动情况很复杂。如1939年因第一次反共高潮,与延安较近的西安局势顿时吃紧,西安地区的农副产品物价飞涨。从1937年至1945年战时的物价上涨,必然造成工薪阶层实际收入的降低和人民生活的日益贫困化。以"陪都"重庆市为代表,若1936年的实际收入指数为100%,到1943年最低谷时期,教师的实际收入下降85%,公务员的实际收入下降 91%，产业工人的实际收入下降 58%，一般职员的实际收入下降 26%；也就是说，教师的实际收入下降为战前的六分之一。

抗日战争期间，重庆（陪都）大学教师及一般职员和产业工人，每月的货币收入及实际收入（合战前银圆）如下表：

	大学教师（平均）		产业工人（平均）		一般职员（平均）	
	月薪收入	合战前银圆	工资收入	合战前银圆	工资收入	合战前银圆
1936	242 圆（法币）	242 圆	（法币）	23.3 圆	（法币）	19 圆
1937	225 元	212.0 圆	24.0 元	22.6 圆	20 元	18.9 圆
1938	212	176.7 圆	41	34.2 圆	32	26.7 圆
1939	257	130.5 圆	52	26.3 圆	60	30.5 圆
1940	375	61.8 圆	100	16.4 圆	138	22.7 圆
1941	837	42.5 圆	233	11.8 圆	317	16.1 圆
1942	1038	22.7 圆	436	9.6 圆	594	13.0 圆
1943	2826	23.9 圆	1064	9.0 圆	1492	12.6 圆
1944	4588	19.6 圆	3854	16.5 圆	5500	23.5 圆
1945	—	—	14018		26128	

将重庆市教授薪金和工人工资的实际收入水平作一参照——

1937 年重庆市大学教授平均月薪法币 225 元，工人平均月工资法币 20—24 元。在 30 年代末期，知识分子的生活水平还不算太差。到 1941 年，重庆教授每月实际收入下降到 18%，购买力相当于战前的 42.5 银圆；但是工人的生活下降不算太大，每月实际工资下降到战前的 91%，购买力相当于战前的 18—22 银圆。此后每况愈下，知识分子的生活水平一年不如一年。到抗日战争的中后期即 40 年代，重庆市大学教授的实际收入跟战前相比，是从天上降到地上，低于一般职员，而略高于普通产业工人的平均水平。

昆明地区的生活费逐年飞涨

云南昆明的物价比四川更昂贵，问题更严重，薪金的增加远远落后于生活费指数的暴涨,所以大学教师的实际收入(合战前银圆的币值)比重庆成都更低。

到 1940 年以后,除了每位教师每月补助 1 石(160 斤)白米,保障家人基本伙食不至于饥饿之外,实际收入直线下降,跟战前相比,少得可怜。

1941 年 12 月太平洋战争爆发后,云南昆明成为大后方最重要的国际交通枢纽,滇缅公路是盟国向中国输送战略物资的最重要通道。昆明地区车辆人员骤增,游资集中,农副产品价格和物价总指数跃居全国最高。

1944 年,日寇入侵湖南广西贵州,前线告急,贵阳成为军队及难民的集中地,云贵地区的农副产品价格随之大幅度上扬。

例如,战前月薪为 350 银圆,到 40 年代的薪金实值只合战前 10—20 银圆;即使月薪增加为"双俸",也只合战前 20—40 银圆(详见后文)。

据当时西南联大经济学教授杨西孟公布的统计数字,列表如下:

年 代	生活费指数	薪金约数 (以 1936 年为 1.00)	薪金实值 (战前银圆)
1936 年	1.00	350	350.0 圆
1937 年	1.08	270	249.5 圆
1938 上半年	1.15	300	260.8 圆
1938 下半年	1.68	300	178.6 圆
1939 上半年	2.73	300	109.9 圆
1939 下半年	4.70	300	63.8 圆
1940 上半年	7.07	300	42.9 圆
1940 下半年	8.89	330	37.1 圆
1941 上半年	14.63	400	27.3 圆
1941 下半年	23.57	700	32.7 圆
1942 上半年	53.25	860	16.5 圆
1942 下半年	126.19	1343	10.6 圆
1943 上半年	199.49	2180	10.9 圆
1943 下半年	404.49	3697	9.1 圆
1944 上半年	829.86	9417	11.3 圆
1944 下半年	1433.64	17867	12.5 圆
1945 上半年	4307.73	56650	13.2 圆
1945 下半年	6039.00	112750	18.6 圆
1946 上半年	5142.90	141660	27.5 圆

（根据1946年9月出版的《观察》第一卷第九期第7页，陈注：原表中有明显的计算错误，现按检验结果予以订正。）

西安地区的生活费也在逐年飞涨

1939年因第一次反共高潮，与中共陕甘宁边区较近的西安（国民党统治区）局势顿时吃紧，西安地区的农副产品物价飞涨。很快法币贬值，人民生活就显得紧张了。例如，战前西安地区的文化人一般月薪为100银圆，到40年代的薪金实值只合战前20—40银圆。见下表——

1937—1947年西安市生活费指数与薪金指数

年 代	西安市生活费指数 （以1936年12月为1.00）	薪金约数 （以1936年为1.00） （附注：系当年12月指数，下同）	实际收入指数	薪金实值 （战前银圆）
1937	1.12	1.00	0.89	89圆
1938	1.59	1.00	0.63	63圆
1939	2.98	1.20	0.40	40圆
1940	6.03	1.66	0.28	28圆
1941	21.36	4.00	0.19	19圆
1942	63.17	19.03	0.30	30圆
1943	228.05	56.96	0.25	25圆
1944	546.51	97.73	0.18	18圆
1945	1798.54	831.00	0.46	46圆
1946	8233.21	6245.76	0.76	76圆
1947	14475.33	6245.76	0.42	42圆

这就是说，在西安地区，到抗日战争的中后期即40年代，实际收入水

平只相当于战前的三分之一到五分之一。抗日战争胜利的一年多时间内，一度回升到战前的四分之三，然而内战开始，实际收入水平又下降到战前的五分之二。（附注：战前1银圆的购买力，大约合2010年的人民币60元）

物价高涨，高级人物并不在乎

《大公报》社论1939年11月3日指出：抗战两年多，物价平均涨了两倍，老实说，高级人物对此并不在乎，豪华奢侈的生活并无影响。尽管产品稀少，运输艰难，他们照样能用飞机把香港的牛油、洋烟、洋酒、华衣运到内地来享用。即使就地购用涨价的物品，在他们的开支上，也不算一回事。不过，这级人毕竟不太多，中下级社会的人却大感物价高涨的压迫了。

《中央日报》1939年12月2日文章指出："有钱的人不在乎物价昂贵。"汽油的来源是何等难，汽油的价格是何等贵，私人汽车依然不绝于途。商店中的货物，无论怎样贵，依然是有许多人去买，商人是以营利为目的，对于顾客不加选择，既然有人肯高价来买，当然乐于高价出售。

1939年11月《时论分析》指出：物价狂涨的另一种影响，是加重通货膨胀。原来物价高涨与通货膨胀，有互相因果的连带性。因为物价飞涨其反面即货币购买力的降落，政府购买大量同样受物价高涨影响的军需品，则将使国库负担加重，而不得不出于增发纸币之一途。

1939年12月《国民公论》指出：物价高涨，使少数人变成暴富，而大多数人生活恶化。尤以目前中国这些暴富者，因为钱赚得容易，挥金如土，过着极糜烂的浪费生活。这固然影响国民的精神动员，同时也是浪费物资，促成物价的更加高涨。"一面是庄严的工作，另一面是荒淫与无耻！"今日的大后方，正是这种情形的写照。就抗战的立场讲，这种荒谬的情形，是绝对不能容许的。

上海和江浙一带沦陷区生活格外痛苦

1937年11月上海市沦入敌手；上海市公共（英美）租界和法租界成为包围圈内暂时中立的"孤岛"。

在上海，如果以1937年上半年平均数为1.00，则上海市民生活费总指数不断上涨：

此后头两年，从 1938 年 7 月的 1.59 增长到 1939 年 8 月份的 2.34；

1939 年 10 月份为 2.48；11 月份为 2.85；12 月份为 3.04；

1940 年 1 月份为 3.25；2 月份突破 4.50；

进入相持阶段以后，生活费指数上涨更快，工薪阶层的生活费用不断飞涨，而收入呢？非但货币工资未能跟着物价飞涨而提高，且因为货币购买力跌落，而实际工资收入日益降低。上海货币购买力降至 30%，江浙一带降至 43%，就是很好的证明。物价愈飞涨，生活费用愈增加，则实际工资亦愈益降低。

1941 年 12 月日本军队进占上海租界，到 1945 年 8 月抗日战争胜利，这一时期是上海市物价狂涨时期。上海市民生活费总指数上涨倍数如下：

1942 年	34.53
1943 年	143.62
1944 年	1007.39
1945 年	9740.00

可见，上海市生活费指数不断上涨的情况，与其他沦陷区、大后方（重庆、昆明、西安等地）一样严重。

由于多数工商企业或按照物价指数、生活费指数发给米贴、房贴等津贴，或直接提供膳宿、食物，变相工资已远远超出基本工资数额，成为工资收入的主要部分。职工名义工资虽显著增加，但是，在成千上万倍飞涨的物价面前，这点工资，杯水车薪，无补于事。

至于农民，可从他们所得与所付的两种价格，作一比较：农民所得者，即农民出售农产品所得到的价格；农民所付者，则为农民购生活消费品及生产品时所付出之价格。前者可以测量农民收入之增长，后者可以表示农民支出之增减。把这二者比较一下，就可知道物价高涨对于农民的影响了。当战事爆发后的第二年，中国农民所得之价格下跌，而所付之价格上涨，分明是在加速农民的贫困化。如果进一步去看大多数的中农、贫农，在新谷登场以贱价出卖其新谷，来春青黄不接之时以高价买入其曾经出卖的粮食，就可以看出"农民所得价格"之高涨，只是地主富农之利，而中农贫农，则反因所得价格之提高而更加痛苦。

1940 上海物价继续高涨

物价的飞涨，必然提高人民的生活费。工薪阶层所受的影响，更为严重。

1940年初出版的《目前时局中的工潮问题》一书指出：物价再度飞涨以后，上海几十万工人的生活，已临到非常悲惨的境地，一个月的收入，不够支付五斗米钱，不要说养家，就是一个人也难维持下去。许多纱厂工人和苦力工人都只有日食一餐，直挺挺在挨饿了。

1940年4月20日《时事新报》社评指出：目前物价高涨的主要原因之一，是少数人囤积居奇，差不多已成公开的秘密。难道所谓广大的农民，竟有囤积居奇的力量吗？

米面等农产物的涨价，实际上，获利者并非广大的农民，而为少数地主、土豪劣绅、高利贷者、投机商人。所谓广大的农民，只有在刚刚收获的时候，手里有米麦等农产物可出售；一过这时候便再没有什么货物可出售了。特别是当春冬之交，甚至连他们自己所吃的东西，也还要借债来购买呢。这不仅在上海市如此，实在是普遍存在的现象。

大后方（国统区）的文教事业

20世纪30年代末期，在日寇尚未侵占的地方，人们的日常生活还算过得去，并不显得怎么困难。

起初，在大后方（西北陕西甘肃一带、西南四川云贵一带）的经济状况还是不错的。例如，西北联合大学俄文教授曹靖华抵达陕西汉中城固县，一家人住在城墙根的平房里，每个月的薪金有200多元法币。地处偏僻，生活用品比较低廉，猪肉3角钱一斤，大米2角多钱一斤，鱼也很便宜。西南联合大学吴晗回忆，1938—1939年刚到云南昆明时，当地物价便宜，每个月有100元法币就不愁衣食住行，生活比较宽裕。

但是，到1940年初，法币贬值，不值钱了；各地物价普遍都要比战前上涨两倍以上。大后方各重要城市中，食品价格上涨幅度较小的是四川成都和重庆，而涨幅最大的是西南地区的昆明，其次就是西北地区的西安。此后每况愈下，民生凋敝，文化人的经济生活也就随之越来越紧张了。

以下，本书分别叙述西北和西南两个"大后方"国民党统治区的文化人生活状况。

贷金——抗战期间的大学生待遇

八年抗战期间，从全国各地离乡背井来到大后方（西北和西南）的十几万莘莘学子，依靠什么过他们的学校生活呢？——主要依靠助学金，即"贷金"和公费。

柳无忌教授在《烽火中讲学双城记》一文中写道：

在敌人侵略下，黄河流域与长江下游两处的锦绣山河与城市相继沦陷，首都两度迁移。各大学也被敌人占领或破坏，学生与教授在后方过着奔波流离的生活。可是民族精神依然兴旺，而"士气"更因炮火洗礼而变得更刚毅，这是我们在大学内教书所引以为自满和自豪的。战时的学生，饱尝艰辛，却没有颓废，他们求学的态度是严肃的。（参看毛礼锐、沈灌群主编《中国教育通史》第五卷，第307页）

抗战时期不少家住沦陷区的青年纷纷背井离乡，来到大后方求学。为了保证他们能够顺利完成学业，1938年2月国民政府教育颁布了《公立专科以上学校战区学生贷金暂行办法》11条。规定：

专科以上学校家在战区，费用来源断绝，经确切证明必须接济者，可向政府申请贷金。贷金分全额、半额两种。全额依据当地生活费用及实际需要决定。学生毕业后，再将服务所得缴还学校，其偿还期不能超过战事终了三年以后。（据《教育通讯》第3期，1938年4月9日）

1938年，教育部规定贷金数额为"全额每月8元或10元"。1939下半年，教育部根据大后方物价上涨幅度，并"参考各地生活程度增加至每生10元至16元不等。"1940年5月，教育部"以学生营养不足，影响健康至巨"再次要求提高学生膳食贷金，以保障"各地学生获得营养必需条件"。（据《教育通讯》第3卷第21期，1940年6月1日）于是"贷金"成了抗战时期后方大专学生享受免费食宿的专用名词。许多学生也就靠此维持生活，完成学业。

西北（临时）联合大学的两个学年

1937年11月15日国立西安临时大学在西安开学，先后到校学生1553人、教师159人。由于校舍紧张，西安临时大学的文学院在城隍庙后街，法学院在通济坊，理工学院则同东北大学在一起办学。许多从沦陷区流亡来的学生，没有衣服被褥。国防政府对这些学生每人发给棉大衣一件、制服一套，伙食每个月给战区学生代金（贷金），起初每月法币6元，分三次发放，每10天发2元。

学生们住的都是大通间的上下铺床，教师则自找民房分散居住在全市，有的教师暂时居住在招待所和饭店。不少教师往往要步行一二十里路去上课。学校缺少必要的教学设备，经费也极端困难，没有图书馆，更没有体育场，处于战时流亡教育状态。但是在这种困难条件下，学校仍然坚持正常授课，而且还特别制定了与抗战有关的课程，如军事、政治、救护、技术等课外训练。每个星期还邀请各界知名人士给学生做抗日形势报告。

1938年3月，山西临汾失陷，日寇窜抵风陵渡，关中门户潼关告急。同时，西安也屡遭日机侵扰轰炸。西安临时大学迁至陕西汉中。汉中地区房源紧张，4月，师生还没安顿下来的时候，国民政府根据行政院第350次会议通过《平津沪战区专科以上学校整理方案》，教育部发布了第二道电令：将西安临时大学改名为国立西北联合大学，设立6院23系。

为什么要将原平津地区的三所大学合并成为一所"西北联合大学"呢？是因为管理上的关系，主要是因为抗战初起军费开支浩大，国库困难，教育经费不足，只能由原来的三所高校经费各支四成，压缩开支，合并办学——"经费自民国二十七年（1938年）一月起由国立北平大学、国立北平师范大学、国立北洋工学院各原校经费各支四成，为国立西北联大经费。"

4月10日，经西北联合大学委员会决定，确定校舍分配方案，在城固县城的考院设立校本部及文理学院；在文庙设教育学院；在小西关外设法商学院；在古路坝天主教堂设立工学院（后又在七星寺设分校）；在汉中市南郑县黄家坡设立医学院；在勉县武侯祠设立农学院。

1938年5月2日，国立西北联合大学正式开学，全校在城固县校本部大礼堂举行了隆重的开学典礼。校筹备委员会主席李书田在开学典礼上回顾了学校在平津沦陷后艰难曲折的迁建过程，他激动地说："回忆这次迁移所费的一个月有余的长久时间，全校师生徒步近千里的路程……在我们学界，确是破天荒的大举动。"常委陈剑修报告迁移经过及更改校名意义时说："本校现改为国立西北联合大学，其意一方面是要负起开发西北教育的使命，一方面是表示原由三院校合组而成。"常委徐诵明代表本校教职工讲话说："在抗战期间最高学府学生应如何救国？不一定非拿枪杆到前线去才是救国，我们在后方研究科学增强抗战的力量，也一样是救国。"当时，黎锦熙、许寿裳、李达、许德珩、马师儒、罗根泽、曹靖华、侯外庐、傅仲孙、罗章龙、陆懋德、徐诵明、张伯声、李季谷、谢似颜、杨若愚等著名学者也从各地来到这里，担负起战时教书育人的重任。6月，对导师制度、方法等问题进行讨论。规定9月1日至4日在武昌、长沙、重庆、成都等21个城市举行本年度招生考试。7月，历史系考古委员会在城固县西饶家堡张骞墓进行考古发掘，8—9月发掘清理完毕。7月中旬本校农学院与西北农学院合组为国立西北农学院，工学院与焦作工学院（现中国矿业大学）合组为国立西北工学院，教育学院则改称为师范学院。9月8日，全校734名学生参加了当局组织的陕西省学生军训,为期两个月。期间,许寿裳教授作《勾践的精神》,李季谷教授作《中国历史上所见之民族精神》等文,激发学生爱国热情。

12月,国民政府教育部严斥西北联大沿袭北平大学法商学院的传统,继续讲授马列主义观点的课程,下令禁止学俄文,并要求解聘法商学院的俄文教授曹联亚(曹靖文)等。为加强对该院的控制,改聘张北海为法商学院新院长,另发聘书,曹联亚、章友江、沈志远、黄觉非等13人被解聘。曹联亚、彭迪先作为被迫害教授代表前往本部抗议。

1939年1月12日上午9时,法商院学生列队到教育部次长顾毓琇住地和平请愿,反对解聘进步教授和取消俄文课程。同月初,全校师生纷纷在校内展开签名活动,通电声讨汪精卫叛国投敌。

3月24日抗战后援会在南郑县汉中大戏院举办游艺大会,售票收入除去大会开支,全汇交军政部,为前方将士购置鞋袜。27日,本学年第二学期开课,在第一次纪念周会上,西北联合大学常委胡庶华联系本校情况时说:"我们西北联大设立在城固这个偏僻的地方,没有电灯,没有自来水,一切物质享受均谈不到,可我们师生依然要共同努力,发扬我们能吃苦,有朝气的精神,来领导西北的教育。"

4月,全校师生1400余人,为纪念"民族扫墓节",赴汉代博望侯张骞墓,举行国民抗敌公约宣誓。5月,敌机肆虐,南郑城内频遭轰炸,医学院选定南郑城东之孙家庙、马家庙、黄家坡黄家祠等处为临时课堂。6月,学校在本部大礼堂举行"林则徐虎门禁烟百年纪念"集会。7月,进步作家蒋牧良到城固,介绍抗战前线情况和抗战文艺等。"文艺学习社"成立。

同年6月,教育部再发来第三道电令:撤销国立西北联合大学,成立西北大学、西北师范学院、西北工学院、西北医学院、西北农学院五个由教育部直接领导的独立国立院校。7月,工学院、农学院独立建院。8月,联合大学分为西北大学、西北师范学院、西北医学院,仍设于原址;西北工学院(由原北洋工学院、北平大学工学院,东北大学工学院、焦作工学院合并组建)仍设于城固县古路坝。

从此,西北五大国立高校,正式在陕西汉中各地分立。

对于西北教育事业的强力促进

抗战期间的国立西北联合大学,为以后的西北教育事业打下了扎实的基础。后来的西北大学、西北师范大学、西北工业大学、西北农业大学、西北医学院等,都由此发展而来。

清末民初，西北的高等教育事业发展迟缓，几起几落。历史上称为"西北大学"的高校共有三个。第一个"西北大学"肇始于1902年的陕西大学堂，时断时续，1912年中华民国时期改称西北大学，但没有办成，不了了之。第二个是创办于1923年8月的"西北大学"，寿命只有短暂的3年，在1927年北伐战争时停办。

1939年组成的国立西北大学，与之前创建于陕西的两个夭折的"西北大学"之间并不存在一脉相承的关系。

1941年9月1日在陕西城固县出版的《西北学报》创刊号中有一篇《西北最高学府的风光》，其中说到："民国以来，西北大学之名数见，因政局未能统一，故屡兴屡废。至民国十六年以后，遂寂然无闻。今西北大学再生于抗战建国大时代中。"当时国立西北大学教授黎锦熙在城固县撰写的《国立西北大学校史》中，同时记述了早先陕西省的西北大学，和抗战以后的北平大学、北平师范大学、北洋工学院的历史源流，并指出"此非但西北大学之导源，亦中国现代史上大学教育之概观也"。

1939年9月，由西北联合大学的文理学院、法商学院等组建国立西北大学，在陕西城固县开课，胡庶华任校长。1945年后迁至西安。新中国成立后，西北大学成了教育部直属的14所大学之一。

原由北平师范大学等改组成的教育学院，改名国立西北师范学院，院长李蒸。1944年7月，该院迁至兰州，两年以后一部分师生仍留在兰州，大部分返回北平恢复北京师范大学。

西北联合大学工学院（校址在城固县古路坝）与北平大学工学院、北洋工学院、河南焦作工学院和东北大学工学院合并，组合成国立西北工学院。李书田担任校筹备委员会主任，由赖琏担任第一任院长，后迁至咸阳。现为西北工业大学。

西北联合大学医学院（校址在汉中市南郑县黄家坡），改称国立西北医学院，1945年抗战胜利后，该校返回西安与国立西北大学合并，改称国立西北大学医学院。1949年新中国成立后，学校独立设置，更名为西北医学院。

西北联合大学农学院（校址在勉县）与西北农林专科学校（创建于1934年）、河南大学农学院畜牧系等合并，改称国立西北农学院，后迁至陕西武功县。1949年新中国成立后，称西北农学院，现为西北农业大学。

西北大后方各高校艰苦奋斗

西北大学等5所高校所在的陕西汉中地区，北边是千里秦岭，南边是连绵几百里大巴山,千峰万岭,交通闭塞,各方面条件都非常艰苦。教授们多是住简陋的校舍或租住在当地的农民家中;学生则住在竹片泥巴墙的草屋里,睡双层大铺,夜间透过瓦片间隙可见星月,遇到下雨时,师生们上课、吃饭、甚至睡觉都得撑着雨伞。

按照国防政府规定,专科以上学生可领取贷金,每月8元或10元。由国库支付,保障来自沦陷区的青年顺利完成学业。

当时,各学校的同学都是自己组织管理伙食,轮流值勤帮厨采买。抗战头两年,由于物价尚未上涨,温饱大多不成问题,学校的伙食还算可以。

到1940年以后,物价猛涨,师生的生活更加艰苦。学校食堂的伙食供应通常只有浸水发霉的黑米和见不到油盐的白水煮青菜。每天只吃两顿饭,吃饭时经常是八个人围着一小盆白菜汤,菜里很少见到油星,尝不到肉渣。不少学生由于生活没有着落而被迫休学,有的则时断时续,甚至读了六、七年才得以毕业。

学生上课缺少笔、纸和课本,就用变色铅笔芯泡成"紫墨水"记笔记;常常是几个人或十几个人共用一本教材或课本;晚上靠点油灯或土蜡烛照明读书。然而,最感缺乏的就是像样的图书馆和实验室。由于宿舍没有桌椅,读书写字都要到图书馆去。每天早上,图书馆的门口都等着许多学生,门一开大家就拼命挤,人小力小的学生就这么被挤出挤进后才被人推了进去。一进门又得眼快腿快地抢座位,再挤到台前去抢书;听大课人多座位少,也得去抢……而学理科的学生则更缺少教学仪器和实验设备。

教师的生活比学生稍好一些,但也非常困难,跟战前无法相比。教授到助教的薪俸由法币440元到60元不等,所有员工的工资还要按教育部"抗战期间薪俸七折"的规定发放,实际收入甚至不到原先的一小半。少数从东北华北一带流亡过来的教师,由于多数拖家带口,生活担子就更重了一些。许多人要兼做会计、中小学和家庭教师维持生活。

学校生活虽然艰苦,但在雪耻强国、学成报国的意念激励下,老师严格施教,学生刻苦学习,学习气氛浓厚,课程繁多紧张。教室的烛光常常亮到天明。尤其是一、二年级降级率大,一年级有近半数不能升级,使学习气氛空前紧张。许多学生毕业后,直赴疆场,洒血捐躯。

西北大学在陕西城固县办学的7年多里,沦陷于日寇铁蹄下的成千上万计的青年学生和教师,源源不断地涌入这大山深处的高等学府。为了求学报国,他们翻山越岭,往往几天吃不到食物,备极艰辛,冒着被捕甚至杀头的危险,许多人因此就长眠在漫漫的征途上。

1940年以后形势越来越严峻

根据教育部关于贷金的统计，1939年全国学生中有70%以上是拿贷金的。贷金的数目，每月每人顶多10圆，10块钱在后方当时的情况下是吃不饱饭的。何况许多学生并不见得能按月领到。让成千成万的学生饿死总不成体统。

整个大后方的学生，长久以来嗷嗷待哺的情形，政府当局也不得不承认其严重性。潘公展《论教育上两个迫切问题》写道："现在有些地方的学生，竟至每饭难得一饱……物价腾贵，以致各级学校膳食发生困难，从而影响青年学生之营养，实在是一个亟待解决的教育问题。"

报载政府曾经拨款10万圆救济过昆明的学生，我们就来看看云南昆明的学生怎样生活的吧。1940年2月出版的《战时青年》2卷4期载文——

"伙食由10块涨到14块，厨子嚷着不够，同学们叫苦连天，米涨到60多块钱一公担，从1939年6月起，伙食还要加7块呢，现在1940年增至20圆一月了！经济来源断绝的战区同学，贷金又常不发下来，吃饭简直成了大问题。饭煮得熟，够吃，就满意了。有时候饭煮少了还只吃到一碗。菜，两块小豆腐干也算一盘菜了。说到汤，等于白开水放点碎白菜，再加点盐就算是汤了。这个年头谁都会打算盘了。在饭堂门口和过路地方，你可以常看到'出让逻辑学一本，价格2圆'或是'摩登白色高跟皮鞋三双，新度80%，价格8圆、10圆……'之类的条子，此外出让衣服、纸张、墨水、笔以及一切日常生活用品，无不尽有，出让者多半是战区经济来源断绝的同学，有的是什么都卖光了。"

在天府之国的四川，情形也并不见得好些，许多学校已改吃"混合饭"了（菜和饭混合到一块的稀饭），有一个学生他这样描写没有油吃的生活："三百多人每天还吃不到几斤油，所以同学们嘴都干裂了"……

1940年7月5日《中国青年》载文——

这种悲惨的情形，大后方是没有一处例外的。浙江大学（现迁贵州）某教授曾说，他们的师范学院，可改为"稀饭学院"，因为学生每日均以稀饭充饥。最近滇、黔、川、桂各地学潮不已，有很多是由于学校当局克扣学生伙食费，学校人员侵吞公款，故将贷金按不下发（以便存银行放息），各种各样的虐待学生等等原因而引起的。我们大后方的学生,整日在和饥饿作斗争呵!

这仅仅是关于"食"的一面,"住"的问题也同样是不合"营养"与"卫生"之道的。各学校普通都是几十人或几百人睡一间泥土地的大草房,挤得密密的双层木床,夏天当然没有纱窗了,臭虫与蚊蝇猖獗的程度,是难于设想的。中央大学的学生,据说夏天没有人能在寝室内睡得下去,于是都跑到教室里或露天下"打游击"。各学校很少有医院的设备,顶多也不过一两个挂名校医或看护,医药室类似卖江湖的药摊。因此,猩红热、霍乱等传染病流行起来,我们的学生们便只有"坐以待毙"了。虽然手边没有精确统计,但各学校学生的死亡率比战前大大增加了却是普遍存在的事实。

西南大后方的教育及生活

中央大学 1939 年入学的 600 名新生中,留级和退学的占三分之一,能全部课程及格直接升级者,仅 170 人。生活困难、功课繁重,又缺乏好教授,是大多数学生程度比抗战前低落的主要原因。

大后方一般的大学生,最感缺乏的就是像样的图书馆和实验室。中央大学搬到四川的 50 万册图书,为了怕轰炸,只有 2 万册破旧的放在外面供人阅览,而图书室小得只能容纳 300 人;四川大学迁到峨眉山,理学院的学生一年不能做实验;唐山交通大学在贵州平越开课时,没有任何仪器;西南联大的情形更糟,教学仪器大部收藏起来,学生看书和听课都要"抢"。宿舍无书桌,读书写字都要到图书馆去。

读学分、考分数,仍旧是大学生的天职。教授在讲,学生听、写、考试,一切照常轨进行。然而由于学校内迁到经济落后的西部地区,不能不受艰苦环境的局限。但工学院的课程,因战时条件的困扰而造成更大的缺陷——

以现在抗战期中的情形来说,因为自己出产水泥及钢铁量太少,所以很多建筑用木材及石料来代替。但在学校里对于木材及石料构造的课程虽有,然而太不注意了。……教授们的虚构设计及不令学生观察及研究实际的建筑物,真是缺点。同时于实际施工的情形,也多省略不说,这便使毕业了的学生在外面工作时感觉到与未读大学一样。(见《读书月报》第 12 期)

农学院的困境跟工学院差不多。四川大学农学院的园艺、耕种、病虫害、蚕桑等学科，一半是全讲理论，一半是理论与实习并重。但是所谓"实习"，仅止于画图、看显微镜、答问题。西文教科书则是几年前的舶来品。

40年代校园基本稳定以后，课堂座位仍是不够，宿舍没有书桌（根本就没有自修室），画图室与实验室依然拥挤不堪，空气恶劣。设备是出人意料的简陋，甚至很多学校没有操场。至于其他的文化娱乐，等于缘木求鱼。……生活指数在不断上涨，学校制度不见改革，说不定我们"今后还要走上更悲惨的道路。"（引自《关于大后方的大学教育》一文，原载《中国青年》二卷九期，1940年7月5日出版）

抗战期间小学教师们饥寒交迫

1940年2月《抗战导报》新一卷第5期，披露了当时"大后方"四川的小学教师在饥饿线上的生活状况。摘引如下：

他们的薪水，每年最多的是大洋券30—36元，其次是20—30元，再次，甚至还不到10元。前两项是代表学校经费充足的高小校长及一般小学教员。他们的收入，除了这些微薄的"硬工资"以外，就没有别的了。

但他们的支出呢，最低有哪几种？到底需要多少钱？

在一般的学校，烟、茶、油、炭要自己出，笔、墨、纸也要自己出，衣服费、零用费、膳费当然更要自己出，其余还要应酬校董乡人朋友及医药用款。膳费在过去每月最高不过9元，现在却非15元不可。米价的腾飞，实在令人可怕：在抗战前每斗是1元左右，抗战后特别"6.21"大轰炸以来，就由1元、2元、3元一直升到4元5角，平均每人吃稀饭单算米钱就要9元，此外柴、盐、米、菜都涨价几倍。这样一来，教员由吃饭，转到喝粥吃番薯；由三餐不得不变为两顿。挨着肚子刻苦过活。

许多学校不得不提前结束，许多教师不得不回家取款或赊借来应付伙食。一个教师极力俭约，只顾自己的生活，就已入不敷出，无法维持，何况他们大批是贫苦的子弟，大部分有父母弟妹妻儿的系累，等待着他们赚钱去抚养呢！

在普宁一带，许多教师是从沦陷区逃出来的，他们没有钱又没有衣服；没有亲戚朋友也没有产业；只带来赤手空拳，带来一批妻儿弟妹！你想这儿每月不到10块钱的"硬工资"将怎样生活呢？有一个朋友，因为自己的薪水用光了，而家庭又很穷苦，父亲又很严厉，妻儿又多，他害怕被家人谴责,结果虽学校放假了也不敢回家去。

一些经济支绌、环境恶劣的学校,更发生欠薪、歧视教师、侮辱教师等使人痛心的事情。他们简直就把教师当做奴仆,把学校当做养活"教书人"的收容所。学校现在还欠着上学期的教薪,如××小学不发膳费不发零星用款,教员饿肚子上课等都是例子。教师在一些对教育没有认识者的眼里,真是不值钱。

大多数贫困的小学教师都有沉重的家庭负累。10来块钱的薪水,除了伙食衣着之外,一月所剩有几呢?而况几经周转,钱到手里已经打了折扣;记得××小学的一个教师向学校告假省亲,假满后不见回来,学校当局着人到他家里去找,回答是整整跑了四天,都在筹措家人的生活费。以前我们总以为"家徒四壁"、"贴在墙上喝西北风"等词是文人夸张之笔,但若为一个小学教师的收入与负担计算一下,会相信这些都是真事。

1940年5月10日《群众》杂志13期刊载《小学教师生活谈》一文中说:

小学教师的待遇是至低至微的,最多不过30—40元一月,少的10元,还要除各种捐扣,及每月的伙食,有个朋友教了一学期的书,到了放学算账送薪时,只剩1角6分钱,试想这如何能维持生活?

1940年11月6日《新华日报》刊载了《小学教育近影》一文说:

县立的完全小学,在1939年度教师薪金每月只有20元,到1940年度,就是上学期才加到22元,本学期是28元。拿这增加的数目与物价高涨的情形比较起来,真是相差太多了。有一位小学校长诙谐而惨然的说:"三年来,百物都昂贵了,只有小学教员和地瓜没有涨价。"这是发自身受者嘴里的慨叹,也确是毫不夸张的实情。

1941年,四川省开始普遍实行"征收学米"制度。就是小学生入学时缴纳谷米,办法是:高小学生收1斗,初小学生5升。愿意多缴也可以,家境贫苦的免缴。这办法对教师们的生活,多少是给予了一点补助。"学米"的收入,差不多已够解决他们一学期吃饭的问题了,然而有家室的教师们仍旧是困苦的。那28块钱的"干俸",如何能养活着一家人呢!

为了不能解决家人的生活问题,他们必须要另谋出路:许多教师,不是改行去做生意,就是考入什么短期训练班,受训后就可以在下层政治机构里做个小官。小学教育苗圃中的园丁们,一天天减少。新学期开学,各地都深深地感觉到教师的恐慌了。

有位小学教师说:"地方上还有这么多光支经费不办事的机关,假若把这些钱用来补助学校不是很好吗?教员无论怎样饭桶,至少他每天总要上几个钟头的课呀!"

川北青年教师的心里话

1940年在"川北小学教师座谈会"上,有几位典型的青年教师的发言,摘录如下——

(1)"我第一次担任教职的学校,是个初级小学,那里共有同事3人,每天上课7小时,薪水一学期按照5个月计算,每月只有8元1角钱。除了伙食以外,所余存的实在是最少数了,因为经济条件这样的恶劣,我的伙食只好自己办理,买菜烧饭,把课余的时间全部占去,什么娱乐、读书、自修呀,都是我们分外的事。"

(2)"我自战训班毕业后便分在家乡小学担任教职,每周授课26点钟,每月薪水12元。"

(3)"还在学生时代,我便志愿将来从事教育事业,所以初中毕业后,就实行我的理想生活,月薪也只有16元。次年稍增加,但是校长很狡猾竟克扣不发,没有办法,在学期结束后另任城内小学教员,可是薪水一样发不出。我本来是个穷人,家里更带不出柴米,因此无法再干下去。"

(4)"我们的生活也真苦极了,每日三餐的清茶淡饭,实在有饿肚子的风味。工作方面更是忙碌,幸而学生们敬爱师长,稍能得些安慰。但是待遇薄得每月只有6元,生活的不安定,真使我感到有说不出的痛苦!除伙食外一无余钱,所以也不能不忍心离开那些可爱的小天使另找活路走了。我认为乡村教育,这样办下去,将来会弄得文盲更多。"

(5)"最初我曾担任过民众教育馆里教育成人的教职,那时只有17岁,教着20岁以上的成人,常常有些心慌。半年中慢慢地倒也混熟了,在暑期才算圆满地宣告结束。这时接着参加短期小学工作,那时虽然是炎热的天气,但是看到一群褴褛的孩子有受教育的机会,心里感到无上的快慰。不幸得很,政府迟迟不发学校的公费,工作无法进行了。只有忍心离开这群孩子到成都去求学。"

(6)"五年来的教书生活,真使我透不转气来,每月的薪金只有10块钱,但是我得抚养幼弟弱妹,生活的困苦不必说了,到今年,物价这样昂贵,再也没法维持,不得已,弟妹白天出去捡些柴草,自己晚上加紧纺纱,连油灯都没法点用,只能用线香代替了,黑暗中摸索工作,稍事贴补。因此我们对教书的生活实在有些灰心而且厌恶了。至于说到工作也无法做得怎样好,因为一个人的力量,是有限的,这样整天整晚的劳作着,也没有时间去准备教材,这种日子真是度日如年啊!"

大后方——云贵川一带的伙食

至于大后方(四川、云南、贵州一带)的伙食,头两年还算可以。物价尚未上涨,温饱大多不成问题,还可不时改善一下。但40年代以后,随着通货膨胀,生活都感紧张。

学校大多数学生都参加自办的大众厨房,每人每月伙食费随物价而涨;另外也可以在小厨房包饭,甚至个别在教授厨房私包,自然这是层层相应不断涨价的。

大众厨房的伙食,一般早上是稀粥就咸萝卜丝加点儿花生豆;中晚八人合吃四个菜加米饭;10天一结账时,可以集体打一次"牙祭"。也有极少部分同学,每天只能大饼两块、配辣椒豆瓣酱加白开水了。

教师的生活比学生稍好一些,但也很困难,跟战前无法相比。三天两头请客聚餐也取消了。连像金岳霖这样的美食家也不得不闭紧嘴巴,只能偶尔设法弄块西点解解馋。一些单身教师和青年助教,便也跟学生一样自办"饭团",改善生活就难以提上日程了。

抗战时期公务员食品消费量

1941—1945年重庆政府行政院在社会学、经济学专家主持下,根据社会调查的实际情况,制定了"公务员日用品消费量",也就是一个典型"成年人"每月日常生活费用标准。

其中每月食物类消费如下:1.米——中等白米2市斗(32斤),2.面粉——2斤半,3.猪肉——五花肉5市斤,4.猪油——板油1斤半,5.鸡蛋——中等大小9个,6.食盐——0.9市斤,7.白糖——半斤,8.酱油——1斤半,9.豆腐——10斤,10.蔬菜类——20市斤,包括5种菜。可见当时的物质生活比较艰苦。

抗战时期的中央大学

抗日战争时期,国立中央大学西迁重庆沙坪坝松林坡。这里景色非常美丽，一边是碧绿的田野，一边是清澈的嘉陵江。鳞次栉比的教室和宿舍以图书馆为中心，散布在小山坡上，再加上松涛阵阵，花香袭人，尽管校舍简陋，却是个很好的读书环境。

当时的生活是艰苦的，办学条件很差，还要躲避日寇飞机的狂轰滥炸。但中央大学却群贤汇聚。当时人才集中于大西南，从各方面罗致专家、学者，使得中央大学各院系保持第一流的规模。聘请教师，一向选贤任能，不搞宗派，兼收并容，不拘一格，有蔡元培的作风。（解楚兰：《纪念范存忠先生逝世一周年》，载《南京大学学报》1989年第1期）

两年后（1940），由于流亡青年的涌入，中央大学学生增加到两千多，于是中央大学又在嘉陵江对岸的柏溪镇建立分校，一年级新生都在那里上课。而以重庆西郊沙坪坝为校本部。

柏溪是嘉陵江支流，柏溪镇离沙坪坝北面约二十里，在嘉陵江东岸，原是一个只有二十来户人家的小山村。这里丘陵起伏，环山临江，有茂密的树林，潺潺的流泉，自然环境很不错，是一个教学读书的好地方。据王作荣说，这里"桃李满园，……蔓草丛生，蛙鸣阵阵，虫声唧唧"，倒像一个世外桃源。（引自《走近南大》，第44页）中央大学在那里征得约一百五十亩土地，校长罗家伦以松林坡建校经验，历时两个月，又盖起数十栋校舍，创办了分校，可以容纳一千多学生，约占全校的一半。那里从码头往上沿山腰有一条石板路（也算是村里唯一的一条街吧），弯弯曲曲，直通分校大门口，两旁有茅舍和小瓦房、小商店、小饭馆。分校整个校舍分布在一条山谷里较宽敞的地方，高高低低，一层一层，学生教职员宿舍、教室、实验室、图书馆、大操场、游泳池，等等，都安排在绿树掩映着的山谷平台间。那里有清泉从深谷流涌出来，沿山坡直入嘉陵江中。

战乱中实现了"大学都城梦"

罗家伦说，由于手里有那笔建校款，因此在南京没有实现的理想，却在兵荒马乱中到重庆实现了。所以他感叹造化的安排使他"失之东隅，收之桑榆"。于是，中央大学学生人数由南京的一千多人增加到三千多，教师、学系也大有增加。

当时日机对重庆狂轰滥炸，中央大学也不能幸免。王作荣亲眼看到，"一天下午敌机来袭，紧急警报已发出，大群的同学们仍在人行道上游来游去。罗校长身着夏布长衫，两臂伸张，不顾自身的危险，跟在同学们的后面追赶大家进入防空洞,像个牧羊人要保护他的羊群不受伤害一样,那景象感动人极了。"(引自《走近南大》,第55页)这一幕让他终身不忘。

罗家伦对学生的爱护,还体现在人格的熏陶方面。早在抗日战争前,他就指出:"近年来高等教育尽剩知识的灌输,而缺少精神人格的训练。"(引自《文化教育与青年》,第158页)抗日战争中,有人提出要用战时教育取代常态教育。不少学生受其影响,也要求改变课程设置,接受速战教育。针对这种情况,罗家伦恳切地指出,有人"以为知识里有一种'万应丸',一吞下去就有用,对于按部就班的学问,不耐烦学。在这抗战的年头,不耐烦是普遍的心理,也无怪乎学生。但是知识里的'万应丸'是没有的,世界上也绝无速成的事。从前中国就害在日本的'速成法政'、'速成师范'这些学校或班次上面,造成了一班'速成大家'回到中国来,什么东西都是一知半解,做文章瞎吵却是第一。你看民国元二年国会里的人物,大部分都是日本速成的反映。'一点知识是最危险的事',这是西方一句颠扑不破的格言"。(引自《文化教育与青年》,第203页)

1941年7月7日,是卢沟桥事变四周年纪念日,罗家伦在这一天主持了他上任以来第十个毕业典礼。在这个值得纪念的日子里,他谆谆告诫自己:"我首先要说的就是青年到社会上去要有伟大而坚定的抱负。抱负是由理想而生的,所以不能不先有理想。我们不要只看见物质的现实,人事的现实,而把自己埋葬进去了。"

接下来他要求大家走出校门后无论如何忙碌,都不要放弃学问。因为"理想是人生事业的蓓蕾,学问就是滋养这蓓蕾的雨露。"另外,他还劝大家在工作读书之余,要留出闲暇来思考问题。在思考问题的同时,不但要读专业方面的书,还要读常识和修养方面的书。他为什么要这样讲呢?这是因为"现在的大学教育,往往容易造成狭隘的专家,不容易造成豁达的通才"。他还指出,如果没有坚实的学问做基础,单纯凭借学生时代的激昂慷慨或断指血书来呼号爱国,这种人是靠不住的。(引自《文化教育与青年》,第237页)

1942年后,中央大学招生人数越来越多了,教育事业兴旺起来,柏溪热闹起来。在柏溪几年来,从未看见过或者感受到同事间的吵架伤感情、互相攻击、钩心斗角等恶劣现象,这实在难得。大家除努力教书外,时常在一起谈心,切磋学问。由于罗家伦担心青年学生会误入歧途,他告诫学生对黑暗势力既不要偏激反抗,又不要同流合污。偏激反抗是拿千百万人的生命做实验,将国家民族的存亡当儿戏;同流合污则是非常可耻的人格崩溃。因此他希望大家要有特立独行的精神,做转移风气的工作。走向社会之后,千万不要只认校友,安插亲信,因为"胸襟狭,格局小,藩篱隘,成见深的人,

就无从讲风度。"只有坚持"泱泱大风"、海纳百川的气度,才是中央大学的作风。(以上转引自智效民《胡适和他的朋友们》)

重庆复旦大学

复旦大学内迁的历史,第一阶段是在江西匡庐与大夏大学联合,在牯岭上课,不过一月,战局剧变,国防军自江南溃退。学校虽未致瓦解,然而也走散了一部分同人。这是抗战以来对复旦大学最严峻的考验。当学校再迁的消息颁布以后,师生 500 余人跋涉一个月,到达重庆(当时称为"行都"或"陪都")。重庆原有复旦大学校友百余人组织了复旦同学会,并在重庆菜园坝创办有复旦中学。回溯 1936 年秋,李登辉校长入川游览,受到校友热情接待,参加重庆复旦中学成立纪念,留下深远影响。联大第一部到达重庆时,受到复旦校友和各界人士的热烈欢迎。正巧复旦中学已经放假,联大第一部遂借该校菜园坝校址上课,上学期到 2 月中结束。

1938 年 2 月,独立的复旦大学新校址确定在重庆北边 150 余里北碚对岸的夏坝(原名下坝,陈望道建议改今名)。夏坝背靠琼玉山、面临嘉陵江,位于黄桷镇与东阳镇之间,有平地一千余亩,与北碚隔江相望,虽荒凉偏僻但风光秀丽。2 月下旬,师生分批到达,暂借黄桷镇河神庙(又名紫阳宫)为办公室,小学余屋为教室,煤炭坪为学生宿舍,王家花园为教师宿舍。屋宇简陋,江水暴涨时难免受淹;大风雨之夕,师生床铺衣物淋漓湿透;毕业典礼席上,瓦片从屋顶飞坠。但五百名师生居然能撑持下去,应归功于三十年间缔造出来的"复旦精神"。

复旦大学在夏坝复校时,经费十分困难。

抗战以后,复旦经费有两种来源,一为学生学费,一为政府补助每月一万五千元。此时,学生随校西迁,与家中音信不通,不仅无力呈缴学费,平时生活日用品亦仰仗学校"贷金"。而抗战以后政府补助费用只按七折发放。副校长吴南轩忙于四处奔波筹集经费,便请金能尹代理教务长,安排 4 个学院 16 系的工作。1938 年春季,重庆复旦大学仅有 60 多名毕业生,大多数迅速就业。会计、银行、土木工程、经济学等专业人才,各方函商争聘,几有供不应求之观。而暑期中的两次招收新生,报考人数之踊跃,录取标准之严格,尤为 30 年间所仅见。初时借用民房为课堂,以后陆续兴建了教室、图书馆、大礼堂、男女生宿舍。校内分为文、理、法、商 4 个学院、14 个系科。不久,为适应抗战形势的要求,增设了农学院,还增设了数理学系、社会学系、统计学系，成为具有 5 院、22 个系科的综合性高等学府，师生人数陆续增加到 2000 余人。

1938 年春，滞留上海的复旦同学数百人，以入川不便，请求李校长设法救济。于是设立复旦大学上海补习部。教授职员，强半为旧人。李校长虽遭敌人注视，息影蛰居，实际上仍负有指导的责任。四川方面，又为教授兼课与学生实习方便起见，于本学期将商学院全部、文学院之新闻学系，以及法学院之经济系二年级以上的学生，迁重庆菜园坝复旦中学旧址上课。该学年注册人数，计重庆地区 695 名（其中菜园坝 259 名、北碚 436 名）上海租界补习部也有 695 名，合计 1390 名。

入川以后的学校生活，跟江湾时代相比有什么不同？首先，学生负担减轻了。复旦本为私立学校，过去学校经费开支，大部取自学费；今则主要依靠政府按月之补助。学杂各费，已酌量减轻。战区学生之经济来源断绝者，不但免缴学费，而且由学校转呈教部核发每生每月 8 圆之贷金。上学期领取贷金的学生 158 人，下学期 248 人。时人所诟病的"教育商业化"的意味，随之而逐渐减轻，复旦校园生活更加平民化。

1940 年 5 月 27 日，日机轰炸黄桷镇的复旦大学，教师宿舍王家花园被炸毁，才 38 岁的孙寒冰教授殉难；同时罹难同学 6 人。全校哀悼。由于校舍被炸毁，损失惨重，仓促间难以恢复，复旦大学遂宣布本学期暂时告一段落，下学期不放寒假，以补足所缺课程。

1940 年 5 月，复旦校董会任命江一平担任副校长，他的兄弟江万平来校任总务长，继续搞校舍建筑。

复旦大学由私立改为国立

1941 年 11 月 25 日，国民政府行政院第 541 次会议决议："准将复旦改为国立，由教育部拟具办法及概算呈核。"从此，复旦大学由私立改为国立。

三年多以前，复旦大学迁至重庆后，吴南轩因经费困难，就想改为国立。1938 年 4 月，吴南轩跟滞留上海租界"孤岛"的李登辉校长联系，提出这个想法。李校长不赞同改为国立，他认为改国立以后，学校名称、编制可能变动，而且带来"政治影响、易长纠纷"对学校不利。李校长还指出："过去国立大学，如浙江大学、暨南大学等，屡经变迁，于学校进行，阻碍至多。"1939 年 3 月 17 日，吴南轩第二次谋求国立，他以复旦校董于右任领衔，分电李登辉校长和在上海的校董，表示经济万分困难，"舍国立别无生路"。李登辉等人复电提出"改组后经费如何保障，校董会是否存在、沪校如何维持、附中地点成为敌人借口没收如何避免"等问题。吴南轩答称：

"国立后经费列入国家预算、自有保障,校董会名义无存在必要……沪校不必冠国立名义。"李校长据此表示:沪校"仍沿用私立名义维持现状"、"依教部17年原案继续办理",实际上有准备将上海、重庆两部分立的意思。对此,吴南轩及重庆校董复电去:"沪渝两部,如属一体,本无公私之别,若同一名义,而分国立私立、教部断难见准",以后又云:"改国立事经缜密商讨,为策万全而免流弊,佥以增加补助费为宜",结果由教育部增加补助费15万元,连前共30万元,将国立案暂搁置。

1941年9月17日,吴南轩第三次谋改国立,他在重庆邀集在渝校董开会,决议:"呈请教育部改为国立复旦大学,俟部方决定后,再电留沪校董征求意见"。实际上是行诸既成事实,逼迫李登辉等人承认。改国立后,意味着上海私立复旦大学全部财产将归国民政府所有。不久,太平洋战争爆发,上海租界为日寇占领,这一问题就搁置起来了。

由于学校经费困难,1941年11月29日遂改私立为国立。于右任手书校名"国立复旦大学"六个大字。重庆复旦大学改国立后,国民党政府教育部任命吴南轩为校长,1943年2月改任章益为校长。

抗战期间,重庆集中了一大批全国著名的文人、学者和科学家。复旦大学夏坝校址的对江北碚,设有中央研究院的若干研究所和国立编译馆等科研、学术机构。复旦大学改为国立以后,经费较前充裕,聘请到不少著名学者任教,如陈望道、周谷城、顾颉刚、吕振羽、曹禺、洪深、樊弘、张志让、李仲珩、钱崇澍、秉志、童第周、卢于道、严家显、吴觉农等,使学术水平较前提高。

重庆复旦大学的进步师生开展了抗日民主运动,成为当时著名的民主堡垒。

1942年教育面临更严重的困难

1941年以后,日本侵略者完全封锁了大后方通往境外的陆、海路交通,中国对外贸易一落千丈,直接影响了国统区的经济发展,加之豪门资本的强取豪夺、不法商贩的囤积居奇,从而导致大后方物价暴涨,货币贬值。为此,教育部及时拟订《战时救济大中学生膳食暂行办法》,针对物价飞涨,规定:"凡有关学生生活之救济费、生活费等,请财政部于每年1、7两月预发半年,各学校经费亦请预发一个月,俾各校得就所领学生贷金款项及本校经费项下腾挪一部分,于春季1—2月间及秋季7—8月间尽量购储食粮,以备青黄不接、粮价高涨时,有备无患。"(参看《伟大的教育救济事业》一文,引自《教育杂志》第30卷第8号,1940年8月)

然而此法实施不到3年,又面临着一系列的困难,教育部在1942年学年度的工作报告中,曾检讨原因如下:

(一)现时各地粮价波动靡常,学校分布全国各省、市、县、乡、镇,区域辽阔,价格悬殊,且米质有高下,标准价格因之难以确定。

(二)遇地方灾歉,或其他特殊困难食粮缺乏时,学校虽得灾款,但无法购得食粮。

(三)各地粮价齐涨,预算无法控制。本年度此项预算原列每月1800万元,每月超支,估计全年超支将达42600万元,占教育文化费支出50%以上。倘粮价续涨,仍须续增。

为此,教育部建议自1943年学年度,将师生员工"所需食米一律免费发给公粮,仅将学生副食费部分列入教育文化费项下,由教育部统支"。国民党五届十一中全会决议,由教育、粮食"两部视各地实物储备情形,随时会商,尽可能范围内价拨实物"。此后,各院校每月从政府领取的贷金经费虽改按实物计算(以每人每月规定的二市斗三市升即37斤大米的定粮为标准),但副食费仍赶不上物价的飞涨。学生生活水平仍是每况愈下,吃的是浸水发霉的黑米,菜是不见油盐的白水煮青菜。

内迁各大学,因受战争环境的限制,不仅校舍非常简陋,教学设备也相当匮乏,广大师生的学习、生活条件都很差。

中山大学师范学校在澄江时给学校的报告称:"本院各教室所用椅桌,均以木作柱,其上横置一板即为台,以土砖作基,其上横置一板即为凳。每桌四尺,按教室的大小而定多寡。宿舍内床铺均用木制辘架床,自修室兼膳堂,椅桌均以土砖为基,上置木板两块,用膳时用一面,自修时转用他面。"

复旦大学在初迁重庆时,"教室破烂,桌凳数量有限,不敷应用,使学生养成了早到的习惯。不然,迟到了就得在门外站着听讲。图书室是仅能容纳师生二十多人的两间当街的小房子,成天嘈杂不堪。参考书籍、报纸杂志很少,用功的学生也得赶早抢先。由于当地还没有电灯,晚上除了宿舍可领到两人共盏的煤油灯外,全校其他地方都是一片漆黑,学生们只好在拥挤不堪的寝室内自学。"

1943年英国科学家李约瑟(Joseph Needham)博士在参观西南联大化学实验室时,曾感叹道:"不幸的是如我在这里所看到的一切其他的化学实验室一样,工作受到药品缺乏的严重窒碍。因而药品的供应比较图书及期刊的供应似乎更有急迫的需要。"西南联大由于图书量太少,因此学生抢借图书或过期不还而受学校处分的,约占当时违反校纪处分的一半以上……

尽管校舍紧张、图书仪器奇缺,但内迁高校广大师生怀着强烈的爱国热情,坚苦卓绝,办出了世界一流质量的教育事业。

1943 大学公费制的由来

1943年,教育部决定取消贷金制,改为公费制。具体办法如下:

一、民国三十二学年(1943)度所招新生,一律不适用贷金制,另订公费生办法种类如下:
甲种公费生:免学费及膳食费,并得分别补助其他费用。
乙种公费生:免膳食费。
二、国立专科以上学校新生,依照后列标准给予公费:
师范、医药、工学院科系学生全为甲种公费生。
理学院科系学生以80%为乙种公费生。
农学院科系学生以60%为乙种公费生。
文、法、商及其他各院科系学生,以40%为乙种公费生。
三、省立专科以上学校,亦适用是项规定。
四、私立专科以上学校新生,依照后列比例给予公费:
医药工各院科系学生,以70%为乙种公费生。
理、农各院科系学生,以50%为乙种公费生。
五、国立大学或独立学院新旧研究生,一律比照甲种公费生办理。(引自《第二次中国教育年鉴》第2编教育行政)

抗战以后,国民党统治区(国统区)的大多数公立高校的青年学子都是依靠贷金和公费制而完成学业的。甚至私立学校的学生也可享受贷金或公费制。当时内迁重庆的私立复旦大学,享受贷金和免收学费的学生约占在校生总数的30%,而私立院校一向以学费为主要来源,这30%的空缺,完全是依靠政府的补助。

1941年毕业于复旦大学的罗文锦回忆说:"笔者时属武汉沦陷区流亡学生,确无经济来源,经申请批准,每月可领贷金法币8圆,以6圆缴纳学校伙食,剩下2圆作零用。"当时8圆钱的购买力还是相当高的,西南联大"学生的伙食费1938年每月7圆,还可以吃到肉和鸡蛋"。内迁成都复校的私立燕京大学,1944年注册新生380人,共收学费19万圆,而学生享受政府颁发的生活补助费却高达 25 万圆。

战前中国的高等学府大都集中于大城市，学生读书"年须数百圆，非富有之家，无力送子弟入学，以至高等教育过于贵族化，不合平民主义的原则"。（引自钟鲁齐《长期抗战与吾国高等教育几个当前的问题》，原载《教育杂志》第 28 期第 2 号，1938 年 2 月 10 日）30 年代以前，贫苦家庭的子女即使能考入大学，也付不起昂贵的学费。1937 年以后，战时的贷金和公费制度，不仅保证了来自沦陷区的学生继续求学，而且将近代以来高等教育贵族化官僚化的倾向打破。一些家境清贫的学生，也能通过自己的努力，依靠政府的贷金享受高等教育。战时教育部长陈立夫回忆：

"专科以上学校学生获得此种贷金或公费者，每年常在 5 万人至 7 万人，约占当时在校生总数的 80% 左右。教育部最初设贷金制"原期受贷学生将来就业后偿还。后来因责偿不易办到，并且法币贬值，即令能偿还，亦几乎等于不还，所以将贷金改为公费。后来非战区学生，因家庭不胜负担，也几乎都得了贷金或公费。此项支出费用浩大，几乎超出全体教育文化经费二分之一……据统计战时由中学以至大专学校毕业全赖国家贷金或公费以完成学业者，共达 12 万 8 千余人之多……这一笔庞大费用在国家财务支出上仅次于军费。"（引自陈立夫《战时教育行政回忆》第 58—59 页）

大后方文化人群体的素描

先介绍几位才女：林徽因、冰心和萧红在抗日战争期间颠沛流离、贫病交加的不幸遭遇。

林徽因

1937 年夏，林徽因在学术上取得了一件重大成果：她在山西五台山地区发现我国最古老的一座木结构建筑——建于唐代的佛光寺大殿。正当她要进行深入研究时，"七·七"事变爆发，她被迫中断野外调查工作。

"七·七"事变之初，北平文化人，包括清华园的教授们，大多数陆续奔向后方，却还是有一些人想留在沦陷区苟且偷生（参见徐葆耕文《清华园沦陷前夕的教授们》），个别人附逆当了汉奸。林徽因是最先一批坚决不当亡国奴而走上流亡道路的，她拖着重病之躯，和丈夫梁思成毫不犹豫，扶老携幼上路，舍弃了舒适生活和贵重家产，以及她看得比家产更重的学术资料。北平沦陷，全家辗转逃难到昆明。次年，她为云南大学设计了具有民族风格的女生宿舍。

林徽因一家在 1937 年 11 月与 1939 年 1 月两次险些于日军的轰炸中丧命。三弟林恒也于 1941 年在对日战争中阵亡。1940 年,她随梁思成的工作单位中央研究院迁到四川宜宾附近的李庄,住在低矮破旧的农舍里。

颠沛流离的生活和艰苦的物质条件,使她肺病复发。在病榻上,她通读了《廿四史》中有关建筑的部分,为写《中国建筑史》搜集资料,经常工作到深夜。几年中,她协助梁思成完成了《中国建筑史》初稿和用英文撰写的《中国建筑史图录》稿,初步实现了他们在学生时代就怀有的心愿。这个时期,她的文学作品不多,在她若干诗稿中,惆怅、沉郁已代替了战前那恬静飘逸、清丽婉约的格调。诗篇流露出关怀祖国前途、命运的情愫。

好一个林徽因!耐得住学术的清冷和寂寞,受得了生活的艰辛和贫困。过去在北平沙龙里作为中心人物被爱慕者如众星捧月般包围的是她,穷乡僻壤、荒寺古庙中不顾重病、不惮艰辛与梁思成考察古建筑的也是她;早年以名门出身经历繁华,被众人称羡的是她,战争期间繁华落尽困居李庄,亲自提了瓶子上街头打油买醋的还是她;青年时旅英留美、深得东西方艺术真谛,英文好得令费慰梅赞叹的是她,中年时一贫如洗、疾病缠身仍执意要留在祖国的还是她。李健吾抗战期间闻听林徽因虽罹患重病而不离开祖国时,激动地说:"她是林长民的女公子,梁启超的儿媳。其后,美国聘请他们夫妇去讲学,他们拒绝了,理由是应该留在祖国吃苦。"(李健吾:《林徽因》)

抗战胜利后,林徽因全家于 1946 年 8 月回到北平。

冰 心

"七七"事变打破了北平燕南园内吴文藻、冰心一家平静的生活。他们原本决定立即到大后方去,但冰心发现自己怀孕,无法动身,当年 11 月小女儿出生。1938 年夏末,他们带着刚满八个月的小女儿,于抗战烽火中全家离开北平,经上海、香港辗转至大后方云南昆明。吴文藻说:"自 1938 年离开燕京大学,直到 1951 年从日本回国,我的生活一直处在战时不稳定的状态之中。"

1938 年秋,他们到了云南大学。为了躲避日机轰炸,冰心和孩子们住在昆明郊外,而吴文藻则在城里。每到周末,文藻就从城里骑着马回家,还往往带着几位西南联大的没带家眷的朋友,如称为"三剑客"的罗常培、郑天翔和杨振声,苦中作乐。冰心曾到呈贡简易师范学校义务授课。

1940 年离开昆明,移居重庆,冰心出任国民参政会参政员。不久参加中华文艺界抗敌协会,热心从事文化救亡活动。在重庆,吴文藻先生重病,送至医院,高烧十三天,每分钟脉搏只跳 36 下,奄奄一息。冰心先生勇敢地挑起了家庭重担，里里外外，镇静对待，做了最坏的准备，终于转危为安，她自己后来把这段历险记写进了文章，称为"命悬一线的万幸"。

1941年春，冰心从七星岗迁到郊外的歌乐山林家庙五号，房舍坐落在深山中的一座小山坡上。此时的冰心疾病缠身，离开喧嚣的市区，入深山隐居。冰心把林家庙这座独立的土屋叫做"潜庐"。所谓"潜庐"，是主人静伏的意思。离开昆明时，他们卖掉了大部分珍贵藏书，简陋的乡居土房"潜庐"就是用卖书的六千元钱买来的。

抗战期间，他们颠沛流离，历尽艰辛。珍珠港事件爆发后，日军闯进了母校燕京大学，大肆劫掠，吴文藻冰心的住宅被日本宪兵占领。他们的书籍资料全部丢失。吴文藻的书房竟然成了拷问教授们的审讯室。

此后冰心在重庆一面养病一面从事创作和文化救亡活动。

抗战胜利后，1946年11月她随吴文藻赴日本，曾在日本东方学会和东京大学文学部讲课，后被东京大学聘为第一位外籍女教授，1949年—1951年在东京大学文学系执教，讲授中国新文学史。1951年回国。

萧 红

鲁迅曾说，将来取代丁玲成为女作家中佼佼者的必定是萧红。

1936年7月，萧红为摆脱感情问题的困扰而离开上海、东渡日本，1937年1月回国，4月曾独自前往北京，但很快就返回上海。

1937年7月全面抗日的炮火打响了，9月萧红与萧军二人同到武汉。1938年萧红寄居在西安"西北战地服务团"时，与同居了六年的萧军分手；5月与端木蕻良在武汉结婚。9月为避战火前往重庆。

1940年1月，萧红与端木蕻良从重庆同抵香港，先寄居九龙尖沙咀金巴利道诺士佛台，1941年初又挤住在乐道8号的小屋。在这里她写下最成功的回忆性长篇小说《呼兰河传》。7月入住玛丽医院，11月底出院。

1941年12月8日，日寇从深圳开始进攻香港，同年12月25日，香港沦陷。从12月7日起直到1月22日去世，萧红因病及避难前后辗转十处，其中在港岛跑马地养和医院期间被误诊为气管瘤而动手术。术后情况愈恶。1942年1月22日11时，萧红死在日属香港一个法国传教士所办的临时医务站（由圣士堤凡女校匆忙改成）里，年仅31岁。

1月24日在跑马地日本火葬场火化，1月25日黄昏，骨灰一半葬于香港浅水湾，部分却埋于香港中半山区圣士堤凡女子中学（即去世时所在医务站）一棵树底。因1950年代香港地产开发，其墓地遭破坏，部分骨灰迁葬广州银河公墓；而圣士堤凡女校内的部分则至今没有找到。

诗人戴望舒写了《萧红墓畔口占》：

走六小时寂寞的长途
到你头边放一束红山茶
我等待着，长夜漫漫
你却卧听着海涛闲话

坚守文教岗位的文化人群像

广大的教师们一如既往地坚守在自己的三尺讲台上，认真上好每一节课是教师的本职工作。学生们回忆钱穆的中国通史讲座："……感情是那样的奔放，声音是那样的强劲而有力，道理是那样深切著明。那时正是国难方殷，中原陷没，学校播迁甫定，师生们皆万分悲愤之际。因此先生的讲演，更能感人动人，异乎寻常。两个小时的课，自始至终，人皆屏息而听，以致偌大一个教室，人挤得满满的，却好像阒无一人似的。……我们不仅具体地、活生生地看到中国历史的可敬可爱之处，而且从先生讲授时所表现的、所流露的对国史的无限深情和崇高敬意，看到了榜样，感到了更大的感染力。"（参看李埏《昔年从游之乐，今日终天之痛》，收入《钱穆纪念文集》）。

研究哲学的梁漱溟，方向定在"人生问题"和"社会问题"上。为此摸索出"乡村建设"的道路，乃至妻子病亡也没能让他停下手中的工作。战争开始了，他参与抗日救亡与启蒙工作，拟订《非常时期乡村工作计划大纲》，更向政府提交了若干的有关战时农村问题的建议案。他说："我认为中国不应当在如何摧敌处着想，而应当在如何让敌人不容易毁灭我们处着想，乃至在我们被毁后如何容易恢复上着想。"（参看《梁漱溟自述·我的努力与反省》）他的关注点，是广大的农民群众，是如何将他们迅速地发动起来，成为抗敌的中坚力量。

从事社会学研究的费孝通，为了参与抗日救亡与启蒙工作，迫不及待地回国，一头钻进大后方贫困的山区之中。他这样解释自己的行为："现在很可能有人会不太明白，为什么一个所谓'学成归乡的留学生'会一头钻入农村去做当时社会上没有人叫好的社会调查？……我觉得中国在抗战胜利之后还有一个更严重的问题要解决，那就是我们将建设成怎样一个国家。在抗日的战场上，我能出的力不多。但是为了解决那个更严重的问题，我有责任，用我所学到的知识，多做一些准备工作。那就是科学地去认识中国社会。"（参看费孝通《云南三村·序》）。

常书鸿也是这样的一位"痴人"，为了保护敦煌的文化遗产，他毅然放弃了法国的舒适生活，以及如日中天的事业，一头扎进大西北的滚滚沙漠之中。妻子跑了，同伴走了，只有他岿然不动，心甘情愿地坚守在莫高窟里，承担这"长期的甚至是无期的徒刑"。

抗战期间教师生活的典型——朱自清

八年抗战期间,为了不做亡国奴而撤退到大后方的文化人精英群体,继承并发扬光大了五四新文化运动的传统,在空前艰难困苦的恶劣条件下,仍积极参与抗日救亡与启蒙工作。对此可以举出两个典型人物:从事文教研究的朱自清先生,和从事文学写作的老舍先生。

李长之对于朱自清的印象

李长之回忆抗战期间的朱自清——

战前一般人的生活比较好,清华又是好环境,教授们的家都相当安适,每当下午四五点钟谈天,畅所欲言,既不关时局又不谈物价,更没有愁眉苦脸,而且吃着好茶,有时来一道甜食点心,像莲子羹等等。

然而抗日战争把所有人的生活划了一道界线。不到一年,长沙的临大改为联大,大家都又奔波到了昆明。因为初到时的生活的凌乱,失掉了从容坐下来谈话的心情。抗战才开始,大家的生活秩序虽然受了影响,可是身心都没有大的变化。

李长之在1940年到成都的时候,适逢朱自清先生休假,也在成都(朱太太是四川人),最惊讶的,看他的头发像多了一层霜,简直是个老人了。没想几年的折磨,叫人变了样!有些老朋友见了也说苍老了。可是看看朱先生,连说他苍老也不敢了。——怕伤他的心!

他住的地方是成都东门外的一座古庙。我们也曾喝着他的好茶,可是心情完全不对了。他的工作依然紧张而有秩序。(李长之:"杂忆佩弦先生",原载《文讯》第9卷第3期;1948年8月21日,录自《朱自清研究资料》北京师范大学出版社)

郑振铎对于朱自清的印象

郑振铎回忆抗战期间的朱自清——

在抗战中,他从北平随了学校撤退到后方。他跟着学生徒步跑,跑到长沙,又跑到昆明。还照料着学校图书馆里搬出来的几千箱的书籍。这一次的长征,也许使他结结实实的身体开始受了伤。

在昆明联大的时候,他的生活很苦。他的夫人和孩子们都不能在身边,为了经济的拮据,只能让他们住在成都。听说,食米的恶劣,使他开始有了胃病。他是一位有名的衣履不周的教授之一。冬天,没有大衣,把马夫用的毡子裹在身上，就作为大衣；而在夜里，这一条毡子便又作为棉被用。

在北平，他还是过得很苦。他并没有松了一口气来。

佩弦（即朱自清）虽然在胜利三年后去世，其实他是为抗战而牺牲者之一。那么结结实实的身体，如果不经过抗战的这一个阶段的至窘极苦的生活，他怎么会瘦弱了下去而死了呢？他的致死的病是胃溃疡与肾脏炎。积年的缺乏营养与过度的工作，使他一病便不起。尽管有许多人发了国难财、胜利财，乃至某些汉奸们也发了财而逍遥法外，许多瘦子都变成了肥头大脸的胖子，但像佩弦那样的文人、学者与教授，却只是天天的瘦下去，以至于病倒而死。就在胜利后，他们过的还是那么苦难的日子与可悲愤的生活。在这个悲愤苦难的时代，连老成持重的佩弦，也会是充满了悲愤的。（郑振铎："哭佩弦"，原载 1948 年 9 月 15 日《文讯》第 9 卷第 3 期；录自《朱自清研究资料》）

抗战期间作家生活的典型——老舍

1939 年老舍在重庆的住处

老舍来重庆四年也没有个家。因在"中华全国文艺界抗敌协会"工作的关系，他常寄居在"文协"所在地张家花园 65 号。这座房屋是由冯玉祥资助八百银圆租赁下来的，与巴蜀小学为邻，周围都是农田，虽是白天也能听到蛙鸣。老舍把其中一间简陋残破的房子取名"多鼠斋"，这里安放着他的一个铺位。各地到重庆来的作家找到了"文协"，招待吃饭都是老舍掏钱，当晚还要把铺位让出来，自己到《新蜀报》编辑部去挤个睡处。

1942 年，重庆文化人自香港陆续脱险归来。徐迟先回到重庆，老舍安排他在"文协"住下，同时高兴地为欢迎其他脱险作家的归来做准备。他力促张道藩派汽车到黔、桂去接那些作家。不久，胡风、于伶、凤子、宋之的、王苹、王莹等一大批作家、艺术家也到了重庆，国民党方面由张道藩举行了欢迎会，大家客客气气，却冷冷清清；"文协"方面由老舍组织的欢迎会上，则一个个谈笑风生，欢畅热烈，与张道藩的欢迎会形成了鲜明的对比。

然而使得老舍扼腕叹息的是："有人说，我的作品没有战前的那样好了。我不否认，想想看，抗战中，我是到处流浪，没有一定的住处，没有适当的饭食，而且时时有晕倒的危险，我怎么能写出字字珠玑的东西来呢？"（引自老舍《八方风雨》，连载于北平《新民报》1946 年 4 月 4 日—5 月 16 日）

直到 1943 年 11 月 17 日，老舍夫人胡絜青带着孩子从北平逃难到重庆，老舍才在北碚安了个家。

苦中作乐的文化人聚餐

抗日战争时期，1938 年在武汉、1939 年到重庆，老舍全靠写作谋生，生活相当艰难。即使如此，遇到朋友来访，老舍总会想出一些话儿来，到小饭馆一叙，诸如：

"我找到一个北方小面馆，物美价廉，去尝尝吧。"

"咱们还是边吃边聊吧，我认识一家熟铺子。"

"今天我来付钱，谁叫我多少比你宽裕一点呢？"

有朋自远方来，不亦乐乎？老舍卖掉一身衣服请客的事，也是有的。譬如，老友罗常培先生由昆明来到北碚，老舍便有此举，一时传为佳话。

下小馆也成了老舍的爱好之一。在他眼里，最好吃的：早饭——豆浆油条；午饭——炸酱面；晚饭——酱肘子夹烧饼，还有小米粥。

1941 年老舍到云南，遇到了杨今甫、闻一多、沈从文、卞之琳、陈梦家、朱自清、罗膺中、魏建功、章川岛……诸位文坛老友。到吃饭的时候，每每是大家一同出去吃价钱最便宜的小馆。这些教授当时极穷，在外面吃饭请不起，于是便轮流地把老舍请到家中，或包饺子，或炒几样菜，或烤几罐土茶，一谈就是几个钟头。

离开朋友，老舍是无法生活的，下小馆就是会友的好形式。在小饭馆一坐，要几样可口的菜，越谈越热乎。下小馆比正式摆宴席要舒畅得多，因为它随便；谈话叙旧，更是主要的内容。对于外地来的朋友，则是尽地主之谊，小饭馆里聚会，凑上三五人，亲亲热热，痛痛快快，岂不妙哉！二是品尝风俗，吃点特别的。北京也好、重庆也好，各色小吃和传统食品丰富多彩，下小馆就是专为找这种学问而来。

1946 年 2 月，老舍到了上海。根据叶圣陶先生的记载，15 天之内，有叶先生本人参加的为老舍、曹禺接风的宴会就有 9 次之多，出席者还有郑振铎、许广平、夏衍、胡风、吴祖光、赵家璧、叶以群、蓬子等。老舍的人缘极好，出门大家争着约他吃饭，请老舍喝酒。

像巴金、曹禺、臧克家、吴组缃、新凤霞、碧野、萧涤非诸先生，都曾在文章中提到老舍下小馆的事。叶圣陶先生在日记中曾写道："老舍尝谓盛宴共餐，不如小酒店之有情趣……共谓数十年之老友得以小叙，弥可珍也。"

（据舒乙《老舍的平民生活》改写）

文化人的反腐败斗争

文化人议政、参政，本来是我国自古以来士大夫阶层的传统，在五四新文化运动"民主与科学"精神感召下，这一传统更加发扬光大，而且赋予了现代政治意义。抗日期间，文化人反腐败斗争的事迹很多，本书仅举出反对孔祥熙为代表的官僚资本的案例。

抗战爆发后，蒋介石自兼行政院长（相当于国务总理），孔祥熙为副院长兼财政部长、中国银行总裁，实际主持日常工作。迁都重庆以后，1938年3月国民政府改组战时机构，孔祥熙被任命为行政院长，仍兼财政部长和中央银行总裁；不久又兼四行联合办事处副主席，成为抗战时期主管大后方财政经济的首脑。

由于宋美龄的裙带关系，连蒋介石本人对大姐夫孔祥熙都有点奈何不得。孔祥熙担任财政部长之后，独揽中国财政金融大权达11年之久，其间连蒋介石本人都无从确切得知真正的财政运行状况，孔氏真可谓权倾一时。

为何蒋介石长期重用孔祥熙主管财政？

蒋介石究竟为什么如此重用并纵容孔祥熙呢？

说来复杂，但总而言之一句话：蒋介石的连襟和亲信孔祥熙善于理财、敛财，切实保障了国民党官僚资本集团的经济利益。

抗日战争初期，敌强我弱，日本侵略者处于战略攻势，华北、东南广大地区相继沦陷，占战前国民政府财政总收入90%以上的关税、盐税、统税和烟酒税等税源大部丧失。孔祥熙具有相当聪敏灵活的理财和敛财能力，采取了一系列办法，促进大后方的工农业生产，基本上保障了战时军政与民生供给，加强了金融管制。孔祥熙采取下列主要的财政措施，倒也确实颇有成效：

改进战时税制，建立国库网

虽然征税地区减少，税收总额却每年增加，工商业和民众的税负加重。"公库法"于1939年10月实施后，政府机关的一切收支，均集中于各级公库，不得各自为政，从而杜绝了一些地方官吏"虚伪浮滥、中饱渔侵"的积弊。

田赋征实和产品专卖

1941年，原来分属各省的财政收入，都统一由中央接管。此举增加了中央政府的国库收入，并采用统收统支等手段，加强了对地方的控制力。

孔祥熙口头也大谈"国计民生兼顾统筹"，实际上只顾增加国库收入而不体恤民众生活，把杀鸡取卵的行径，视为"理财的良策"。打着"抗战建设兼顾"的旗号，利用手中掌握的权力，横征暴敛，使国家垄断资本进一步膨胀，剥削"天府之国"的农业和民族工商业，国民政府的财政来源不能不更多地依赖扩大通货（增印法币）来支撑。豪门国蠹，世人侧目。

所谓孔氏家族，就由孔祥熙和宋霭龄夫妻及其子女合伙经营。对抗日期间"宋氏三姐妹"的表现"宋霭龄爱金钱、宋美龄迷美援、宋庆龄亲苏联"，此话当真不假。宋霭龄确实对金钱有特别的嗜好，她通常含而不露地在幕后密谋操纵，而老公孔祥熙在前台出色表演。妇唱夫随，极尽巧取豪夺之能事。

孔祥熙对于捞钱这门本领的心得体会是："趁手中有权的时候赶快弄！"他当上财政部长和中央银行总裁后，绝不放过机会。孔祥熙夫妻店最精彩的表演莫过于假借"国家专卖政策"，垄断烟草、食盐、火柴、食糖四种日常必需品的经营权，实际上从民族资本家手中强行夺取经营权，形成由孔氏家族垄断的局面。这就意味着财源滚滚不断涌入孔氏家族（以及姻亲宋子文）的腰包。

他们直接经营的商业机构主要有——

孔祥熙家的庆记纱号、强华公司、大元公司、扬子建业公司、长江公司，祥记汽车行、恒义公司、升和公司等；

宋子文家的中国棉业贸易公司、重庆中国国货公司、西宁兴业公司、孚中公司、中国进出口贸易公司、统一贸易公司、金山贸易公司、利泰公司等；

至于宋美龄自己只在中美实业公司有股份；陈立夫果夫兄弟家只在棉花运销公司有股份；由上述实际情况看来，孔祥熙和宋子文这两家私有的企业很多，而陈氏兄弟主要管党务，私有的企业非常少；蒋介石则迷恋于抓政权、亲英美,他本人名下没有什么企业。

因此过去所谓"四大家族"主要是宋家(宋子文)和孔家(孔祥熙)这两家。

此外还有许多官僚资产阶级和军阀权贵派系,兹不一一列举。

以孔祥熙为代表的国民党军政要员损公利己,富得流油;而广大百姓、一般公务员和教师等生活压力越来越重。贫富悬殊,即使在国民党内也有很多人表示不满,但也实在无可奈何。

【附注1】

孔祥熙主管财政后的措施

1933年4月6日,孔祥熙被国民政府任命为中央银行总裁。当时的财政状况是:东北沦陷后税收减少,又因加紧"剿共"而军费支出猛增。南京政府每月国库收入约为1500余万银圆,而每月支出则为2200万银圆,其中军费一项为1800万银圆,每月赤字达700万银圆,依靠发行公债和向江浙财团借贷暂时维持。面对巨额财政亏空,当时财政部长宋子文和江浙财团都颇为忧虑。10月29日,蒋批准宋子文的辞呈,以孔祥熙继任行政院副院长兼财政部长并仍兼中央银行总裁,长达11年之久。

孔祥熙主管财政后,除继续采用宋子文在任时所使用的增税、借债等办法为蒋筹措军政费用外,和宋子文不同的是"唯蒋命是从",全力以赴地扩展国民党官僚的垄断资本。而蒋对孔祥熙则宠信有加,历久不衰。抗战前夕采取的主要财政措施有:减轻田赋附加,废除若干地方上的苛捐杂税,创办直接税,从财政上增加中央政府对各省的控制力;对中央、中国、交通三银行进行增资改组,以财政控制金融;实行法币政策,垄断金融,操纵国计民生;整理旧债,恢复"债务信誉",为举借新债作准备等。

孔祥熙在担任国民政府的中央银行总裁后不久,很快就明白了光凭党国所有的一家中央银行的实力,是无法担当起南京政府的"钱袋"这一任务的。当时,中央银行发行的纸币不过4200万元,较民族资产阶级的中国、交通两行的发行量少得多;以中央银行2000万股本而言,其中1000万元是由财政部拨给的公债券而非现款,存款虽名目上有2亿数千万,但多为国库转账,亦非现金。中央银行常常因为不能按期拨款，而引起地方军政首脑的不满。孔祥熙接任财政部长后，就积极策划如何增强中央银行的实力，并把民族资产阶级执金融业牛耳的中国、交通两行吞并过来。1934年5月，孔祥熙把中央银行的资本由2000万元增加到一亿元，以雄厚实力。其后又经过多方面的准备，于1935年3月28日向中国银行发出财政部训令，并附一张2000万元的金融公债预约券，作为向该行增加官股的资本，从而掌握了过半数的股权。

在增资改组中、交两行的同时，孔祥熙还把豫鄂皖赣四省农民银行改组为中国农民银行以加强买办官僚资本集团，达成了对中、中、交、农四行的充分控制。它为南京政府下一步进行币制改革、统一发行法币和控制整个金融业，铺平了道路。

【附注2】

垄断金融、操纵国计民生

1933年"废两改圆"之后，国内的币制仍是银本位，银行发行的钞票是一种与银圆等值的兑换券，国内银价常因国际市场的涨落而影响币值的稳定；为此，孔祥熙加紧谋划改革币制，最后决定以不兑现的"法币"来取代银本位币，以便垄断金融、操纵国计民生。

1935年南京政府实施法币政策前夕，国内金融形势十分严峻。巨额的国际收支逆差，和美国政府把白银列为"美元发行准备"后在国际市场上大量收购白银，使中国白银大量外流。加上日本人在华北和上海将大量白银抢运出境，使中国的金融形势更加险恶。国内公众对纸币能否继续兑现已失去信任，从而出现资金外逃和窖藏白银的情况，上海、南京等地则发生了提存挤兑。

南京当局迫于形势，于1935年11月3日发布《国民政府财政部改革币制布告》，同日孔祥熙以财政部长身份发表"关于币制改革的宣言"。布告规定自次日起，以中央、中国、交通三行所发行之钞票定为"法币"，逐渐收回三行以外的钞票；将白银收归国有，限期以法币收兑；集中保管法币准备金；法币汇价由三行无限制地买卖外汇来加以维持。在国际上，改革币制虽然遭到日本的反对，但孔祥熙等利用英、美在华利益受到日本威胁这一矛盾，以及法币在与外汇比价上钉住英镑和美元之后，英、美表示给予实际支持。

币制改革获得成功，不仅避免了一场可能使南京政府垮台的财政金融危机，它还有利于促进工商业的发展和农业生产的恢复；也是其后我国进行八年抗战，国家财政金融赖以维持的重要支柱之一。买办官僚资产阶级，在垄断了金融、实施"法币"政策的条件下，才使国家垄断资本得以加速膨胀。而孔祥熙家族则在借公营私、亦官亦商、因利乘便的情况下，成为全国的豪门首富。

国民党权贵巨额财产之谜

1949 年以前，蒋介石、"四大家族"及国民党高级官僚掌握了中国主要经济命脉，他们集权、财于一身，究竟他们的财产是多少，许多研究民国史的学者都在这方面下了不少工夫。

关于国民党政府高级官员的私人财产情况，一向众说纷纭，论者多谓其有，而且估计其数量较为庞大，并已形成了凭借其资产控制中国经济与政治的官僚资产阶级。

这个说法的由来非为今日，早在 1949 年以前，社会各界及民间舆论对于国民党政府官僚的私人财产情况即多有揭露，并有严厉的批评。

据国民党元老蔡元培日记所载，1934 年 12 月 26 日《江南正报》曾刊文称：国府要人之财产多系秘密，而就可调查之范围内调查，则诸要人在本埠所有财产估计为，蒋介石 1300 万元，宋美龄 3500 万元，宋子文 3500 万元，孔祥熙 1800 万元，孙科 4000 万元，张静江 3000 万元。其他要人在上海各中外银行存款及不动产，据中国银行调查，约有 5 亿元，其不动产及公司多用其亲戚名义购置，故实款无法详确云。

但实情如何，在美国斯坦福大学该校胡佛研究所档案馆所藏张嘉璈（曾任中国银行、中央银行总裁）档案中，发现了一份日本特务机关 1939 年 10 月 17 日对国民党政府高级官员在上海外国银行存款情况所作之秘密调查报告，名为《登集团特报丙第一号——政府要人上海外国银行预金（存款）调查表》，现摘引于下：

蒋介石 6639 万元（按当时法币与美元的兑换价，约合 809 万美元。下同），

宋美龄 3094 万元（377 万美元），

宋子文 5230 万元（637 万美元），

孔祥熙 5214 万元（635 万美元），

宋霭龄 1200 万元（146 万美元），

陈立夫 2400 万元（292 万美元），
宋子良 550 万元（67 万美元），
张静江 3750 万元（457 万美元），
孙科 2832 万元（345 万美元），
张群 2750 万元（335 万美元）
何应钦 2600 万元（317 万美元）
阎锡山 2800 万元（341 万美元），
何键 2000 万元（244 万美元），
陈济棠 6550 万元（798 万美元）……

这些存款均存在当时在上海开业的外国银行，如花旗、麦加利、大通、友邦、运通、汇丰、荷兰银行等。列入上项名单的人员，有些是位居国民党政府最上层的统治人物，如蒋介石、宋子文、孔祥熙、陈立夫等；有些是国民党政府的高级军政官员，如何应钦、张群、孙科等；有些是在任或下野的地方实力派，如阎锡山、何键、陈济棠等；有些是以裙带关系而享有特权之上层人物，如宋美龄、宋霭龄、宋子良等。日本人一向重视对国民党的情报工作，不过因该调查报告尚无其他材料可为佐证，我们一时还无法判断其可靠性究竟如何。

有人认为这个"名单"是日本特务机关夸大甚或假造的，情报来源不明，且没有确凿的佐证，姑且存疑。但如果证实这个报告调查数字可靠，有所依据的话，则可得出如下分析：

第一，国民党政府高级官员有大量私产，仅在上海外国银行的存款就相当可观。以调查当年的 1939 年为例，中国国内银行存款总额为法币 605900 万元（不包括沦陷区），政府预算收入为法币 74000 万元，外汇储备为 25000 万美元（1937 年）。

上述 18 人的存款总额为法币 56785 万元（6918 万美元），约相当于国内存款总额的 9%，相当于政府预算收入的 77%，相当于外汇储备的 28%。用"富可敌国"形容恐不为过。这还仅仅是他们在上海外国银行的存款数，在其他城市和中国以外的外国银行和华资各银行中，他们有无存款？如果有，想来也不会是小数目。

第二，过去一般认为，在蒋介石、宋子文、孔祥熙、陈果夫陈立夫兄弟中，宋、孔有大量私人财产，而蒋与陈氏兄弟的私人财产则未必很多。但据该调查，不仅陈立夫有不少存款，蒋介石的存款数更是位居榜首。

蒋介石与宋美龄夫妇的存款总数为 9733 万元（1186 万美元），约占当年国内存款总额的 1.6%，政府预算收入的 13%。外汇储备的 4.7%，高居于上述国民党政府官员私人存款额之首。蒋、宋、孔、陈四家合计存款总数为23777万元（2896万美元），约占当年国内存款总额的3.9%，政府预算收入的32%，外汇储备的12%。他们不仅控制着国民党的军政大权，在财产上也不遑让人，"四大家族"之说，实非捕风捉影。

第三，按国民党政府官员的薪俸标准，他们显然不可能凭工资积聚如此巨额的财产。

根据1933年9月23日公布的《暂行文官官等官俸表》，特任官（部长及其以上官员）每月薪金为800银圆，当时的银圆与币制改革后的法币基本等值，因此，即便是存款最少的宋子良的存款数，也相当于一个特任级官员573年的薪金；更遑论他人。从1927年国民党上台至1939年不过短短12年时间，其高级官员居然能够有如此巨大数额的私人存款，只能是从非薪金收入渠道而来。一般情况下，这些渠道无非两条：合法与非法。

如果这些财产来源合法（如经营所得或继承祖产），外人无可置论。但即便如此，作为政府高级官员，在经营中有无特权，有无下级为了自身利益而刻意对上"报效"，仍是值得关注的问题。

何况，在当时民众普遍收入水准和生活水平都不高的情况下，政府官员如此"富裕"，无论如何不能说是十分正常的。如果这些财产来源非法，则必与贪污腐败相联系，更兼上行下效，贪污腐败之风在国民党内迅速蔓延，至抗战胜利后更一发而不可收。国民党统治之所以在短时间内由盛而衰，最终失败，于此调查或已可窥见其重要原因。

第四，从上述调查所列官员的存款数，可以推论国民党其他官员的存款亦不在少数。

1949年国民党在大陆失败后，不少高级官员流亡海外当寓公，在没有薪金收入来源的情况下，如何维持其生活，或从此调查可得知一二。

上述调查的可靠性或可待今后之继续研究，但它至少给了研究者们若干具体数据，可以多少建立一种参照，以使我们对国民党政府高级官员的私人财产问题不至于完全凭印象或感觉行事。随着民国史研究的日渐深入，这个问题或终可找到答案。如谚语所云：若要人不知，除非己莫为。历史的暗角终会揭开，历史之谜终会大白。

马寅初指责国民党军政要员"大发国难财"

在国民参政会内，敢于诤言的代表人物有马寅初、傅斯年、何廉、萧公权、吴景超、潘光旦、蒋廷黻、翁文灏、张奚若、罗隆基、周炳琳、钱端升等，他们是"蒋介石最害怕起立质询的参政员"。而力主公道的报刊有《大公报》、《文汇报》、《新华日报》、《新民报》、《世纪评论》及重庆《世界日报》和昆明《朝报》等。

经济学家马寅初在抗战爆发前就出任国民政府立法院委员、兼经济与财政委员会的委员长。抗战初期，他以专家身份考察战时经济，对国民党军政要员大发国难财极为不满，他将这种情况概括为"前方吃紧，后方紧吃！"

1938年，马寅初有针对性地提出征收"战时财产税"。他说："政府对发国难财者应从速开办临时财产税，先从大官之中发国难财者入手，令其将用政治势力所获得的不义之财全部提出，贡献于国家，以为其余发国难财者戒。"这个矛头直接指向财政部长孔祥熙。

于是就有人奉命前来劝说马寅初，说可以把重庆北碚立法院的好房子让他居住；若想购买黄金，只要他提个数字，可以立即照办；若要去美国考察，不论长住或短期都行，经费不成问题。马寅初心里明白，遂发表"严正声明"：

(1) 在此国难当头，我绝不离开重庆去美国考察；(2) 为了国家和民族的利益，我要保持说话的自由，国民党政府的立法院没有多大意思，我绝不去北碚居住，并要逐渐同立法院脱离关系；(3) 不搞投机生意，不买一两黄金，一元美钞。有人想要封住我的嘴，不让我说话，这办不到！

马寅初 1938 年于重庆

马寅初当时为中央大学经济系主任，兼重庆大学经济学教授和商学院院长。在高校任职，马寅初有了抨击国民党的更大平台。后来孔祥熙通过马寅初的友人传话说，要任命马寅初为财政部次长。马寅初一口拒绝："不做官，不当议员！"利诱不成，有人给马寅初寄来子弹，但马寅初仍未退缩，丝毫不为所动。

蒋介石嘱咐重庆大学校长叶元龙陪同马寅初来见他，蒋对叶元龙说："我要当面同他谈谈，他是长辈，又是同乡，总要以大局为重！"叶怕碰钉子，就让侄子去向马寅初转达这个消息，可马寅初回答说："叫校长陪着我去见他，不去！让宪兵来陪我吧！"又说："文职人员不去拜见军事长官。没有这个必要！见了面就要吵嘴，犯不着！再说，从前我给他讲过课，他是我的学生。学生应当来看老师，哪有老师去看学生的道理！他如果有话说，叫他来看我！"

蒋介石虽生气，也只好给自己找台阶下，对叶元龙说："我是想同他谈谈经济问题。你回去告诉他，以后有时间，随时可以来找我。"但马寅初始终不去见蒋介石。（又传闻此时蒋介石提出三个职务任他挑选：中央银行总裁、财政部长、全国禁烟总监。此说未见过硬的证据，不确切。录此备考。）

国民政府不得不接受了马寅初的合理建议，（也是出于增加国库收入的利害关系），对于高收入者增辟税源，在1938年—1939年先后开征了"非常时期过分利得税"、"遗产税"、"财产租赁所得税"和"财产出卖所得税"等。

马寅初又多次在公开演讲中要求将孔祥熙、宋子文撤职。1940年他给陆军大学将官班讲抗战财政问题，他说："抗日战争是中华民族存亡的严重关头，全国上下应该有钱出钱、有力出力、同心同德、共赴国难。但是现在不是这样，现在是'下等人'出力，'中等人'出钱，'上等人'则既不出钱，又不出力，囤积居奇，发国难财。还有一种'上上等人'依靠权势，利用国家经济机密从事外汇投机，大发超级国难财。"他指名道姓地点出——"这种猪狗不如的'上上等人'就是孔祥熙和宋子文之流……必须把孔祥熙、宋子文撤职，把他们不义的家财拿出来充作抗战经费。"

他的演讲，大受欢迎。但孔祥熙的权势毕竟炙手可热，岂能放过他。1940年12月初，孔祥熙要求蒋处置马寅初。蒋给卫戍司令下达手谕，12月6日将马寅初押解到贵州息烽，美其名曰"休养"。蒋如此目的，无非是想借此吓阻煽动社会对孔祥熙的不满情绪，当然也是应付孔祥熙。

师生祝寿为救院长

马寅初被软禁后，1941年3月，重庆大学商学院师生以庆祝马寅初六十寿辰为名，掀起了著名的"祝寿运动"，抗议当局对马寅初的迫害。

在用教室布置而成的祝寿大会寿堂，正面高悬"明师永寿"的大寿幛，四壁满挂各方致送的寿联，其中有一副是董必武、周恩来、邓颖超联名书赠的"桃李增华，坐帐无鹤；琴书做伴，支床有龟"。这副贺联由董必武亲笔撰写，上联赞马老桃李满天下，又指出寿堂里缺了老寿星，下联颂马老情操高洁，用"有龟"的谐音希望马老早日归来。一语双关的贺联在独缺寿星的祝寿会上，引起轰动。

就在这次祝寿会上，师生们通过了修建寅初亭的倡议，来宾们纷纷捐款。为扩大"寅初亭"的影响，商学院李新邦同学自告奋勇请冯玉祥先生题写了匾额。在国民党当局的干扰下，同学们在校外先把草亭的架子做好，然后运进校园拼装。一夜之间，寅初亭就修建了起来，之后同学们还自发看守、保护寅初亭。1942年8月，国民党当局终于迫于压力释放了马寅初。

马寅初仍然将抨击的矛头直接对准了"一个握财政之枢纽，一个执金融之牛耳"的两大贪官身上。强硬态度始终如一："蒋介石若想做民族英雄，必须做到四个字：'大义灭亲'——惩办孔祥熙、宋子文，否则他只能算是一个'家族英雄'！"（参看杨建业《马寅初传》第63页；邓加荣《我国经济学泰斗——马寅初》第108页）。

傅斯年坚持弹劾孔祥熙

1938年傅斯年已经整理了孔祥熙违法乱纪的人证、物证，写信给蒋介石，认为孔"身兼多职皆不能胜任"，要求罢免孔祥熙（据岳玉玺《国民参政会期间的两件事》一文抄录的两封致蒋介石的信）。但信到蒋介石那里，都被搁置。傅斯年在两年后的1940年8月14日给胡适的信中，提起"先生去年来信，以为我怪先生前年劝我不攻孔之电"，可见1938年胡适曾在电话劝他不要攻孔。

1940年夏，物价飞涨，怨声载道。众所周知，只有惩办囤积居奇者才足以平抑物价。蒋介石亲自下令缉捕，陪都重庆的囤户最多，然而缉捕之后总是被孔祥熙保释，"闻者无不叹气"。在行政院会上，秘书长陈仪向孔祥熙当场拍桌子。但大多数人只能背后议论。

1940年，傅斯年在给胡适的信中历数孔祥熙的腐败行为，接着写道："我一读书人，既不能上阵，则读圣贤书所学何事哉？我于此事，行之至今，自思无愧于前贤典型，大难不在后来在参政会中，而在最初之一人批逆鳞也。若说有无效力，诚然可惭，然绝非无影响，去年几干掉了，因南宁一役而停顿耳，故维持之者实倭寇也。至少可以说，他以前是个taboo（禁忌），无人敢指名，今则成一溺尿桶，人人加以触物耳。士人之节，在中国以此维纲常者也。"（参看《胡适来往书信选》）

1941年12月太平洋战争爆发，中国在世界反法西斯战争中的地位日趋重要，罗斯福总统连任美国总统，他从反法西斯战争全局考虑，为了加强中国抗战的实力，牵制更多的日寇精锐，减少太平洋美军的压力，决定向中国提供5亿美元的巨额借款（按当时的官方汇率折算，合100亿元法币。如以黑市汇率折算就更高了）。这不仅是最多一次对华援助，甚至超过历次对华借款的总和。对于困坐愁城的蒋介石来说，不啻喜从天降，当即交付孔祥熙策划。孔祥熙找财政部、中央银行和四联总处的负责人，拟订运用方案，决定以 3 亿美元购买黄金存入花旗银行，1 亿美元为美金公债券的准备金，1 亿美元为发行"同盟胜利美金储蓄券"的准备金，规定 20 元法币购买 1 美元储蓄券，预约抗战胜利后凭券兑换美元。储蓄券和公债券都按照商汇牌价用法币购买，即法币 20 元折合美金 1 元。

1942 年第一季度，美金债券正式发行。当时的国人对美金公债和储蓄券认识不足，且民众囊空如洗，心有余而力不足，买者寥寥。国民政府不得不用配额推销的办法，强制向各省摊派，如此一级压一级，仍是落到百姓手里，摊买到美金债券的人出于无奈，多愿折本脱手，因此美元黑市价格一度由官价 20 元降到 17 元左右。

起初这"美金储蓄券"发行并不顺利，但后来行情迅速看好，黑市价已涨到 5.5 倍——110 元法币兑 1 美元。在这关头，作为行政院长兼财政部长的孔祥熙下令停止出售美元储蓄券，由他的部属利用职权将尚未售出的 350 万美元储蓄券按原价购进，归入他的私囊；还有 799.5 万美元的储蓄券则由中央银行其他人员购进私分。

后来，美券一元的最高市格已经飞涨到国币 250 元，而国库局的同人却可仍以 20 元的低价购得；其市价达几亿国币。

这一笔天文数字的巨款就成为孔祥熙等少数贪官污吏的囊中财富。

（注：关于孔祥熙"美金储蓄券"舞弊贪污的总金额，尚未查核到准确资料，估计数字不一，有说 3390 万元，有说 5000 万元，待考。）

傅斯年教授抓住行政院长孔祥熙贪污的劣迹穷追不舍，在参政会发言予以抨击。会后，蒋介石亲自出面宴请傅斯年，席间问："傅先生信任我吗？"傅斯年说："信任。"蒋介石立即回应："你既然信任我，那么就应该信任我所任用的人。"傅斯年回答："委员长我是信任的，至于说因为信任你也就该信任你所任用的人，那么，砍掉我的脑袋我也不能这样说。"（参看屈万里《傅孟真先生轶事琐记》）

"倒孔"运动经久不息

1942 年见到过孔祥熙的舒芜回忆，此人"是地道的老式山西票号商人的味道，胖得一身滚圆，蓝缎袍子，套件小坎肩。"有一次，行政院长孔祥熙到中央政治学校，向全体员工讲话，内容涉及当时社会上呼声正高的"公务员要求加薪"问题。孔祥熙无法回避这个现实。但听他厌烦地回答："加薪、加薪、加什么薪呢?!"接着就从口袋里掏出一张 5 块钱的法币，在大家面前晃了晃说："你们看看，我口袋里这张 5 块法币，摆了好几个礼拜了，也没有用它。真不明白，你们要加那么多薪，有什么用?!"（1942 年—1944 年舒芜和路翎等在"中央政校"当助教，亲耳听见他就这么说的。）达官贵人孔祥熙，当然几个星期也花不掉那 5 块钱了。南温泉那么大一个孔公馆，大片树林、大片建筑金碧辉煌，占据风景最好的地段；家里侍候他的男仆女佣数不清……他怎么要花那 5 块钱呢？

孔二小姐和飞机洋狗事件

企业家陈调甫回忆，那时要见孔祥熙，都要经过兼秘书的孔二小姐，须送厚礼。

这个"孔二小姐"是个什么形象呢?

舒芜说："最有花边新闻的，是孔祥熙的宝贝女儿孔二小姐，那完全是个横行霸道的人物。我（舒芜）也曾经在南温泉街上碰到过她——男装、男式礼帽、金丝墨镜，嘴上叼支雪茄烟，腰间配支盒子枪，手里握根马鞭。屁股后边跟着一群凶神恶煞般的卫士。冷不防从一个高坡下来，一副刁蛮无忌的模样，路边的行人见了直躲。平常在南温泉街头，制服上标有'孔卫'二字的家伙时而出现，大家对这些走狗避得远远的，很少有人敢惹他们!"

国民政府迁都重庆，但这并不影响孔祥熙的二小姐每星期都要从重庆乘飞机去香港烫一次头发。孔二小姐喜欢晚间散步，有一次恰遇一个教授也去散步，由于天黑，教授手中还打着手电筒，手电光无意间照到了孔二小姐的脸上。孔二小姐十分动怒，冲上去打了这个教授一个耳光，说这个教授"调戏良家妇女"。

那时在大后方的街头巷尾，流传着很多关于"孔二小姐（孔令伟）"的故事。最著名的就是"飞机洋狗事件"。

1941 年 12 月 8 日太平洋战争爆发、英美对日宣战，日寇进逼香港。滞留香港孤岛的不少文化人民主人士如西南联大教授陈寅恪以及何香凝、茅盾、邹韬奋、柳亚子等，无法及时撤离。重庆政府派专机去香港抢救那里的一批元老。飞机返航时，文化人及民主人士的家眷们接到通知都前往机场迎接。谁知机舱一打开，却走出了孔二小姐（孔令伟）带着她的宠物洋狗。原来孔祥熙等达官贵人垄断中央航空公司的班机，专事抢运私家财物，甚至连孔家的洋狗也占了飞机的座舱!

12月22日王芸生在《大公报》发表《拥护修明政治案》一文,披露了"飞机洋狗事件",国人长叹、舆论大哗。12月24日昆明《朝报》以醒目标题《从修明政治谈到飞机运洋狗》介绍了王芸生的文章。由此引发一场"倒孔"运动。

1941年12月底,吴晗教授在大学一年级的《中国通史》课上,将孔祥熙同南宋的投降派"蟋蟀宰相"贾似道相比,称孔祥熙为"飞狗院长"。同学们格外愤慨,写了《孔祥熙用飞机运洋狗的经过》、《铲除孔贼祥熙》、《重燃五四烈火》以及《告国民党员书》、《告三青团员书》等文,抄成壁报,大书一个"喊"字作为报头,次日清晨贴到新校舍墙上。同学们看后,纷纷以某年级或某宿舍的名义贴出"拥护"、"响应"的告示。26名有正义感的三青团员,联名发表了《讨孔宣言》。

1942年1月6日午饭后,西南联大土木系同学在白色床单上画了"孔祥熙的肥头大耳钻在钱孔里"的大幅漫画,悬挂在昆华宿舍楼,聚集了几百个学生自发组织游行示威。举着这幅漫画,高喊"打倒孔祥熙!""打倒贪官污吏!""打倒日本帝国主义!"的口号,走上了昆明街头。途中陆续有云南大学、中法大学、英语专校及一些中学的学生加入,游行队伍扩展到两三千人,经过省政府门前,云南当局未加干预。

此后,武汉大学、浙江大学等兄弟院校都起来响应、热烈声援,震动了大后方。

"你不艰苦"、"我们不要你的慰问!"

1943年11月1日,孔祥熙兼财政部长十周年,财政部在重庆广播大厦举行盛大的庆祝会。而《大公报》王芸生则以"民间报纸发言人"的身份议政,揭露国民党官员的营私舞弊,他向发国难财者发出请求:"放手吧!饶了国家吧!"他更借助《大公报》的影响发动了"爱恨悔"运动,以望最终实现"神奸巨孽必除,贪官污吏必灭,奸商必戮,懦夫必有立志"的目标。(引自王芸生《提供一个行为基准》,载《大公报》1943年11月7日。)

潘光旦是家谱学的权威,孔祥熙曾经托人到他那里说情,请他证明自己是孔子的后代。潘光旦一口回绝:"山西没有一家是孔仲尼后人。"弄得来人十分尴尬。

1944年3月,行政院长孔祥熙来到昆明,给西南联大和云南大学的同学们讲话。讲到"今天我们大家的生活都很艰苦"时,同学们立即齐声高呼:"你不艰苦!"接着会场发出一片嘘声,弄得腰缠万贯的"肥头大耳"

狼狈不堪。孔祥熙表示对大学生们生活困难十分同情，将请求中央政府给予关怀。4月，果然政府拨款40万元法币，作为给西南联大和云南大学的救济金。

大学生们经过热烈讨论，议决把这笔钱全部捐献给难民同胞。

孔二小姐代表"长官爸爸"孔祥熙向西南联大从军的学生赠送慰问品时，东西被扔在地上，学生齐声高呼："我们不要你的慰问！"（引自《抗战时期内迁西南的高等院校》48页）

孔祥熙最终怎样下台？

1944年5月，中国西南实业协会，迁川工厂联合会、中国全国工业协会等五个工业团体共同拟就《解决当前政治经济问题方案建议书》，送交国民党五届十二中全会。其后，黄炎培等30人发表《民主与胜利献言》，要求国民党改弦更张，实行民主政策。抗战7周年纪念日，各地学生曾纷纷集会，揭露国民党的腐败统治，要求改良政治。国民党内与孔家争权、争利、争宠的各派系也趁机而动，对孔祥熙予以抨击。只不过由于蒋介石的庇护和压制，孔祥熙家贪污蠹国的丑行一直未受到彻查和惩处。

1944年6月，孔祥熙趁出席国际货币基金世界银行会议赴美，以转移公众不满的视线。孔祥熙抵美国后除参加会议外，并以中国政府主席蒋中正私人全权代表身份，向美国政府要求援助，交涉解决美军在华费用的垫款问题。会谈中，因在所垫付法币折合美元比价问题上和美方意见分歧很大，遭到美方的反对。

孔祥熙去美国的时候，国民党军队在豫湘桂战役中大溃败，西南又有大片国土被日本侵略军占领，人民的生命财产受到巨大损失，使中外震惊、舆论哗然。

美国政府曾向蒋介石提出强硬要求：由担任中国战区参谋长的史迪威来全权指挥中国战区的作战部队，以改善军事局势，此议经蒋介石、孔祥熙等软拖硬抗而顶了回去。其后美国总统罗斯福又通过宋子文转达提议，要求中国政府更换已成众矢之的军政部长和财政部长。

1944年11月，蒋介石只好发布命令：以陈诚接替军政部长何应钦、俞鸿钧接替财政部长孔祥熙。

孔祥熙自1933年担任财政部长到去职，在任长达11年之久，可见受蒋宠信之专。

当年发生的国库局鲸吞美金公债案，无疑是孔祥熙夫妇贪污弄权的顶峰，"若要人不知，除非己莫为。"国民党内如傅斯年等人不依不饶，继续穷追猛打。蒋介石也被卷入这事件，甚至到了多日失眠的地步。

1945年春，国库局几个知情人正式向国民政府检举孔祥熙、吕咸等人鲸吞美金公债、舞弊贪污。3月19日，蒋介石日记云："研究中央银行舞弊案。"孔祥熙仗着自己和蒋介石的私人关系，百般抵赖鲸吞美金公债的舞弊贪污行为，死不认账。蒋介石听后深为痛愤。日记云："更觉此人之贪劣不可救药，因之未能午睡。"

孔祥熙辞去财长职后，滞留在美国半年余，于1945年正式辞去行政院副院长，7月离美返国。7月24日，蒋介石发布命令，准予孔祥熙辞去中央银行总裁一职。孔祥熙同月辞去四联总处副主席职务，10月辞去中国农民银行董事长职务，至此仅保留了中国银行董事长的职务和国民党中央执行委员的头衔。

西南联大的经济生活

八年抗战期间，由北京大学、清华大学、天津南开大学三校组成的"西南联合大学"，创造了我国现代教育史乃至世界教育史上的奇迹。为此，本书专辟一章，叙述西南联大的经济生活。

1938年3—4月间，由北大校长蒋梦麟、清华校长梅贻琦、南开校长张伯苓三人联合领导的"长沙临时大学"师生们陆续到达昆明，先借用昆华农校的校舍，临时大学改名为西南联合大学。这是当时中国最大的教育中心。1939年8月迁入西北郊新建的校舍。

1944年剑桥大学教授李约瑟前来中国考察，他得出的结论是："西南联大和浙江大学的教育科研水平，足可与牛津、剑桥、哈佛相媲美。"

西南联大生活水平逐年下降

抗战初期，广大教师的生活水平还是有保障的。虽然自1937年9月起，教师薪金以法币50圆为基数，余额按七成发给，但那时的教授每月还能实得200余圆，加之大后方物价低廉，实际购买力下降有限。曾在西南联大就读、后任教于北京大学的张寄谦教授回忆说：联大生物系的一位教授上课时常将教室搬到学校附近的小饭馆，买上几条活鱼，从鱼头讲到鱼尾，再请厨师做熟后和同学们一边吃一边解释鱼的"五脏六腑"。

1940年以后，随着国家经济状况的恶化，法币贬值，物价暴涨，教授们的宽余生活也随之一去不返，和广大人民一同成为饥饿线上的挣扎者。

1941年上半年西南联大教授们的平均月薪降到战前的十二分之一，相当于战前银圆27圆，也即降到如同一个码头搬运工的水平。而那些月薪不到法币 200 元的年青教员、助教们，每月收入更不到战前银圆 16 圆，还不如当时一个扫马路的清道夫。此后几年大滑坡，一年不如一年；直到抗日战争胜利后的 1946 年上半年，教授平均月薪仍然只相当于战前银圆 27.5 圆，还是相当于 1941 年上半年的水平。

这样的实际收入水平，已临近城市贫民的最低生活线。

从 1940 年下半年开始，西南联大校方每月发给教职员"薪金"中的津贴大于薪金，其中主要是跟踪市场米价的最基本生活费津贴，大致每位教授讲师补助 1 石（160 斤）白米，权充五口之家的口粮。

昆明的经济生活更低于同时期重庆市的水平线，陷入大后方最惨痛的赤贫地位。

医药费、文化教育费等（加 15%）计 48 元 5 分。

由此得出一个"等成年人"每月平均消费值——法币 368 元 4 角 1 分。相当于抗战前夕银圆 12.5 圆的购买力，或一个普通工人的最低薪金。

这就是 1941 年 10 月昆明市生活程度的平均费用，由于物价飞涨，这个数字还在不断地上升。

西南联大的经济学家、社会学家作了《昆明教授家庭最低生活费的估计》指出：战前五口之家每月最低生活费为 50 圆（仅仅相当于战前一个大学刚毕业的助教月薪的一半，而当时大学教授、副教授月薪平均 350 圆），也就是说，每人平均最低生活费为 12 圆 5 角。按这样的最低标准，参照昆明市场物价实际情况，则 1942 年 11 月知识阶层一个家庭的最低生活费，应该为 7500。

这样的普通五口之家最低生活水准究竟如何呢？让我提供一个具体的形象。

伙食：每人每天吃 1 斤米饭（偶尔面食）0.7 斤青菜，0.3 斤豆腐，大约 2 两猪肉、半两油（每月 5 斤猪肉、1 斤半猪油），三天一个鸡蛋。每月一两茶叶，半斤白糖。

穿着：每年买一套内衣内裤和两件外衣，每两月买一双布鞋和一双袜子，每 20 个月买一双皮鞋。100 天买一条毛巾和一支牙膏，两个月一块肥皂，每月洗澡两次、理发两次、洗衣服十二套。

居住条件：每人 5 平方米的简陋平房（两人或三人合住一间），照明没有电灯而用暗淡的菜油灯，每夜点半两菜油；做饭和取暖不用煤炉而用烟熏火燎的炭炉，每天 2 斤多木炭。

好在当时子女的学费并不贵，有的可以减免。此外每月可以买一本普通的图书，一些必需的纸张文具。或者伤风感冒时服用一点便宜的药片……

在日常费用里，没有计入维修住所的钱、没有置办家具桌椅书柜的钱、没有大病住院的钱、没有全家星期天进剧场看戏看电影的钱、没有妇女化妆品的钱、没有下饭馆聚会的钱、没有春秋远足（旅行）的钱、没有水果点心零食的钱、没有给儿女买玩具皮球的钱、没有节日请客送礼的钱、没有过生日买蛋糕的钱、甚至没有逛公园玩游戏的钱！……

但是，每月要维持这样的基本消费，在1941年10月必须有1800元（每人368元）；短短一年之后，由于物价飞涨四倍，到1942年11月则必须有7500元。

而同期西南联大教授的薪金如何？1941年10月平均600多元，为最低生活水准的三分之一；到1942年11月更不足1400元，仅为最低生活水准的五分之一了。这就是教授们不得不面对的冷酷现实。天公有眼也要垂泪呵。

西南联大的伙食

昆明西南联合大学的伙食，在抗战头两年还算可以，由于物价尚未上涨，温饱大多不成问题。但后来每人每月伙食费随物价上涨而涨，师生都感紧张。尤其是学生，远离家乡，许多人无经济来源，更为窘迫。大多数学生都参加自办的大众厨房，另外也可以在小厨房包饭，甚至个别在教授厨房私包，自然这价钱都层层相应往上涨的。

西南联大学生何兆武回忆说：

"1937年抗战前在北平做中学生，学校里一天三顿饭，每个月才花5块多钱，质量不错，而且可以敞开吃。1938年在长沙上学时也是每月5块多钱，至少都是细粮；1939年也还算不太差。可是到40年代以后就不行了。好在当时还有公费，上学、吃住都不要钱。学生每个月靠'贷金'吃饭，而且不用还账（这和今天大不一样）。学校里吃饭虽然不要钱，可是质量差，有点像后来20世纪60年代灾害期间吃不饱的光景。（食堂开饭以后）大家都过去抢，不一会儿工夫饭菜就吃光了。"

再引录当时西南联大学生的口述史料：

"1940年以后，是最困难的年头。通货膨胀，物价随之上涨，后来连吃饭都困难了。假如那时要学费的话，绝大部分学生都上不起学，就连名人子弟也上不起学，包括杨振宁。那时候教授的薪金太少了，杨振宁的父亲杨武之是数学系主任，他一大家人，饭都不够吃的还上什么学？当年的艰难时世，难以想象。"

"一直到1942年，在外面找个零星工作兼差了，才算好一些。1943年读研究生以后，就在中学里做兼职教师，每月工资已是数千，大概相当于现在（2000年）的七八百元钱，每顿饭都自己花钱在中学里买，总算能吃饱一点了，只要不养家，生活还算过得去。"

"西南联大的学生绝大多数都是背井离乡，寒暑假也回不了家，一年四季都在校园里，而且因为穷，吃喝玩乐的事情少有可能。大部分时间都用来学习，休息时就在草地里晒晒太阳，或者聊聊天。昆明大西门外有一条凤翥街，街上有几十个茶馆，大家没事就到茶馆喝碗茶。喝什么很便宜，大概相当于现在（2000年）的一毛钱，无非就是茶叶兑开水，有人是真拿本书在那儿用功，有人是去聊天。记得一次，我看见物理系比我们高一班的两位才子，杨振宁和黄昆，正在那高谈阔论喝茶。"

西南联大的住房

大学生们的伙食条件如此艰辛，住宿条件又是怎样呢？

杨振宁回忆道："在西南联大从1938到1942年我念了四年的书，那时联大的教室是铁皮顶的房子，下雨的时候，叮当之声不停，地面是泥土压成的，几年以后，满是泥坑……窗户没有玻璃，风吹时必须用东西把纸张压住，否则就会被吹掉。"

师生们的住宿和生活条件十分艰苦。新校舍都是土坯茅草房，一个房间20张双层木床，两两相靠，用床单或蚊帐隔成无数个小单元，彼此不免影响。

也有个别学生在外租房。住在昆华中学南院和工学院的学生，都是二层小楼，条件比新校舍好一些。由于学生课多，活动多，因而对住处还不太挑剔。

教室下雨时，听不清教师的讲话声，只能听到铁皮房顶的"叮叮当当"的雨声。外文系学生许芥昱当时所写的一首打油诗更是形象地描述了校舍的简陋：外面下大雨，里面下小雨；外面雨已息，里面犹在滴。

西南联大的衣着

北大、清华、南开三校一向校风质朴，在抗战之前几乎一律学生制服。到了西南联大时期,条件艰苦,制服依旧,但质量逐年下降。流行的学生服装是洗得褪色泛白的黄制服,黄制帽,冬天加一件黑色棉大衣。这是绝大部分同学一年四季的服装。其次也有少数蓝布大褂,西装较罕见。女同学穿蓝色布褂者较多。都是从平津、长沙、香港沿途带过来的。脚上皮鞋占半数以上,多是本地产的3元一双的货品,其余胶皮底鞋和粗布鞋也不少。袜子多是破线袜,有的也穿着打了补丁的粗布线袜。当然男女同学有个别出格的,女的浓妆艳抹,同学称之为"妖",男的奇装异服,大家呼之为"怪"。如此妖怪,全校不过几人,屈指可数而已。

与学生比,教师服装形色稍多一点,西服革履者有之,长袍大袖的也有,也都是教授常穿的服装,布料不一定好,但那是一种相当于学生制服的教师服装,大家都这么穿惯了。教师中"奇装异服"的也有:其一是吴宓,吴先生爱穿紧身细腿的旧式西服,脖子上一个炸弹形的脑袋,在联大校园内,很是显眼;而物理系的吴大猷先生,一条黄咔叽布裤,膝盖上补了像大膏药一样的补丁多个,在教授们的各种补丁中也是很有名的。

朱自清先生,那时生活很清苦。有9个孩子,一部分住在老家扬州,家庭负担很重。加上先生至情至性,衣服的纽扣丢了也不钉,找根绳子来系上。到了冬天,买不起大衣,就买一领云南"马锅头"用的粗毛毡披在身上;头上戴着大耳的帽子,用来御寒。南开大学的李广田教授回忆,他在昆明大街上遇到的第一个熟人就是朱先生,他说:"假如不是他老远地脱帽打招呼,我简直不敢认他,因为他穿了一件很奇怪的大衣,后来才知道那是赶马的人所披的毛毡,样子像个蓑衣,也像斗篷,颜色却像水牛皮。以后我在街上时时注意,却不见有第二个是肯于或敢于穿这种怪大衣。"至于鞋袜,多数教授和学生一样,穿本地土产的皮鞋或布鞋,许多教授的鞋子和学生的一样,前后开口。哲学系沈有鼎先生不穿袜子、只穿着又旧又破的布鞋上课的情景,让同学们一辈子无法忘怀。

1940 年的生活实录

1940年9月2日《新华日报》刊载了昆明西南联大的青年学生们在艰苦物质生活中的奋斗状况 ——

贷金每月16元，在昆明的生活程度下，只够吃饭，而吃饭也只能吃顶粗糙的红米饭，菜蔬点缀品。曾经有一个统计，是根据一个大学的伙食团算出来，总共四百人一天买40块钱菜（每人每日菜金1角），按照猪肉实价2元4角一斤，每人每日只能吃猪肉不到半两。虽然这样的苦，青年们仍有他的新玩意，平时不吃荤，省下几分钱，一周总合起来去买，就有可观。于是当最后一天加菜时，饭堂里枯寂干燥的空气，突然活跃起来，厨子得特别多烧一点饭！我们是在生活的重压下喘息，但谁又能说我们被压下去了呢？当世界学联代表慕尔兹君过昆明时，我们曾经请他来参观我们的吃饭，在我们的欢欣鼓舞之下，慕氏也不禁笑逐颜开了。

在吃饭之外，我们还有其他必需的用途，例如书籍文具，如光身汉都感觉麻烦的洗衣补袜……以至理发等项，有些必定要钱去买，有些不妨自己屈尊，自己做，但洗衣的肥皂和补袜的针线却再也不能省的。一切经济问题的解决，不外开源节流两个法子。节流至极限以后，必定得开源。学生们的开源出路是很有趣的：帮上银行邮局做半天读半天，有担任晚间家庭教师，还有一些投稿者，但这些都是不容易而且机会很难得的。暑假时有人开补习学校也算是一条出路。最近教师举办大学生抄书每千字5角，和劳动服务每小时2角，抄书的都文绉绉的要写端正的毛笔字。劳动服务中理、工、农三学院的学生特别多，尤其是农学院的同学，高举锄头，一下便掘出五寸一块泥土，挥舞粗臂汗流满颊地工作着。

如若这样还不够挣得最低限度的钱来用，当然只有出卖旧衣服这条路了。人对自己的旧东西都有偏僻的爱好，现在的大学生都干脆的出卖，买主多半是富裕的同学。因为物价飞涨，做新不如择旧。出卖的东西是无奇不有，有半新旧的西装、书籍、皮鞋，也有自制的墨水、糨糊等，其余零星小物件如皮裤带、软帽……以至损坏的钢笔和性命一般的计算尺……买卖都不争价，照定价付钱，合则留不合则去，于是好些要顾面子的和图省事的朋友，都将东西交给校工代卖，校工室竟成了拍卖场，不时校工也收到几角到一元的赏赐。

自己洗衣和缝补破衣破鞋，在大学里现在已成为一种风尚，寝室的走廊上满挂着破了后跟的袜子和破了肩的衬衫，面盆里什么都洗。经常总有人在井旁打水洗衣，就是给女同学看见了，也不觉得脸红。差不多的同学都自夸补袜的技能，和改造衬衫做背心的功夫。有一个男同学要做书包袋嫌缝工太贵，自己出手做，有一次并且拿到图书馆去做，引了不少女同学来看，他却向她们夸耀，要和她们比赛。去年中正医院更由院长夫人领导下发起一个补衣运动，动员全体女生给男生补破了肩的衬衫，一天下来补了三百多件。

书籍文具买不起,更是普遍的现象,普通参考书如商务出的《经济学概论》,图书馆里备有五、六本,每天还是有不少人向隅。文具中的纸张是写了正面再写反面,作废了再做草稿。图书馆每天挤满了人,一张十英尺长三英尺阔的板桌子总共有六个人埋头用功,凳子是硬板凳。比不得从前的大学图书馆,钢骨混凝土的建筑,发亮的桌子,有沙发的椅子和最调和的光线。……看看四周一群热烈勇敢的同志,不管相识与否,心里总会觉得很安适的。

实验室是贫乏,做化学试验的得节省蒸馏水、硫酸,做工厂实习的不准随便翻沙制模。但在极大的节约之下,一个个实验还是照样完成了,联大同学发明快干墨水,清华研究所发明长生素,云大教授发明代汽油,同济的同学在做滑翔模型……

"半工半读"和"半工半教"

仿效五四运动时期清贫学生"勤工俭学"的办法,西南联大训导处安排同学"劳动服务"和"工作酬报制",也就是"半工半读"。

我查阅到1940年6月15日《救亡日报》发表的《昆明大学生下田劳作》一文——

凡愿参加劳动服务的学生每人每小时可得国币2角。凡愿做的,先向训导处去报名,即领得"学生劳作证"一张,那证上有劳作日期、劳作时数等的详细记载表,每学生做多少时候就登记下来,到了相当时间,即把多少时间累积起来(大概每半月一次)赠送他多少酬金。他们的劳动服务,就是到园艺场去种田。这农场不请农夫,全由学生自己耕种,并且种田的时间,并不限制,可以在早上黎明的时候,也可以在下午傍晚及一切课余的空闲时间,只要自己有空,带了劳作证,到园艺场畔的工作管理员那儿登记一下,领到一把锄头,就可以过一下农夫的生活了。这不但对自己的经济有帮助,显然的这是一种无上光辉的实验生产工作呀!

又查阅到1941年1月23日《新华日报》刊载通讯——

【昆明讯】 本市百货昂贵,尤以衣食更甚。来自各地或沦陷区之清寒学生,离乡背井,流亡客边,其经济来源均已断绝,衣食已成当前极难解决之严重问题!全赖各种救济以维持生活。昆明学生救济会,本年度改变救济办法，以"工作酬报制"，清寒同学要求救济者，须先交学校清寒证明书，经该会审查合格，始得分派或介绍各种工作，工作每小时酬报国币8角。现昆明西南联大、云南大学、中法大学理学院等校，清寒学生到会登记请求救济者已达四百余人。

大学生们唯有半工半读、自食其力。他们往往同时到昆明市其他高校（云南大学、中法大学、英文专科学校等）以及中学兼课，或代做办公室文秘，或担任公共汽车售票员，从事各种体力劳动，以菲薄的收入补贴最低水平的生活费。

同学们"半工半读"，而老师们则"半工半教"，想方设法挣钱。

抗战后，高等学校有两种人离开了教授的位置：一种是当汉奸去了，如钱稻孙、周作人、樊仲云、陶希圣之流；一种是到政府当官去了，如蒋廷黻、梁实秋等。而绝大多数教授仍然留在校内从事教学和科学研究工作。他们生活异常艰苦。武汉大学教授钱歌川当时说："每次朋友来信劝我努力加餐，就使我感到一种隐痛。现在当教授的，谁不知一饭一粥在过日子呢？……因为请不起奶娘，在这儿大学教授的家里，早已有小孩子饿死的事。至于无钱送儿女上学，那更是普遍的现象。……我们有一位同事，讨的美国太太，会做洋点心，日前他做了许多炸面卷，由三个小儿子在大门外设摊零卖，每个定价一角，名叫救命圈。街上的人都围着看，但没有人买。结局是购买者既用不着这个去救命，而大学教授也就不能赖此来救命。此情此景，岂一个'惨'字了得！"（原载《星期评论》第14期，转引自李锐《为大后方大学教授呼吁》，见于《解放日报》1941年10月24日）

为补贴家用，教授们只能想办法，开头是典当出卖衣物等。吴大猷先生因夫人患肺结核病，花钱买药很多。抗战初年托人从香港、上海带来的衣物用品，都陆续卖出去了。吴大猷教授在《抗战期中之回忆》一文中写道：那时有许多教授"在街上摆地摊卖东西。我可能是教授中最先摆地摊的"。

化学系的高崇熙教授善种花，就种植了一大片唐菖蒲（剑兰）来卖。

航空系主任王德荣和化工系主任谢明山教授，合作研制"西曼"牌墨水来卖，据说可与派克墨水媲美，畅销昆明。

常委梅贻琦家里的日子也不好过，梅夫人一开始便想去做工，后来被人家认出来，堂堂校长夫人，如何敢雇？有时只好在联大校门旁摆地摊，变卖儿女们孩童时的衣服，换钱以补家用。又做一种点心取名"定胜糕"（抗战一定胜利之意），到昆明冠生园小店去寄卖。

冯友兰教授的夫人则作麻花出售。也有的教授开小商店、茶馆、餐厅等等。

无力经营的许多教授为了糊口，只好出去谋兼职。许多教授便在昆明的其他大学、专门学校和中小学兼课，或者去教家馆等。有的教授为云南土司当幕僚，撰写寿文、墓志铭，换取酬金。师范学院副教授萧涤非，曾先后到中法大学、昆华中学、天祥中学兼课。刚生下的第三个孩子"啼饥号寒"，不得不忍痛送给别人抚养。

闻一多除在昆华中学兼任教员外，晚上还要在油灯下埋头为人刻治印章，以换取一家八口的糊口费用；汤用彤等一些教授也只能一度食粥度日；梅贻琦经常吃的是白饭拌辣椒，没有青菜，有时吃上菠菜豆腐汤就很高兴了；吴大猷经常穿着补上如大膏药一样的补丁裤子去上课；曾昭抡穿的鞋，也常是前后见天的。一些教授夫人也不得不干点手工活如绣围巾、做帽子等，以补贴家用。

真是"十儒九丐"。教师兼差既多，不免影响教学。个别不负责任者，上课迟到、或由助教代课。但大多数教授仍坚守岗位。

《大学及独立学院教员资格审查暂行规程》

1940年5月，教育部学术审议委员会第一次会议制定颁布了《大学及独立学院教员资格审查暂行规程》，规定大学教员分教授、副教授、讲师、助教四等及其任职资格。教授须具备下列资格之一：任副教授3年以上，著有成绩，并有重要之著作者；在国内外大学或研究院所得有博士学位或同等学力证书，继续研究或执行本专业职业4年以上，有创作或发明，在学术上有重要贡献者；其资格不合于教授的规定，但在学术上有特殊贡献，经教育部学术审议委员会四分之三以上委员之认可者得任教授。（据教育部参事室编《教育法令》，重庆1945年印）1940年至1947年10月，经教育部审查合格的专科以上教员，共28批。其中教授2563人，讲师1962人，副教授1205人，助教2497人。

1941年6月，教育部为"奖励学术文化之研究，而予优良教授以保障"，决定设置部聘教授，规定凡"任教授职15年以上，对于学术文化有特殊贡献者担任"。教育部除颁布《部聘教授办法要点》外，决定部聘教授候选人须由国内大学独立学院和已备案之全国性学术团体分别遴选，提交学术审议委员会，再由该会将各候选人分科制成名单，发交公、私立各院校教务长、各学院院长和各系科主任，各就本人之相关学科于名单中荐举二人，并注明对于被选举人之意见，以供该会审议时参考。

1942年各科人选经学术审议委员会审议通过，特聘杨树达、吴宓、陈寅恪、汤用彤、苏步青、吴有训、饶毓泰、曾昭抡、李四光、周鲠生、梁希、茅以升、蔡翘等28人为部聘教授。

1942年8月12日教育部核选西南联大资深教授13名（任教满十年以上者）为"部聘教授"，其中第一名就是陈寅恪。按规定"部聘教授"每月薪俸600元，学术研究费补贴1千元，所以叫做"双俸"。1943年教育部又增聘15名。

但是，"一面是庄严的工作，一面是荒淫无耻"。抗战时期的重庆，"前方吃紧，后方紧吃"，官场整日价花天酒地，而许多教员家庭靠典当度日。

20世纪40年代美国记者费正清记下了考古学家李济对他说的一席话：

"李济说百姓们现在都在挨饿。这些年来，他已死掉了两个孩子，陶孟和也死了配偶。知识分子们认为，如果他们是被重视的，或者是当此国难之际全国上上下下各阶层是在同甘共苦的，那么即使挨饿也没什么关系。但是他们亲眼看到了如此触目惊心的不平等现象和社会上层的奢侈浪费。因此，许多知识分子感到心灰意懒，一部分人将会死去，其余的人将会变成革命分子。"（引自《费正清对华回忆录》，第295页）

早年（20世纪—30年代）的较高收入和心理价位，20世纪40年代现实的贫困处境和绝望无助，促成了民国后期中国教师阶层和政府当局的严重对抗。"一个党、一个主义、一个领袖"的独裁统治，文化专制的政治迫害，又和教师自由主义的职业习惯、民主主义的理性追求尖锐冲突。广大教师在20世纪40年代倾向革命，势所必然。

1941年以后的生活津贴

昆明物价在大后方居于首位，西南联大师生，沦落最低层，在饥饿线上挣扎。

黄子卿先生，1941年得了疟疾，不得已，卖裘、书以购药，拖了一年才好。黄先生为此曾写诗云："饭甑凝尘腹半虚，维摩病榻拥愁居。草堂诗好难驱疟，既典征裘又典书。"至今读来令人怆然。

情况已经非常危急。

政府为改善教师生活，虽曾制定了一些补助办法：自 1941 年 10 月 1 日起，发给平价食粮代金；凡教育部办的学校教职员，每人每月可报领二市斗一市升（合 33.6 斤大米）的代金；家属符合有关规定的，享受教职员的同等待遇；此外，教育部还推行"久任教员奖金"、"特别补助费"、"兼课钟点费"制度。但这些津贴每领一次，物价又暴涨在先。当时高校教师们把薪金与物价比作龟兔赛跑，而这个兔子（物价）却不是那个只知睡觉的兔子了。

西南联大参照其他学校的办法，在教职员月薪之外，每月增发各种名目的生活津贴。由此"薪水"改称"薪金"。其中"津"的部分愈来愈超过"薪"的部分。教职员和公务员的名义"月薪"类似，因有政府明文规定的死标准，不能逾越，只能作象征性的晋升。在西南联大校方力所能及的范围内，尽量提高每月的"生活津贴"，首先是按照市场大米涨价的情况，再补助各家每人每年 1 石（160 市斤）大米，以保障最低生存条件。此外，则是"爱莫能助"了。

为了补贴家用，人们从东部老家撤退时随身携带的一点积蓄和金银首饰已经消耗殆尽。有些教授和讲师只好典当家具、出售衣物。例如闻一多夫人高真女士就摆个小摊出让衣衫，换取食物。不久，大家已无多余的衣物可卖，正像生物学系教授沈嘉瑞所说的："现在只有剩下的几个空箱子可卖了！"

知识阶层最器重、最爱惜的资产就是藏书。由平津南下长沙、再由长沙辗转到云贵高原，一路上什么财物都可以抛弃，唯独不舍得扔下书箱。图书资料是读书人的命根子。但是到了 1941 年以后，剜肉补疮，连最后的珍藏也只有忍痛割爱了。以专门研究"明史"著称的吴晗先生，被迫把若干有关明史的藏书转让云南大学图书馆，大哭一场。原北京大学法律系讲师、西南联大法商学院教授费青先生，久病不愈，经济窘迫，只能将珍藏的德英中文图书求售；经协商后，由北大法律研究所全部收买。折价法币 3 千元，聊补燃眉之急。现存历史档案中，还有当年西南联大法律学系主任燕树棠教授"关于收购费青教授藏书"一事致梅贻琦常委函。

1943 年以后，联大教授的月薪，仅能维持全家半个月的生活。

陈寅恪在形容当时昆明及后方通货膨胀、货币贬值的程度时，曾有两首诗："淮南米价惊心问，中统钱钞入手空"；"日食万钱难下箸，月支双俸尚忧贫。"诗句中的"双俸"，是指 1942 年 8 月 12 日教育部核选西南联大资深教授 13 名（任教满十年以上者）为"部聘教授"，其中第一名就是陈寅恪。但是这教授里级别最高的"双俸"，还合不到两石（320 斤）大米的价钱。学贯中西的一代宗师陈寅恪先生，终因营养不良，导致目疾难愈，饮恨终身。

汤用彤等教授一度只能喝粥度日。一般教师的生活可想而知。

当时肩负英中文化交流使命的英国科学家李约瑟博士，在1943—1945年间曾考察了我国西南、西北、东南等地的大学和学术机构，他对那时大学师生的生活条件，特别是昆明的困境作了这样的记述：

"他们所处的环境如何困难，实不易描写，学生的宿舍，甚为拥挤，极易感染疾病，如肺病等。由于无适当洗濯之设备，如沙眼之类传染病也很普遍。守正轨的科学家，将其以前的与今日的生活相比，悬殊甚大。许多很有科学成就的男女们都住在东倒西歪的不易弄得很清洁的老式房屋中，他们的待遇只增加7倍，而云南的生活费已增加103倍，我只能把这种生活与住在阿盖尔（Argyll——苏格兰西部一郡，居民生活极度贫困——引者注）海岸居民所过之生活相比。他们以前一年工作之收入为1千镑和一层楼房；而现时一年之收入，尚不及70镑。常常有人闻名于欧美而不得一温饱。我们（指当时欧洲学者们）之中有多少人愿意过这种生活，而不愿在侵略者统治下过一种较为舒适的生活？"（引自李约瑟《战时中国的科学》）

大学教授　困兽犹斗

到1943年下半年，联大教授每月薪金已由战前的350圆降至仅合战前的不到10块银圆。为了维持生存，教师们也只能"消耗早先的储蓄，典卖衣服以及书籍，卖稿卖文"。（据杨西孟《九年来昆明大学教授的薪金及薪金实值》，原载《观察》第一卷第三期）"而最后的资本只有健康和生命了"，"营养不良，衰弱，疾病，儿女夭亡"对教授们来讲，已不再是新闻。

1943年英国科学家李约瑟博士在访问西南联大时，盛赞道：就是在这种环境中，广大教师仍表现出"不屈不挠的耐心和勇气，在他们国家的边远地区工作，同时在他们所处的逆境中，还表现着激昂甚至快乐的情绪"。

如此困境中，大学教授们仍然辛勤耕耘，不仅坚持一流水平的教学工作，而且专心著述，硕果累累。例如教育部1943年"特约撰述者计58种，公开征稿得88种，采用成书计17种，合共163部。"各种书稿，须经初审、复审、校订手续,并经该会常委会会议通过,由教育部核定付印,作为大学用书。1946年大学教材编委会共收到书稿331部,交由商务印书馆、正中书局、中华书局出版的有42部,正在印刷的51部,退回作者修改的29部。教育部又特约专家编著的有157部……

这是一个灿烂的教师群,是一个在我国科学史、教育史上做出了重大贡献的教研集团。他们学识渊博、专业精深、思想活跃、治学严谨。更令人敬佩的是,在当时实验设置简陋,图书资料等物质条件极端困难的条件下,他们认真教学,敬于业务,培养了一大批栋梁之才。杨振宁后来回忆道:

想起在中国的大学生活,对西南联大的良好学习空气的回忆总使我感动不已。联大的生活为我提供了学习和成长的机会。我的爱憎主要是在该大学度过的六年时间里(1938—1944年)培养起来的。

战时,中国大学的物质条件极差。然而西南联大的师生员工却精神振奋,以极严谨的态度治学,弥补了物质条件的不足。

西南联大培养了杨振宁、李政道、邓稼先、朱光亚、黄昆、钟开莱、廖山涛、王浩等一批饮誉中外的科学精英。

诺贝尔奖得主杨振宁的老师们

杨振宁的父亲杨武之是清华大学教授。杨振宁随父母在1938年初到达昆明以后,进了昆华中学。他念完高二未上高三,就以同等学力参加统一招生考试,考进西南联大。

西南联大不仅保持着清华大学把国文作为大学一年级学生必修课的传统,而且由于三校一批著名教授的到来,更壮大了教学阵容。杨振宁的国文本来就不错,经过著名教授的培养熏陶,更使他奠定了深厚的基础。教过杨振宁国文课的教授,很多在中国语言学和文学史上占有重要地位。如散文家、诗人朱自清教授,诗人、学者闻一多教授,语言学家罗常培、王了一(王力)教授等。

西南联大为了充分发挥这些教授的专长,打破了传统的由一位教授开一门课的教学法,采用了轮流教学法,每位教授都是讲授他本人最拿手的部分,因而非常吸引学生。

杨振宁后来在《读书教学四十年》一文回忆道:

"西南联大的教学风气是非常认真的。我们那时候所念的课,一般老师准备得很好,学生习题做得很多。所以在大学的四年和后来两年研究院期间,我学了很多东西……那时的教师阵容非常强大。当时采用了轮流教学法。每一位教授只讲一个到二个礼拜。一般说来,轮流教学法的效果通常是会产生混乱的情况。不过因为那时的教授阵容实在很强,轮流教学法给了我们多方面的文史知识。记得教过我大一国文的老师有朱自清先生、闻一多先生、罗常培先生、王力先生等很多人。"

数学是理论物理学工作者最重要的工具。在西南联大,杨振宁受到了严格的数学基础训练。历年考试成绩均名列前茅。在西南联大里,不仅有像杨武之、姜立夫、江泽涵等中年数学家,而且拥有一批像陈省身、华罗庚等"后起之秀"的青年数学家。当时,华罗庚刚从英国剑桥大学留学回国。他在英国两年的时间里,在堆垒素数论的研究上声名卓著,先后在英、苏、印度、法、德等国的杂志上发表了 18 篇论文。陈省身教授专长几何,且在矢量丛联络论研究领域已很有造诣,于 1937 年从德国汉堡大学获得博士学位后归来。他不仅与杨武之教授有师生之谊,而且与杨振宁又是师生关系,感情十分深厚。

杨振宁投考西南联大时,报考的是化学系,因为他没有读过高中物理。但是,入学之后,发现自己对物理学更有兴趣。当杨振宁跨入大学校门之际,世界科坛正在为开创核能时代而进行冲击。正是这些令人难以想象的重大科学成果,使杨振宁把目光和兴趣转向了物理学。

赵忠尧教授

俗话说:"名师出高徒"。又说:"师傅领进门,修行在个人"。在西南联大,给杨振宁他们大学一年级物理系学生开普通物理课的是赵忠尧教授。赵先生在物理学上最重要的贡献,就是他于 20 年代末在美国和其他几位物理学家同时发现了重元素的反常吸收,他又发现了在反常吸收过程中,还放出一种特殊辐射,并测定它的波长,这种辐射就是现在所熟悉的正负电子转化为光子的湮没辐射。比正电子在宇宙线中的发现早两年。赵忠尧是擅长实验的物理学家。由于战时环境的限制,许多物理实验无法开展。为了能给学生们创造实验条件,他和张文裕教授一起,发动学生冒着敌机轰炸、扫射的危险,在昆明全市到处收购废铜烂铁,想建一座小型加速器。在清华大学撤离北平来到昆明合办西南联大时期,赵忠尧教授一路上小心保护着 50 毫克镭,这在中国 20 世纪教育史上传为佳话。在西南联大,赵忠尧教授就利用这 50 毫克镭,开展了人工(中子)放射性元素实验。赵先生这种对事业孜孜以求的精神，给杨振宁留下很深的印象。

吴有训教授

进了大学二年级，杨振宁跟吴有训教授念电磁学，跟周培源教授念力学。

吴有训教授是 1921 年末赴美入芝加哥大学随普顿教授从事物理学研究的，在验证"康普顿效应"方面做了很好的工作，于 1926 年获博士学位后回国。1928 年起先后任清华大学物理系教授、系主任、理学院院长。1929 年杨振宁随父亲搬入清华园，由于吴有训与杨武之教授同为芝加哥大学学生，又为清华大学同事，因而他从小就认识这位著名学者。30 多年后的 1962 年 1 月，杨振宁从美国把自己的一册著作寄赠给吴有训教授，在书中的扉页上写道："年前晤 A.H.Compton 教授，他问我师近况如何，并谓我师是他一生中最得意的学生。"由衷地表达了杨振宁对吴有训教授的敬爱之情。

周培源教授

周培源教授是 1924 年由清华学校派赴美国的留学生。学成回国后，任教于清华大学物理系，并在清华大学的理科研究所物理部先从事广义相对论的研究，后又从事磁性理论研究。30 年代末，流体力学中的湍流理论研究在世界上兴起，周培源教授在西南联大这一坚苦卓绝的环境中，除了悉心教学外，还独立进行了湍流运动的研究。他指导的研究生林家翘，1939 年考取英国庚款留学生后，解决了湍流理论上一个重要问题。

张文裕教授

在西南联大杨振宁还跟张文裕教授学习了原子核物理学。张文裕教授是燕京大学物理系毕业，于 1932 年考取英庚款留学生，受业于英国剑桥大学卡文迪许实验室主任卢瑟福教授门下。西南联大是在国内大学中最早开设原子核物理学的少数大学之一。这使杨振宁等人较全面地了解了当时的前沿学科的实验结果和理论，开拓了眼界。

叶企荪教授

在西南联大物理系任教的，年长的是叶企荪教授。他是 1918 年赴美国哈佛大学学成后回国的，到西南联大时，他把清华大学理学院院长的职务主动让给了吴有训教授，自己则除教学外，还致力于创办研究所。早在 1918—1923 年间，他与人合作进行了普朗克常数的测定。他还独立进行了流体静压对铁、镍、钴的磁导率的影响的研究，开创了中国物理学界在这个领域的科研道路。

饶毓泰教授

年长的还有饶毓泰教授。他于 1913 年留学美国，先获芝加哥大学学士学位，后得到普林斯顿大学哲学博士学位。1922年学成回国后，在南开大学创办物理系，培养了一批人才。吴大猷教授就是他的学生。饶毓泰教授于1929年去德国莱比锡大学波茨坦天文物理实验室，从事原子光谱线的斯塔克效应的研究，在这一量子力学的重要应用领域中作出了贡献。1932年回国后，担任过北京大学物理系主任，理学院院长。入西南联大后，任西南联大物理系主任。

王竹溪教授

此外，还有清华大学的王竹溪教授，他是留学剑桥大学的理论物理学者，擅长统计力学。霍秉权教授也是留学英国剑桥大学的学者，擅长粒子实验物理。还有北京大学的朱物华教授、吴大猷教授、郑华炽教授、马仕俊教授及南开大学的许贞阳教授。其中朱物华教授是哈佛大学的电工博士，吴大猷教授从事原子分子理论及实验光谱工作；马仕俊教授也是剑桥大学理论物理学者，专长场论；郑华炽教授则是在法国和奥地利从事研究的学者……（参照《杨振宁传》）

又，关于杨振宁的父亲杨武之教授，在80年代华罗庚先生曾对笔者回忆说："引我走上数论道路的是杨武之教授，破格提我为助教的是郑桐荪教授（陈省身教授的岳父）；我由清华大学派遣赴英国剑桥大学进修，从英国回国，未经讲师、副教授而直接提我为正教授的又是杨武之教授。"

所以华罗庚当年发出这样的肺腑之言："我之鲍叔乃杨师也！"

自食其力，自行其是

1942年以后，西南联大师生的经济生活跌落到了谷底。到1943年末，教授们每月"薪金"大约3700百元，但实际购买力只合战前标准银圆9圆；1944年末，"薪金"大约1.8万千元，但只合战前12圆5角；1945年末，"薪金"大约11.3万千元，实际购买力略有回升，但只合战前18圆6角；一直到西南联大结束前夕，最后一学期教授们的月薪为法币14.1万多元，但只合战前的银圆27圆5角。（根据1946年9月出版的《观察》第一卷第九期。原文中有计算错误，现按检验结果予以订正。）

讲师教授们唯有自力更生、自食其力。他们往往同时到昆明市其他高校（云南大学、中法大学、英文专科学校等）以及中学兼课，或如冯友兰罗常培卖书法，或如闻一多卖图章，或如朱自清王了一卖文稿以补贴家用。

笔者从档案中找到1943年教授们的"诗文书镌联合润例"，这个史料尚

未公开发表过,特地照录如下:

[署名:杨振声、郑天挺、罗常培、罗庸、浦江清、游国恩、冯友兰、闻一多、沈从文、彭仲铎、唐兰、陈雪屏等十二教授]

文值:颂赞题序 五千元,传状祭文 八千元,寿文 一万元,碑铭墓志 一万元(文均限古文,骈体加倍);

诗值:喜寿颂祝 一千元,哀挽 八百元,题咏三千元,(诗以五律及八韵以内古诗为限,七律及词加倍);

联值:喜寿颂祝 六百元,哀挽 四百元,题咏一千元,(联以十二言以内为限,长联另议);

书值:楹联 四尺六百元,五尺八百元(加长另议);

条幅 四尺四百元,五尺五百元(加长另议);

堂幅 四尺八百元,五尺一千元(加长另议);

榜书 每字五百元(以一方尺为限,加大值亦加倍);

斗方扇面 每件五百元;

寿屏 真隶(书法)每条一千五百元,篆书每条两千元(每条以八十字为限);

碑铭墓志 一万元;

篆刻值:石章每字一百元,牙章每字二百元(过大过小加倍,边款每五字作一字计)

收件处:国立西南联合大学中国文学系王年芳女士代转。

[按原件照片抄录。陈注:1943下半年的一百元可以购买大约5斤米(合20元1斤),再过一年每斤米价42元,又翻倍了。]

校园经济生活跌到谷底

1943年是一个转折点。以西南联大教授群体为代表的中间知识阶层,对于腐败透顶的蒋介石政权已经不再抱有希望。这一年5月来到昆明的美国教授费正清说:

中国传统的专制政府,使当代极权主义更加强了。蒋介石对于西南联大教授们的侮辱接连不断。……这一年是人们心理上的转折点。

1943下半年,蒋介石政府的无能已日益明显。他极力加紧控制,实行个人领导,结果并未奏效,可能局面因而更加糟糕。通货膨胀日益严重,薪金阶层的人们,营养不良,失去希望。外国观察家们开始认为左派是一个可能的选择。

通货膨胀这场消耗战的继续发展，驱使政府日益集中力量去维持它的权力。新的思想、改革计划等都成为次要的事情。

委派陈立夫担任教育部长是加紧政治思想控制的一个步骤，它当即引起北京来的那批开明教育家的不满。他们对于国民党本来就不抱有多少热情。蒋介石拒绝美国民间通过联合援华会资助国立大学教授……暗中的含意则是告诉昆明的教授们：由你们挨饿去吧！（费正清《中国之行》，转引自《国民党怎样丢掉了中国大陆》第79—85页）

另一位美国学者谢伟思说：

受通货膨胀之害最重的知识分子和薪水阶层，处于生死存亡的危险中。学术界不仅被经济困难压得透不过气来，人心涣散；而且多年来承受着政治控制和镇压的重担，正在失去他们曾一度拥有的知识活力和领导地位。（同上书第30页）

1944年，教授的幽默

北京大学王了一（王力）教授，回忆他在抗战时期的艰苦生活时写道："七省奔波逃玁狁，一灯如豆伴凄凉。"

王教授在七七事变发生后离开北平，途经青岛、郑州、武汉、长沙、桂林（即河北、山东、河南、湖北、湖南、广西、云南共七个省份），历尽艰辛困苦，最后到达昆明，在西南联大任教授。当时物价飞涨，教授生活也越来越清贫。王夫人为了使他能够专心治学，除了节衣缩食，有时还替别人做女红赚点儿来补贴家庭开销。有一个时期，为了躲避敌机轰炸，他们搬到昆明郊区的农民家里居住。这里，房屋破旧，煤油奇缺，点的是菜油灯。"一灯如豆伴凄凉"，就是这种凄苦生活的真实写照。

20世纪40年代中期，王教授针对当时社会状况，从人民立场出发，写了一组总题为《龙虫并雕斋琐语》的杂文，在社会上引起很大反响。写于1944年的《领薪水》，由于描述了当时公务员和教育界人士在物价飞涨情况下的窘迫状，更唤起了人们的共鸣。

文章开头就说："'薪水'本来是一种客气的话，意思是说，你所得的俸给或报酬太菲薄了，只够你薪买水……在抗战了七年的今日，'薪水'二字可真名符其实了——如果说名不符实的话,那就是反了过来,名为薪水,实则不够买薪买水。三百元的正俸,不够每天买两担水,三千元的各种津贴,不够每天烧十斤炭或二十斤柴!开门七件事,还有六件没有着落。"接着形象地讽喻说,以后得将"薪水"改为"茶水"甚至"风水"了。

接下来写人们领到那点可怜的薪水、买什么都不够的情形,王教授铺排了一节骈文,十分生动——

家无升米,欲吃卯而未能;
邻亦箪瓢,叹呼庚之何益!
典尽春衣,非关独酌;
瘦松腰带,不是相思!
食肉敢云可鄙,其如尘甑愁人;
乞墦岂曰堪羞,争奈儒冠误我!

稍加注释如下:

吃卯——寅吃卯粮,比喻入不敷出。我国历来以干支纪年,"卯"年在"寅"年之后,寅年就预支了卯年的粮食,怎么了得呢?典出《明臣奏议·三九》:"大都民间止有此物力,寅支卯粮。"

箪瓢——箪,竹编食器;瓢,剖葫芦作成的饮器。箪食瓢饮,比喻生计艰难。典出《论语》:"贤哉回也!一箪食,一瓢饮,在陋巷。人不堪其忧,回也不改其乐。"

呼庚——向人告贷或乞食,又作"呼庚呼癸"。庚,西方,主粮食谷物;癸,北方,主水。故借用"庚癸"暗指饮食。典出《左传·哀公十三年》,以"庚癸呼"为乞求粮食的隐语。

典尽春衣——借债、典当,把衣物送进当铺为抵押。《杜工部草堂诗笺·十二·曲江》云:"朝回日日典春衣。"

独酌——独自饮酒。李白诗《月下独酌》云:"花间一壶酒,独酌无相亲。"

瘦松腰带——宋柳永诗:"腰带(一作衣带)渐宽终不悔,为伊消得人憔悴。"

食肉敢云可鄙——春秋战国时以"肉食者"称呼"贵人"。典出《左传·庄公十年》:"肉食者鄙,未能远谋。"

尘甑——甑,古代烧饭的瓦器。布满灰尘的饭甑,形容无米为炊。典出《后汉书·八一·范冉传》:"闾里歌之曰,甑中生尘范史云。"又宋代范成大诗:"笑我生尘甑。"

乞墦（fan）——墦，坟墓。乞求上坟后剩余的供品。典出《孟子·离娄下》:"卒之东郭墦间之祭者，乞其余。"认为乞墦是可耻的事。

儒冠——古代儒生戴的帽子。典出《史记·九七·郦食其传》:"沛公（刘邦）不好儒，诸客冠来者，沛公则解其冠，溲溺其中。"又，杜甫诗云:"纨绔不饿死，儒冠多误身。"

除了仅能维系全家十天左右生活外，这薪水还常常不能如期发下，故公教人员盼"薪水"的心情是"度日如年"，而这薪水称之为"关饷"倒颇合适。

文章又略做了一些具体描述:"在此种情况下，家里人不敢想到做衣裳，小姐看电影《忠勇之家》的建议因大家认为'饥寒之家'没有资格看而付诸东流。大少爷也发誓不再用功念书，因为像爸爸那样读书破万卷终成何用？小少爷只恨不生于街头小贩之家。"

这篇《领薪水》发表于1944年3月26日《生活导报》61期。刊出不久，一位叫张开一的读者特从会泽县汇往报社200元钱，托他们转交作者王了一教授，聊表支援及敬意。在附信中，张开一还写下了这样一首小诗——

自从读了《领薪水》，瞒人流去多少泪！
所悲非为微俸事，唯叹国贱良心昧。

张开一先生也是一位靠薪水过日子的公务员，生活自然也十分艰苦，从那首诗可见出王了一教授文章引起他多少相怜的隐痛。张开一的这番作为自然也深深打动了作者王了一教授，为安慰张开一先生，他立即复函——

开一先生:

《龙虫并雕斋琐语》里，许多话都是无稽之谈。中国古代的文人喜欢装穷装病，我也染上了这种习气。如果说那一篇《领薪水》说的是实话，那么，我说的只是一般公务人员不是我个人。你读了《领薪水》而感动，我读了你的信更感动。也许公务人员比街头小贩值得骄傲的，就在这一种安慰上。国币二百元仍托生活导报社汇还，谢谢你。

信的前段，自然是为在某种程度上宽慰张先生，后面却是老实话。从中我们可以看出王了一教授对下层生活状况的关注和同情。

敬业精神表现在学术上，是对知识的不断追求，在艰苦条件下不放弃科学研究。当时纸币贬值，稿费很低，有时写一篇文章的稿费，才够吃一碗面。据说王力先生的《中国现代语法》（上册）出版时，王师母从龙头村（王先生在郊区的家）进昆明城到商务印书馆取这部分的稿费时，拿到的钱连进城的车费都不够。（参看朱德熙：《悼念王力师》，《笳吹弦诵情弥切》，第103页。）但大家还是孜孜不倦的搞学问，上课也极为认真。有的教师为躲飞机轰炸，住在城外几十里的农村，为了上课，只有起早贪黑赶路（当时联大为躲飞机，改变作息时间，上午上课为7—11点，下午为4—7点），为了保证效果，一个三学分的课程，从来不集中采取连续数小时上课的办法，而必按一周分三次来校上课。

如此困境中，大学教授们仍然辛勤耕耘，不仅坚持一流水平的教学工作，而且专心著述，硕果累累。王教授的著作《中国语法理论》于1943年获得教育部嘉奖。

中华民族的脊梁

就在如此艰难困苦的经济状况之下，西南联大的学者教授们，奉献了他们的累累成果。仅在1942—1944年获得教育部嘉奖的就有——

1942年：冯友兰《新理学》，华罗庚《堆垒素数论》，金岳霖《论道》，许宝禄《数理统计论文集》；

1943年：周培源《湍流论》，吴大猷《多元分子振动光谱与结构》，钟开莱《概率论与数论》，孙云铸《中国古生代地层之划分》，李谟炽《公路研究》，王力（了一）《中国语法理论》，张印堂《滇缅铁路沿线经济地理》，冯景兰《川滇铜矿纪要》，费孝通《禄村农田》；

1944年：陈寅恪《唐代政治史述论稿》，汤用彤《汉魏两晋南北朝佛教史》，闻一多《楚辞校补》，王竹溪《热学问题之研究》，张青莲《重水之研究》，赵九章《大气天气之涡旋运动》，郑天挺《发羌之地望与对音》，高华年《昆明核桃等村土语研究》，张清常《中国上古音乐史论丛》，阴法鲁《先汉乐律初探》等。

（摘自《国立西南联合大学校史》第520、528、534页）

正是这样一群知识分子继承了"威武不能屈、富贵不能淫、贫贱不能移"的浩然正气，正是这样一群社会精英成了中华民族的脊梁。

沦陷区（敌占区）的文化人

日寇侵华战争以来，除了东北所谓满洲国以外，还陆续出现了几个汉奸伪政权。

1935年的汉奸政权——冀东防共自治政府

1937年"七七"卢沟桥事变之前两年，即1935年就有大汉奸殷汝耕等成立的日伪傀儡政权"冀东防共自治委员会"，不久改名冀东防共自治政府，以通州为政府所在地。面积约8200平方公里，统辖600万人口，财政收入占当时河北省的22%。

冀东防共自治政府管辖区域为通县等22县（包括今北京市几个郊区县）和察哈尔的延庆等3县，此外还管辖唐山市、天津大沽口、塘沽港、秦皇岛港等地。

1935年11月25日，当时的河北省蓟密区行政督察专员殷汝耕在日寇唆使下宣布独立，通电全国，发表《自治宣言》，宣称："自本日起，脱离中央宣布自治，举联省之先声，以谋东洋之和平。"殷汝耕为冀东防共自治政府政务长官，池宗墨任政府秘书长，战区保安队改编为伪自治政府军队。

冀东防共自治政府成立后，勾结日商，对日本运来的砂糖、石油、杂货与鸦片只征收象征性的进口税，使得日货源源不断地由冀东流入内地。这对于天津海关的收入与中华民国的贸易造成了极大的冲击，很快摧毁了华北的关税壁垒。据海关统计，仅1935年8月1日至1936年10月4日间，经由冀东偷运入境的日货计有9000多万吨，偷漏关税合国币3460多万元。由此造成三分之二的工厂倒闭，三分之二的店铺停业，物价飞涨，失业人数与日俱增。同时，日寇大量掠夺冀东地区的物质财产，掠夺长芦盐上亿吨、开滦煤 2862 万吨、粮食 166 亿斤等，致使冀东资源大量流失。

伪政权冀东防共自治政府易帜为五色旗，并于 1936 年 11 月设立冀东银行，资本定为 500 万元，实收半数 250 万元。总行设在天津，发行面额为 5 角、1 元、5 元、10 元及 100 元的五种纸币与贰角、壹角、伍分、壹分、伍厘共五种金属辅币。

1937 年"七七"卢沟桥事变后，7 月 29 日驻守通州的冀东保安队奋起反抗，对日寇发动攻击，保安队捣毁了日寇机关，杀死了 500 多个日本官兵、顾问和日韩浪人，逮捕殷汝耕等，但是冀东保安队撤退时殷汝耕逃跑。

此后冀东防共自治政府迁移到唐山市，1938 年 2 月 1 日改为冀东道尹公署，被并入北平成立的伪中华民国临时政府。同年 3 月 1 日随着中国联合准备银行开业，冀东银行停发纸币转为商业银行。

日寇继续扶持汉奸傀儡政权

为了保持对沦陷地区的占领，华北日寇于 1937 年 12 月 14 日在北平建立了号称"中华民国临时政府——后改称华北政务委员会"的汉奸政权；1938 年 3 月 28 日，华中华东日寇又在南京建立了号称"中华民国维新政府"的汉奸政权。

与此同时，日本关东军也在内蒙、察哈尔等地区，相继建立了各地的伪政权，并在 1939 年 9 月将它们合并为"蒙疆联合自治政府"。

1938 年 1 月 16 日，日本首相近卫发表对华政策声明，宣称："期望真能与帝国合作的中国新政权的建立和发展，并将与此新政权调整两国邦交，协助建设复兴的新中国。"

以当时国民党副总裁汪精卫为首的亲日派分子如陈公博、周佛海之流，公然于 1938 年 12 月偷偷脱离重庆，在日本扶持下，于 1940 年 3 月 30 日，以"还都"名义在南京建立号称"国民政府"的汉奸傀儡政权。汪伪政府的辖区包括南京市、上海市，以及江苏、浙江、安徽省的大部，和山东、河南、江西、湖北、湖南等省小部分。政治方面，他们收编国民党降日部队并收买流氓地痞建立"和平建国军"几十万人，配合日本对重庆国民政府进行诱降。

1941 年 3 月，成立清乡委员会，集结大批伪军伙同日寇实行反共清乡，妄图消灭敌后的新四军和游击队。在经济方面，滥发纸币，圈占土地，"委托经营"某些工矿企业，强征粮棉，实行物资统制，并收取名目繁多的苛捐杂税，还公然开征鸦片捐。

文教方面，推行"新国民运动"，施行奴化教育。

外交方面，1941年11月，追随日本参加《国际防共协定》，1943年1月，对英美宣战，号召效忠日本盟邦。同年11月，又伙同伪满洲国和泰国、缅甸、菲律宾等国的伪政府签订《大东亚共同宣言》，企图在日本统治下建立"大东亚共荣圈"。1944年11月，汪精卫在日本病死，主席职位由陈公博继任。

华北日伪发行伪币"联银券"

1938年3月10日，伪政权伪中华民国临时政府（1940年改称"华北政务委员会"）成立了"中国联合准备银行"，在北平、华北强制发行伪币——中国联合准备银行钞票，即与日元等值的"联银券"，又称"联合券"、"准备券"，逐步控制和兼并华北各地区银行。发行后不久便急剧贬值，北平有民谣"孔子对天坛，五百当一圆"进行讽刺。

在敌占区华北和北平等地，1941年3月到1942年12月之间，日伪政权进行了五次"治安强化运动"，掠夺老百姓家中的金属和物资，也造成伪"联银券"通货膨胀，民不聊生。

华东日伪发行伪币"中储券"

1938年日伪汉奸在南京成立"维新政府"，1939年在上海成立"华兴商业银行"发行伪钞，面值一元、五元、十元等。1941年汪精卫政权在南京、华东、华南又发行伪币——伪中央储备银行钞票，即"中储券"，又称"储备券"。这两种伪币，起初尚与法币同时流通。

1941年12月8日太平洋战争爆发以后，日伪政权严禁使用法币。中储券扩大发行，也造成华东、华中敌占区的物价暴涨。

另一方面，共产党八路军敌后根据地——陕甘宁边区政府，为防止法币贬值造成的财政危机，决定增发"边区货币"即"边币"，1941年后也禁止法币在根据地流通。

这样，抗战中期以后，中国的金融货币体系一分为四：大后方的法币、华北日伪政权的"联银券"、华东华中日伪政权的"中储券"，以及中共陕甘宁边区的"边币"。

在缩小到全国三分之一的国统区，挤压着过量的法币，加剧了通货膨胀和物价飞涨的恶性循环。这迫使国民党政府改变以法币为收支单位建立的财政预算，在税收中以征收实物代替征收法币。

社会上也开始采用粮食或"生活费指数"为薪金、工资的计算标准。甚至恢复（半明半暗地）使用银圆。

贫贱能否移、威武能否屈

我国广大国土沦陷以后，进入艰难岁月，全国老百姓和文化人都面临严峻的考验。

只有郑孝胥、周作人、钱稻孙等个别教授投靠伪政权当了奴才，过着奢侈的生活，成为可耻的汉奸。

时穷节乃见，一一垂丹青。

陈三立先生

陈三立先生是大学者陈寅恪的父亲。1932年"一·二八"事变日军侵占闸北，他每日阅报，见时局艰危，便忧形于色。一夕，梦中疾呼："杀日本强盗！"其好友郑孝胥投靠日本，扶助溥仪建立伪满政权，三立先生痛骂郑孝胥"背叛中华，自图功利"。在再版《散原精舍诗》时，愤然删去郑序，与之断交。1934年，三立先生寓北平，目睹西山八大处遭八国联军破坏，连叹"国耻！国耻！国耻！"

1937年卢沟桥事变时他愤然表示："我决不逃难！"闻有人议论中国必败，他怒斥："呸！中国人岂狗彘耶？岂贴耳俯首，任人宰割？"北平沦陷后，三立先生忧愤成疾，拒不服药，宁以死殉国难。不久绝食而逝，享年85岁。

钱玄同先生

"九·一八"事变后，北平师范大学钱玄同教授痛心疾首，表示极度仇恨日本帝国主义。1933年，日寇入侵华北，他曾把眷属送到上海去住，自己也想离开华北到南方去。当年他写信给黎锦熙、罗常培说，自己"既无执干戈以卫社稷之能力，只能以教书骗钱糊口，无聊极矣！可耻极矣！"可见他精神的痛苦。卢沟桥事变发生，全面抗战打响，北平沦陷，北平师范大学西迁陕西。钱玄同因病重，未能随校赴陕也未能南下，只得留在北平。1938年春，他恢复了旧名钱夏（这是他早年留学日本反满时的名字），以正衣冠，表示"夏"而非"夷"，不做敌伪的顺民。他常寄语随北平师大迁至城固的好友黎锦熙等，说"玄同绝不污伪命"。

1939年1月14日，钱玄同还到孔德学校处理李大钊的遗留图书《九通》，把它卖给当时的北京女师大，帮助解决李大钊的子女生活窘迫问题。1月17日，钱玄同忽然右脑部溢血，在德国人办的医院逝世。

钱玄同逝世后，当时的进步刊物《文献》上发表署名乐颜的《悼钱玄同先生》中说：五四时代文化运动中钱玄同的"斗争精神的表现几在任何一位同时代的斗士之上","在中国学术思想史上是现代转变期的代表人物"。又说:"平津沦陷以后,北方文化界处于暴日的铁蹄之下,居境非常悲惨;但钱先生保持着高洁的节操,虽和钱稻孙有叔侄之亲,和周作人等有友好之谊,仍然不受包围,不被污辱,这种难能可贵的民族精神的表现,也是使得我们感动兴奋的。壮年以斗士领导青年,中年以学者努力学术,晚年以义士保持名节,钱先生总算是对得起自己,对得起国家民族的一位完人了。"

马幼渔先生

北平沦陷后,有人向马幼渔求字,他说:"如今国土沦陷,我忍辱偷生,绝不能写。将来国土光复,我一定报答你,叫我写什么我写什么,叫我写多少我写多少!"他闭门读书,足不出户,数年如一日,只可惜在抗战胜利前夕病逝。

孟心史先生

北京大学留守北平的孟森(心史)教授从北平沦陷后便日夜忧思,晚间必听中央广播,白天还不辞劳苦地翻着字典看"Peiping Chronicle"(北平记事)通讯。可是他在忧患中也没放弃研究,坚持写论文稿。他因困处危城,老弱多病,劳瘁忧煎,加以营养缺乏,以致得了很严重的胃病。经协和医院的专家大夫诊察,断定是胃癌。后来经朋友婉劝,终于在1937年11月4日进了协和医院。不久于悲愤中死去。

缪金源先生

缪金源教授耿介孤僻,落落寡合。从北平沦陷后,他却始终抱定"誓饿死不失节"的气骨。当其他人南下时,他因体弱累重,事实上不能离开北平。于是1937—1938年度一整年就隐居不出,食贫自守。直到1938年秋天才到辅仁大学哲学系和司铎书院教几点钟书,月收入130元。后来因发表了"非宗教"的言论得罪了天主教神父,第二年就没有续聘。他在战前,收入相当丰厚,每餐都有鱼肉珍馐。但沦陷后在辅仁大学教书时,因为入不敷出,已经减到每天一粥一饭。

1939年离开辅仁大学,生活更加困难。他在1941年4月25日给魏建功和夏卓如的信片里说:"自离辅大后,生事良苦。岁杪又举一男(共五男一女),牛乳竟月费二三十金。诸儿量其宏,每日食十斤(玉米或小米一餐)。且全家长幼均多病,……以贫困故,概不服药。老父因仰食者众,且季弟营小医院于沪,两年来亏耗血本万金,今年不复能相济。然誓饿死不失节!"自此以后,他从每天一粥一饭减到每天两顿粥,到最困苦的时候,全家只落得一天只喝一顿粥了!经这样冻馁折磨,一死了之。北大同人赞颂缪金源是位"傲骨嶙峋,临大节而不可夺的朋友"!过了两三个月,他的夫人也因贫病交迫追随金源于泉下了。

冯承钧先生

冯承钧先生是国内外闻名的历史学家，通英、法、梵文及蒙古文和比利时文，长于边疆史、中西交通史及元史研究。著有《中国南洋交通史》、《中国西部考古记》等；译有《多桑蒙古史》、《西突厥史料》、《马可波罗行纪》等；译著多汇为《史地丛考》和《西域南海史地考证译丛》。50岁以后，患风瘫病，瘫痪在病床上，形容憔悴，体力衰退，故后期译著系他口述而由其长子先恕代笔而成。虽病困守北平城内，但为了生活，为了学术，也为了青年，还要支撑着上课。同学们就到他家中，围着病床听先生用微弱的声音讲授《西域史》，这正是吃混合面年代的事；在艰难困苦的生活环境里，终于坚持到抗战胜利，不久先生就去世了，享年仅61岁。

沦陷区北平高校概况

1941年12月珍珠港事件以前，美国尚未向日本宣战。所以，外国人在北平创办的教会学校——燕京大学、辅仁大学等，得以暂时保全。不过，开学日期拖得很晚，学生也留下不多。

沦陷初期，因燕京是有名的教会大学，美国人司徒雷登作教务长，实际是主要负责人，还同重庆教育部保持联系。燕京、辅仁的校园成了北平的"孤岛"和避风港。一时优秀高中毕业生，纷纷报考了这两所大学。特别是燕京大学的院系都齐全，名教授很多，"七七"事变之后，少数离开古城到了内地，而大多数都还留在学校教课。还有协和医学院和附属医院，教授名医都在北平，照常上课、看病。

司徒雷登初任燕京大学校长时，在北京西郊明代的勺园（明代画家米万钟故居）和清代的淑春园（乾隆赐予和珅的皇家园林之一）旧址基础上，建成了中西合璧的园林式的校园——燕园。女教师都住在四座被称为"院"的女生宿舍，是两室一厅的单元，还可以吃女生餐厅的小灶，条件很好。燕南园53号是英美籍女教师居住的小楼。

燕南园因位于燕园的南部而得名，是燕京大学初期专门为教师打造的住宅区，占地48亩。与教学区和办公区那飞檐斗拱的中国传统建筑风格不同，燕南园采用的是美国城郊庭院别墅的模式，除了泥石砖瓦取自当地，其他建材多由国外运来。门扇窗框用的是上好的红松，精美的门把手全由黄铜制成，房间里铺设打蜡地板，屋角有典雅的壁炉，卫生间里冷热水分路供应，每座住宅还有独立的锅炉房,以供冬季取暖,家家门前屋后有一个宽敞的庭院,花草繁茂。

燕南园曾居住燕京大学最优秀的学者,可谓"国宝"云集。例如当年60号(今66号)是座两层小楼,住着吴文藻冰心夫妇。美国记者爱德加·斯诺和妻子海伦在燕京大学任教,他们常到冰心家做客。

1937年七七事变打破了吴文藻冰心一家平静的生活。他们原本决定立即到大后方去,但冰心发现自己怀孕,无法动身,当年11月小女儿出生。1938年夏末,他们带着刚满八个月的小女儿,全家离开北京。抗战期间,他们从昆明到重庆,颠沛流离,历尽艰辛。珍珠港事件爆发后,日寇闯进了燕京大学,大肆劫掠,吴文藻冰心的住宅被日本宪兵占领。他们的书籍资料全部丢失。吴文藻的书房竟然成了拷问教授们的审讯室。

此外原有大学里面,唯一保持原状的是北平大学医学院,因为这是汉奸汤尔和一手创办的。他参加王克敏的临时政府,出任伪教育部长。1940年南京汪精卫的伪政权成立之后,王克敏的临时政府改称政务委员会,各部改称"总署",伪教育部改称"教育总署",部长改称"督办",次长改叫"署长"。汤尔和的临时政府教育部长改称"教育总署督办",两个次长,原中国大学教务长方宗鳌和原西南李宗仁部属张心沛作署长,后来一些伪政权下的"国立"大学的恢复设立,都是在他们的主持下办理的。继北平医学院之后,祖家街工学院、新华街师范大学、李阁老胡同女子文理学院的旧人开办了北平女子师范,衔接的都是北洋军阀的旧传统。

北平沦陷时期的艰巨生活

在日寇占领期间,北平居民的生活,说起来真是够惨的了。当时北平有"四大贱物"之称,就是"坐电车、吃咸盐、买邮票、请教员"。因为别的东西都是因纸币贬值,不断涨价,而这四样都迟迟未曾涨价,因而谓之"贱物"。教授虽是"请教员"中的最高档,但其生活水准,仍是随着纸币的不断贬值而下降的。

开头两三年中,物价上涨尚可忍受。到后来则越来越剧烈,直线下降了。在1939年谢刚主所写的《一士类稿序言》中说:"一两年前的生活,尚不至于像现在这样贵。我们所约会的地点,总是喜欢在中山公园上林春吃茶,顺便吃一些点心。后来上林春是吃不起了,就跑到来薰阁闲坐,有时光请他们老板买一点烧饼和面条,就当晚饭。"

这就是由战前的吃馆子,到沦陷初期只吃一些点心,再到买烧饼当饭。不过这还是家中人口少、有余力的。

以面粉为例,"七七"事变前4元不到一包的洋面(每袋22公斤),到1939年,涨到5元出头,涨幅为20%—30%;其他日用百货,副食品等,涨幅也是20%—30%左右。"七七"事变前,北平一般都以白面粉、白大米作为主食。很少吃小米、玉米面、杂合面一类的粗粮(又叫做"糙粮"或杂粮),除非极穷苦的人,才吃所谓"窝窝头",就是完全由玉米面捏合蒸成的食物。而在沦陷之后的1938—1939年间,大多人家就主要以小米、小米面、小米粥为主食,也就是主要改吃杂粮了。

1942年以后最艰难的岁月,故都北平日伪政权用玉米茎、豆饼、花生皮、各种"仓底"等磨成的"混合面",也就是从前喂牲口都不如的东西,配给供应,成为通常的食物。儿女多的一些人家,即以一等教授之尊,想每餐吃一碗素汤面或两三个芝麻酱烧饼,也都要煞费苦心,很难办到。

赵荫堂先生

《中原音韵》的作者,著名音韵学专家赵荫堂先生,穷得整个冬天只穿一件破羊皮袍子,破羊毛絮像面条一样从袖口落下来。上课时不好意思,一会儿塞进去,一会儿又落下来,哩哩啦啦,弄个不停。几支最次的卷烟,还要限制定量同夫人分着吸,而且常常为此争吵。

甲骨、金石学专家容庚老先生,到学校去坐不起车。冬天顶着大北风,骑着破自行车,从宣武门外老墙根东莞会馆到沙滩上课。

鲍文蔚先生

鲍文蔚先生在沙滩文学院作法文系主任,家搬到东板桥小胡同中,再也用不起厨子、女佣等,只好委屈鲍师母自己亲手做饭。先生也无钱坐车,只好天天"开步走"去上课了。

沦陷区公共交通萎缩

1937年"七七"事变后,北平的公共交通曾一度全部停驶。到1939年,公共汽车只有37辆;1941年发展到67辆。1942年6月电车公司日客运量达到12.9万人次;1943年,电车公司有轨电车达到144辆,运营线路7条,线路总长度46.65公里。

抗日战争胜利后,国民党的北平市政府接收日伪所管公共汽车100辆。

1947年11月成立了北平市公共汽车有限公司，在册车辆133辆，由于经营不善，亏损严重，于1948年8月停业，留下79辆残破的公共汽车，其中能够行驶的只有5辆。

1945年至1948年，电车公司没有新增一辆车，新开一条线。1947年日出车82辆次，日客运量6—7万人次；到1948年，日出车次降为20—30辆次，在册车数141辆，只有49辆能行驶。1946年底北平的长途汽车为20辆，客运线路15条，1948年因战乱和管理不善等原因全部停驶。

汉奸周作人

关于周作人的附逆，他在《知堂回想录》等处一再为自己辩解。例如，战火初起时朋友们劝他随众教授南下，他不肯走，说："我因家庭关系，实在无法摆脱，我只能苦住下去。"不离开北平也不至于充当汉奸吧，只不过"苦住下去"必然甘守清贫。他当时在致陶亢德的信中说："弟以系累甚重，家中共有九人，虽然愚夫妇及小儿共只三人，未能离去北平，现在以北京大学教授资格蛰居而已，别无一事也。"又说："有同事将南行，曾嘱其向王（世杰）教长、蒋（梦麟）校长代为同人致一言，请勿视留北诸人为李陵，却当作苏武看为宜。此意亦可以奉告各位关心我们的人。至于有人如何怀疑或误解殊不能知，亦无从一一解释也。"可见起初尚有坚守民族气节、以"苏武留胡节不辱"为榜样的想法。熟读经史的周作人当然知道明末清初大汉奸洪承畴等鼠辈之获千古骂名。再说，东洋刀并没有架在他脖子上威胁呀！他自己回顾："关于督办事，既非胁迫，亦非自动（后来确有费力气自己运动的人），当然由日方发动，经过考虑就答应了。"

请注意在这里周作人承认"经过考虑"，可见他是权衡过名誉地位、掂量过利弊得失，才下定决心"答应"卖国投敌效鹰犬之劳的。他反复"考虑"的究竟是什么呢？究竟是何等致命的因素，比东洋指挥刀更厉害的因素，使得周作人丧尽天良、就任伪职"督办"的呢？

后人不必妄作揣测。还是周作人自己在《知堂回想录》中揭开了这个老底。他一语道破了"考虑"的根本原因："该职特任官俸，初任一千二，晋一级加四百圆，至二千圆为止。"

必须说明，旧时代行政官员分四等：特任、简任、荐任、委任。日本侵略者给周作人定的身价不算低，一上台就是头等达官，月俸1200圆，是他原有薪金的两倍（合今人民币3.6万元）。而且还有显赫的前途等着他：晋级可以一直加到月俸两千圆（合今人民币 6 万元）。如此在和平时期他做梦也得不到的横财，今日明晃晃地摆在他眼前了。

这才是致命的诱惑，比东洋指挥刀更厉害的诱惑。

试想，在北京居住了十几年的八道湾大四合院里，周作人名为清静淡泊、实则豪华挥霍的士大夫生涯，每月所耗费至少 700 银圆（合今人民币 2 万多元）。就为了这样用成堆银钱垒起的"新生活"，他不惜屈从悍妇、牺牲长兄、胁迫老母、逼走三弟，独占家产。现在天下鼎沸、国难当头，周作人却幻想在危巢之下保全自私的"完卵"。如此特任官俸，"初任一千二，晋一级加四百圆，至二千圆为止"，身价陡增，不由得周作人不动心。遂无视汉奸伪职的遗臭万年，只顾一时的荣华富贵了。

知情者回忆，周作人在担任伪职"督办"期间，踌躇满志、招摇过市。他穿着日伪的军装检阅伪新民会青少年团；他到南京出任傀儡政权伪国民政府委员，晋谒大汉奸头子汪精卫；1943 年 4 月周老太太去世后，他竟然写了《先母事略》津津乐道"作人蒙国民政府选任为委员，当赴首都谒主席"等等。从逢场作戏到假戏真做，已昏昏然不知天下有羞耻二字了。

作为鲜明的对照，我只要举出两位先贤：一位是老舍先生，一位是陈寅恪教授。老舍先生应召单身赴国难，贤妻爱女沦落北平熬受千辛万苦而宁死不做亡国奴，由此浩劫写出他经典之作《四世同堂》，可谓字字血泪。陈寅恪教授 1941 年由昆明西南联大应邀往欧洲讲学，途经香港遭遇太平洋战事起，日方和汉奸陈璧君都来逼迫他投敌，日伪组织还曾以 40 万港币诱引他主持"东亚文化协会"，替日伪审定中小学教科书等，陈寅恪教授一概严词拒绝。而当时他身上连离开香港的旅费都没有。历经艰险回到西南联大，物价飞涨，教授们的月薪还不够糊口，但他写出了最高水平的学术论著。

比起当时陈寅恪视为粪土的 40 万港币巨资来，日伪赏赐周作人的月俸 1200 圆或最高 2000 圆，不过是喂苍蝇的腐屑罢了。

几十年间，不仅周作人自己，还有一些文人雅士也反反复复为他辩护。说来说去，无非是"人为财死、鸟为食亡"，"少一点反动行为"，"人才难得"云云。面对老舍、陈寅恪等先贤，这些辩解显得多么无力，更那么无理。虽说社会应该宽容，但是人格有条基准线：不能为"权"为"钱"而干出反民众、反仁道的劣行。越过这条界线就不及格，就不复为人了。

知弟莫若兄。鲁迅生前对二弟的评价是一个字："昏"。

愚意以为"昏"有两大毒害，汪精卫、周佛海昏于权，周作人、张资平昏于钱。

上海租界"孤岛"的文化人

1937年11月上海和江浙一带失守；中央大学、复旦大学、大夏大学、东吴大学、浙江大学等许多学校和文化人陆续西迁。

但当时由于外交关系，日寇没有进入上海市公共（英美）租界和法租界。于是尚未卷入战火的上海租界成为包围圈内暂时中立的"孤岛"，留在上海的一些有西方背景庇护的教会学校如圣约翰大学、沪江大学、震旦大学等，以及在"孤岛"地区的大同大学、光华大学、交通大学等，继续艰难地维持学业。

在1937年"八·一三"淞沪抗战中，因连天炮火和飞机轰炸，大同大学、光华大学等校舍被毁于一旦。10月，上海市华界沦陷，大同大学师生没有经济实力转移到后方，胡敦复校长只好率领部分师生留守孤岛上海，再次依靠立达学社社友，团结广大师生员工，在学校董事会的支持下，开始了第二次艰苦的创业历程。他们从上海南市迁到租界，借中国无线电工程学校及位育小学继续上课。1938年9月，租用辣斐德路（今复兴中路）律师公会大厦为临时校舍，这时，中学部979人，大学部850人。后来大学部改借公共租界光夏中学校舍。1939年9月，新闸路新校舍建成，并附设附中二院，原在律师公会大厦的附中改称附中一院。（抗日战争胜利后，附中一院迁回南车站路劫后校舍，即今上海大同中学；大学部及附中二院即今五四中学仍在新闸路。）

"三不主义"

处在上海租界的复旦部分，环境十分险恶。1941年12月8日太平洋战争爆发后，日军侵占上海租界，形势更加危急。李登辉校长坚持不教日文，并决定实行"三不主义"，即不向敌伪注册、不收敌伪津贴、不受敌伪干涉；如果这"三不"无法实行，则立即停办。在敌伪环伺的情况下，学校坚持不教日文。李登辉隐居深藏、杜门不出，可对学生仍极关心，他为毕业生纪念册写序，教育学生："发挥牺牲与服务的精神，以爱护其国家，抵御不良环境的诱惑。"1942年10月，敌伪提出将圣约翰、光华、大夏、复旦四所私立大学合并为联合大学，李登辉指示学校向敌伪当局表示：学校"内部行政深愿不受干涉"。敌伪无法可施，终于将此案取消。

抗战胜利以后，上海复旦大学逐步迁回江湾原址复课。当时原学生第一、第二宿舍，女生宿舍，体育馆，校外宿舍等建筑物，已毁坏无遗，复旦实验中学宿舍、第五宿舍均已减去一层，宫殿式的简公堂被改为平顶，损失巨大。

中华民族的人格

有一些文化人，如张元济、郑振铎、许广平、傅雷、柯灵等，没有离开上海。

1937年初，战争已是山雨欲来。这时，一本小册子在国人中流传开来。小册子很薄，不到5万字，记述了中国古代14个杀身成仁、舍生取义的侠义故事，取名为《中华民族的人格》，编写者就是张元济。

在日本帝国主义步步紧逼的时候，张元济看到，过去有过一些交往的人，有的落水了，有的当汉奸了，比如商务印书馆第一任董事长郑孝胥，跑到伪满洲国当总理去了。置身如此世态和时运，张元济异常沉痛地关切着民族的去路，他觉得应该要提倡我们中华民族应有的人格。

他曾对中国自晚清以来的新教育有一种痛切的反省，他认为，新教育之所以没有起到真正的效果，就是大家只注意到知识的"新"，而没有注意到人格的养成。新教育培养出来的人，如果在人格上是东倒西歪的话，就不是一种成功的教育。这也许是他在国难日益深重的时刻，编写《中华民族的人格》更为深刻的原因。他为此书题词："孔子曰杀身成仁。所谓仁者，即人格也，生命可掷而人格不可失。"

八年抗战，张元济蛰居上海。他主持着没有撤离的商务董事会，拒绝在汪伪政权下注册，拒绝与日伪任何形式的合作，甚至停止了股东年会。因为生活艰难，这位古稀老人只能靠卖字维持生活。但即使卖字，他也绝不给汉奸写一个字。

张元济的孙辈张珑回忆说："珍珠港事件后，日寇占领了租界，也想弄出一些社会上有威望的人来替他撑面子，有一次来了两个日本人要见我祖父，祖父就写了个条子'两国交战，不便接待'，让我父亲下楼去交给日本人。"平日他就在家里，出门越来越少，几乎处于一种隐居的状态。

虽然隐居一隅，但张元济依然关注着时局的发展，关注着那因战乱而流散的中华文明的断简残篇。他与叶景葵、陈陶遗等人一起发起成立了合众图书馆，在沦陷的上海，为散佚的古籍文献搭起了一个家。张元济还给远在北京的顾廷龙写信，邀请他来主持图书馆的工作。

当时创办合众图书馆，可说是空无一人、空无一物。没有现成的馆址，1939年开始创办，直到1941年才把长乐路富民路的房子慢慢盖起来。张元济和叶景葵都是倾其所有，不仅把两个人所有的藏书都拿出来，口袋里只要有钱也都倾囊而出。

就这样，张元济又办起了一个图书馆。他在战祸相连，文物图书大量散亡之际，收藏、保存古籍善本，发展成为上海最具规模的图书馆。到 1949 年，合众图书馆已有藏书 22 万册。上海解放后，张元济捐出了全部藏书，成为今天的上海图书馆中最重要的珍藏。

"数百年旧家无非积德，第一件好事还是读书。"这是张元济晚年所写的一副对联。一个文明古国绵延至今，就是因为有这样的传统，就是因为有张元济这样的人。

郑振铎留在上海不为别的，只为挺身而出保护面临散亡的文化典籍，他说："我们的民族文献，历千百劫而不灭失的，这一次也不会灭失。我要把这保全民族文献的一部分担子挑在自己的肩上，一息尚存，决不放下。"（郑振铎《求书日录》，连载于《大公报》1945 年 11 月 1 日至 12 月 24 日）为此他曾受到敌人的通缉，不得不隐姓埋名转入地下。

日寇占领青岛后，王统照困于上海，生活拮据，以至于靠典当度日。有人通知他："你青岛的家已被日本人占了，但只要你回去做事，宅子自然可以还给你。"王统照拍案而起："我决不做周作人第二！"

上海生活费上升、工资下降

1937 年 6 月上海工人的平均工资只有 9.8 元，与 1932 年"一·二八"时的工人平均工资（15.6 元）相比，几乎减少了 40%，工人实际工资水平下降，导致工人生活水平更是不断下降。1933 年一个工人的月收入可购买大米 1.84 石（1 石相当于现在的 160 斤左右）相当于全家（七口之家）生活费（包括吃、穿、用）的 76.03%，到 1937 年 7 月收入只能购买 0.97 石，只相当于全家生活费的 40.08%，在这种情况下，他们只能吃糙米（一种质量很差的大米）、青菜。有的家庭甚至只有当家的吃干饭，妻子儿女整日喝粥。总之，抗战初期一般上海工人的工资达不到最低的生活水准。

抗日战争爆发后，由于战争的破坏，各种物资奇缺，导致物价不断上涨，生活费指数也跟着上升，上海的生活费指数由 1937 年的 106.3（以 1936 年 100 为标准）上升到 1938 年的 137.52；与此同时工人的工资收入却在下降，1938 年工厂发给工人的工资只相当于他们 1937 年工资收入的 75%，这一升一降使工人的生活更加困苦。

1941 年 12 月太平洋战争爆发后，汪精卫政府在日本军队的支持下接收了上海，实施统制政策，将工厂及商店置于军事管制之下，工人生活更加恶化。据英美烟草公司车间工人徐永泰回忆，当时每月工资只能买到 1 斗多米（1 斗约相当于现在的十几斤），由于生产任务很少，一个礼拜做一两天工，只好在空闲时间到外面替犹太人拉车，早晨只吃些六合粉，或路上肚子饿得不能动了去喝自来水充饥。他还背过米，跑过单帮，但赚来的钱还不够维持家人的温饱。

以铅印业为例，当时职工的实际收入，每月最多拿不到五斗米，仅能维持一个人的生活，家里人都要做些小生意或跑跑堂帮才可以勉强维持生活，平时多半都吃不饱，很难吃上白米，小菜和穿衣问题更是办不到。由于工人每月发的工资只能买到很少的米，很多工人只能吃黄糙米、苞米粉甚至是猪吃的豆类，即使是这样也不能吃饱。随着战争的继续，物价不断的上涨，整个抗战期间多数上海工人一直在饥饿或半饥饿状态下挣扎。（根据陈达《我国抗日战争时期市镇工人生活》，中国劳动出版社1993年版；以及《英美烟草公司在华企业资料汇编》第三册，上海社会科学院经济研究所编，中华书局1983年版。）

上海沦陷时期的伙食

40年代上海沦陷时期，市内经常实行"灯火管制"，除夕或春节夜点起一支蜡烛，一家人在烛影中围坐在圆桌边听父母谈往事，等待天明。

1942年，汉奸汪精卫伪政权实行"户口米制度"，即粮食配给制。为了买米，百姓不得不露宿街头，通宵排队以待。即便如此，还有不少人空手而回。当时的民谣形容："配给配给，配而不给。等到配给，饿杀断气。"从春节开始，由于所存洋米供应不足，汉奸政府劝告市民食用玉米（过去的猪食），配购比例为粗粮玉米4斤、洋米1斤。

上海《申报》在每星期日的第五版常刊登"天厨食谱"的专栏，从中我们可以看到当时上海玉米不仅被当作主食，也成为菜肴的原料。3月22日这个星期日，"天厨食谱"给主妇们推荐的两道菜是"粉银鱼"和"苞米蒸肉饼"；一个星期后的"天厨食谱"介绍的两道菜，是"苞粉松糕"和"苞米浆"，都是以过去喂牲畜的玉米为主要原料。同一期的"家庭"专栏中说，因为生油、豆油近来价格飞涨，所以建议各位主妇在炒菜时尽量不用油。

上海租界"孤岛"地区的日子也不好过。话又说回来，在整个"第二次世界大战"时期，全欧洲、苏联、中国、东南亚甚至日本，所有参战国的人民，谁能过上好日子呢？但凡能吃饱饭、不饿死就算幸运了！

深渊中的上海文化人何去何从

留在上海租界"孤岛"的有些文化人，发表反对日本侵略的文章，被日寇逮捕，丢了性命。多数文化人进行消极抵抗。例如，梅兰芳蓄起了胡子，不再演戏；郑振铎罢笔，搞起了闭门研究。当然，谁也不知道日本占领会延续多长时间，梅兰芳还比较有钱，不演戏没收入，还不至于挨饿；郑振铎则必须节衣缩食，在经济自立的基础上，长期消极抵抗。

中华全国文艺界抗敌协会曾发出《慰问上海文艺界书》，慰问沦陷时期"在敌人魔掌下坚贞不屈"的上海文艺界（作家）郑振铎、夏丏尊、王统照、景宋（许广平）、李健吾诸先生。

另有一些文化人不太富裕，积蓄不多，他们不得不在日本人的眼皮底下赚钱。但是，大多数有良心的文化人心里很清楚，写文章即便不骂日本，也不吹捧、不追随日本侵略者。于是，留在沦陷区的一批文化人，专门写一些卿卿我我、花花草草的文章，写一点家长里短、婆婆妈妈的故事。既有了收入，也没有越过心理底线。张爱玲就是其中之一。但是，张爱玲的情况有点特殊。

日本占领时期上海的报纸、杂志、出版社，由于不同的背景，也表现出亲日派、中立派、反日派的不同倾向。虽然张爱玲的小说、文章，从内容上说，没有亲日的嫌疑，但是，张爱玲在选择出版者的问题上，则不分对象。不管亲日、中立或反日，张爱玲寻求普遍开花，这也是造成张爱玲短时间内迅速走红的一个原因。郑振铎先生出于爱护张爱玲的角度，曾经委托柯灵传话给张爱玲。郑振铎的意思说，张爱玲所写的所有文章和小说，都可以卖给一家中立的出版社，但在当前不要出版，出版社稿费照付。等到时局明朗、河清海晏的时候再出版。张爱玲没有接受。张爱玲可能没有彻底理解郑振铎的真正用意，她太年轻。

然而，即便张爱玲在选择出版者时良莠不分，也不能简单说她有汉奸嫌疑。当时日本人想邀请上海的一些著名文化人参加他们的"大东亚"繁荣活动，张爱玲也在被邀请之列，但她拒绝了。张爱玲还拒绝了日本人要她给李香兰写剧本的提议。

但是，另有一些文人，他们写文章为侵略者摇旗呐喊，其实他们衣食无忧，并非为了挣一口饭吃而写违心文章。例如，胡兰成写文章，配合日本侵略者的意图，鼓吹湖北独立，企图建立所谓"大楚国"，这种行为用任何理由都不能原谅。

即使站在要养家糊口的立场，沦陷区的文化人绝大多数还是采取了避免吹捧日本侵略者的方针，写作其他内容的文章和小说。退一步说，实在不行，还可以离开上海，离开沦陷区，例如钱钟书《围城》中的那些知识分子。虽然他们并不完美，但在大是大非上，他们没有给自己留下污点。

至于胡兰成，为侵略者摇旗呐喊，只是一种投机，是自愿的行为。他就是一个死不改悔的铁杆汉奸。

太平洋战争爆发后的教会学校

1941年12月8日，日本军国主义者偷袭珍珠港美军基地，发动了太平洋战争，同日正式对美国宣战。日寇强行占领上海市英美租界和香港。

上海基督教联合大学

1937年抗日战争爆发后，圣约翰大学曾将学校迁往公共租界里的南京路，与沪江大学、东吴大学、之江大学四校组成上海基督教联合大学。

1941年12月太平洋战争爆发后，上海租界沦陷，教会联合大学解散，圣约翰大学迁回原校址，仍坚持以原校名维持办学，但是规模大为缩小。圣约翰的办学经费除了来自学费的收入外，也有教会和其他社会捐款。

上海沪江大学

沪江大学创始于1906年，原名上海浸会学院。校址位于杨树浦之黄浦江之滨。1915年改浸会学院为沪江大学（Shanghai College），1931年学校的英文校名改为University of Shanghai（上海大学）。1932年成立城中区商学院，由朱博泉担任院长，聘请杨荫溥、章乃器等学者和社会名士执教。城中区商学院适应了市内职业青年就近学习的需要，开创了我国大学办夜校的先河。学校初创时仅占地数十亩，校舍也只有思晏堂一所。至1936年，校园已扩充到三百余亩，大小建筑三十余幢。学生由初办时的4人增加到900余人。学校起先仅设4门课，此时已发展到文、理、商三学院，20个系，并在校内附设研究院、中小学和幼稚园。

1937年抗日战争爆发，校本部迁至城中区商学院，与东吴大学、圣约翰大学组成教会联合大学，继续开课，称为"沪江书院"。刘湛恩校长除主持校政外，积极投身抗日救亡运动。日伪以教育部长之职为诱，刘校长严词拒绝。1938年4月7日刘校长被日伪刺客暗杀，以身殉国。（刘湛恩校长现葬于龙华烈士陵园）

抗日期间，在内地的沪江大学校友和东吴大学校友于1943年春在重庆合办"东吴沪江法商学院"。1945年春，之江大学迁到重庆，又合并为"东吴、沪江、之江联合法商工学院"。抗战胜利后，"沪江书院"恢复"沪江大学"的名称，1946年初重庆的沪江商学院迁回上海，合并为一。不久，校本部迁回杨树浦原址。

特殊的避难所——北平辅仁大学

天主教会学校——北平辅仁大学的情况非常特殊。1933年，辅仁大学由美德两国圣言会接办。1936年后，辅仁校务长是德国人雷冕神父。第二次世界大战期间，德意日联盟成为轴心国，辅仁大学得以继续开办，而且文史各科仍用原有课本（不改用日文教材）；校门不挂日本国旗；日文不作为必修课。八年抗战期间一直坚持这"三不"，所以辅仁大学成为沦陷区内国民政府承认的唯一大学。这八年，陈垣一直担任辅仁大学校长。

当然，对于陈垣这样有声望的学者，日伪当局不会轻易放过，总是企图利用他，直接间接委以种种文化要职。无休止的骚扰威胁，使得陈垣不胜其烦，但陈一概婉言谢绝。

有一次，陈垣校长和几位师生在辅仁大学三楼看书画展。偶在楼栏处往下望，只见日寇趾高气扬走过。陈垣沉默不语，低吟"登临独恨非吾土，不为城关画角悲"，语毕眼含泪水，知友将他扶下楼来。

其实陈垣也考虑过离开古都南下，但几千师生的期望，让他实在下不得狠心。1943年底，他和学生柴德赓策划南行，但被辅仁大学校务长雷冕神父察觉，长谈数晚，认为陈垣留在北平有利于辅仁，有利于师生。如果校长一走，辅仁大学难以为继，很快就会被日伪当局接收或关闭，几千师生顿失依靠，将难以就职和求学。最后雷冕竟大哭不走，真情挽留。陈垣百感交集，终未成行。

辅仁大学成了沦陷区北平的"孤岛"避难所。不肯就职于伪大学（如"伪北大"）的一些学人志士以辅仁大学为基地。但辅仁一些师生曾被日伪当局逮捕，如英千里、沈兼士、胡鲁士神父（荷兰人）、范文澜、赵光贤、李德伦、萧乾等，每次陈垣都积极营救。

8年里，陈垣校长还尽可能向一些生活困难的学人约稿，藉稿酬补贴他们的生活。陈垣苦闷的心情，只能在他史学著作字里行间得到抒发。他写了《南宋初河北新道教考》、《明季滇黔佛教考》、《清初僧诤记》等，而最能崇尚名节的著作是研究胡三省（字身之）的《通鉴胡注表微》。胡三省是宋末人，不仕于蒙元，以作通鉴注的方式，申诉蒙元的暴政。

陈垣校长终于在65岁那年迎来了古都北平的光复。

北平燕京大学

1941年12月太平洋战争爆发后，日本侵略军在我国沦陷区对英、美势力所经营的工厂、商店、学校、医院、教堂……强行全面占领，所有侨民包括神父、牧师等全部关入集中营。

据侯仁之《燕京大学被封前后的片断回忆》一文记载：教会学校中，纯粹由英美人主持校政的全部停办了，如燕京大学（美国人司徒雷登主持）；又如协和医学院及其附属医院（美国人胡恒德主持）；以及崇德中学等，这些跟美国有关联的学校，全部封门停办了。司徒雷登等人都送进了日寇集中营。燕京大学封门之后，一时学生、教授、工作人员等无处可去。失学、失业、交通阻隔，又不能一下子全撤退到大后方；即使有能力南下，也不能一下子撤离，要秘密离开北平，辗转越过封锁线，还要有人带路，冒着生命危险。而且当时南下到后方去，或走河南、或走安徽、或走浙江西面、或走水路温州……都要找到关系才能走。

后来燕京大学师生虽有一部分到了四川成都又办起"华西燕京大学",但另一部分还留在北平市。一些学生分别进了其他院校、如辅仁(法国教会大学)或中国大学;教授中有些逃亡到了南方,有的到辅仁大学教书,政治系张东荪、新闻系刘豁轩等人到了中国大学;也有到伪北大任教的,如容庚。在这期间,好多教授还被日本侵略军逮捕关过监狱。

1941年12月8日早晨,阴霾笼罩北平,日本侵略军从西苑兵营奔赴海淀,包围并占领燕京大学,对在校师生实行"甄别",随后将大部分师生逐出校门。15名教职员及十余名学生先后遭到逮捕。被逮捕的教职员是:司徒雷登、陆志韦、张东荪、赵紫宸、蔡一谔、周学章、洪煨莲、邓之诚、陈其田、侯仁之、林嘉通、赵承信、萧正谊、刘豁轩等。他们被关押到北平炮局日本宪兵队监狱。

被逐出校园的师生,有些陆续潜往内地,到四川成都进入华西燕京大学。

抗战期间内迁的教会大学状况

抗战期间,有一些教会大学也迁往西南"大后方"。如山东齐鲁大学、苏州东吴大学、南京金陵大学、金陵女子文理学院等,都迁往四川成都华西坝,借用原有的"华西协和大学"校舍,共同复课。成都华西协和大学,又称为"华西大学",于1910年建校。由美、英、加拿大的四个教会组织,即卫理公会、浸信会、英美会和公谊会联合开办,在美国纽约注册立案。(引自《中国教会大学史论丛》第330页)

华西大学占地一千亩,原有校舍80座,尽力接纳了这些"兄弟院校"。1941年12月太平洋战争爆发后,日寇强占并解散了北平燕京大学。南下的燕京师生也在成都华西坝复校。

抗战期间内迁的教会大学经济生活状况,可以举齐鲁大学为例。

1937年该校中国教员的月薪标准大体如下表所示:

战前齐鲁大学月薪标准

职 称	教 授	副教授	讲 师	助 教
月 薪	180—300	135—205	80—160	40—90

(资料来源:齐鲁大学工资档案,鲁档 J109—04—117)

例如老舍月薪达 264 圆。

1939—1949 年是齐鲁大学在颠沛流离中度过的最艰难的岁月。抗战期间，西方支持者们一直在努力争取额外的经费，来应付战时的特殊困难。齐鲁大学这期间获得的美金资助相比战前，基本稳定。

齐鲁大学在战时的收入　单位：美金

年　度	经常费	维持费	基金会	捐　赠	合　计
1938—39	77910	15229	8947	8988	111074
1939—40	76345	15034	8947	9191	109517
1943—44	73549	12736	6711	4918	97914

资料来源：（1）1938—1940 年见 Report of Associated Boards of Chinese Christian University, New York, 1939, 1940.鲁档 J109—01—618。

（2）1944 年见于"齐鲁大学 1944 年 6 月 30 日止财务报告"，鲁档 J109—05—27。

从 1937 年到 1947 年，齐鲁大学除了每年获得近 7 万美金的经常费拨款外，还从其他渠道得到 50 万美金的援助。然而即使有如此丰厚的收入，这一时期的财政状况还是很艰难。究其原因，是因为收入增长赶不上通货膨胀和物价上涨的速度。1937 年 1 美金可兑换法币 6.1 元，1948 年 6 月 1 美金兑换法币 172.2 万元。法币大幅度贬值，虽然汇率上涨 28 万倍，但同期物价却上涨 300 万倍。

齐鲁大学为应付困窘局面，在抗战期间不得不大规模削减教员和薪金，教员收入不及战前一半，战前齐鲁大学以 3168 银圆的年薪聘请了著名作家、学者老舍，而 1938 年减到 960 元法币。仅靠薪水连糊口都成了问题。

从 1940 年起，大后方开始了恶性的通货膨胀，致使物价飞涨。1941 年 1 月，物价已涨到 1937 年的 16.3 倍。教员靠先前的基本薪金早已不足维持生活，齐鲁大学只得拿出很大一部分经费用于额外津贴和大米补助。1941 年每人基本月薪上调 20 元，原来 40、60 元的涨到 80 元，每人包括家属补贴 8 夸特大米，约相当于 101.6 公斤。（以上根据《齐大国学所 1938 年报告》，鲁档 J109—03—11）

抗战后期水深火热

日伪机关对一些职员每月配给半袋面粉，勉强维持活命。每月配给伪师范大学一千二百袋面粉，但不给大米。所以师大伙食最好的就是馒头，早起不能吃稀饭，只能吃疙瘩汤。1100多名穷苦学生，加一些职员、工友，靠日本侵略者掠夺中国农民的粮食之后施舍的这一些残余过日子。混合面蒸出窝头是灰色的，吃到嘴里如嚼花生皮等物，难以下咽。

从1942年下半年起，日本侵略者因战场扩大，物资缺乏，伪联银券开始猛烈贬值，物价大涨，粮食极为困难，到年底，玉米面已涨到每斤1元5角。较"七七"事变前已上涨20—30倍，较沦陷第3年1939年已上涨11倍。

乱世物价不停上涨。1943年春夏之交，农村青黄不接，粮食最紧张时，北京粮市官价：小米每石285元，玉米每石195元，高粱每石234元，黑豆每石183元。但均"有行无市，有市无货"。各粮店前柜放的都是空笸箩，按照限定的"官价"压根儿买不到。粮食都秘密藏起，通过熟人卖高价，囤积居奇的粮商都大发其财。

1944年夏天，玉米面涨价到每斤5元，不久又涨价到5元8角，小米涨价到每斤6元，大米每斤22元，油每斤45元……其他物价，也同步飞涨。

从1942年到1945年北平知识阶层的经济生活状况，我们还可以从当时保留下来的一些书信中得到第一手历史资料。

《张元济傅增湘论书尺牍》载有1942年5月15日傅增湘从北平给张元济的信中说：

"弟私藏弘治本《宛陵集》，欲得番银（日本钱）千番，不过易米六七石耳，兄能为我玉成之否？"每石米156斤，六七石米即1000斤米左右，说明当时每斤米价格为一元联银券。到1943年3月信中说："笔耕亦我辈本色，但倚以为生，亦未易言……惟物价大昂，字价亦应增加耳。"信中"大昂"二字，其猛涨可知矣。

到1944年1月信中说："今年北方物价增至十倍，人人皆知穷困。家用从前月费六百金，今乃至五千余金。而一切日用皆刻苦万状。往往当食而叹……送舍妹全家回川，行七十日而抵渝。用至一万四五千金。了一心事，不然粮贵至此，亦养不活矣！"这是著名藏书园老人的经济情况，至于一般小职员等，则无不挣扎在饥饿线上。

1944年至1945年，日伪经济趋于最后崩溃。联银券发行"孔子像"与"天坛图案"的五百元大钞，民间流行顺口溜道：

"孔子逛天坛，五百当一元；千元一出现，小鬼就完蛋！"

1945年7月，玉米面每斤价1000至1400元。

联银券千元面额大钞，印好尚未出笼，日本已投降了。日本投降，北京市民无限欢欣，但这欢欣也只是暂时的。过了没有多久，重庆接收大员陆续到了北平，老百姓手中的伪"联银券"要兑换成重庆政府的法币、关金券。

1945年11月，中央银行公布伪联币按5:1的比例折合法币，北平的物价随之应声上涨；人民的经济利益又遭到盘剥。

声讨文化汉奸的罪恶

1945年8月14日，日本天皇宣布无条件投降，中国军民的八年抗战终于迎来了最后的胜利。在此之前一天，即8月13日，中华全国文艺界抗敌协会总会已经在重庆成立"附逆文化人调查委员会"，推老舍、孙伏园、巴金、姚蓬子、夏衍、于伶、曹靖华、靳以、梅林、叶以群、张骏祥、徐迟、邵荃麟、黄芝冈、徐蔚南、马彦祥、赵家璧、史东山等18人为委员，负责调查"附逆文化人"。

调查委员会旋即于8月22日召开首次会议，"决议处理附逆文化人办法如下：（一）公布姓名及其罪行；（二）拒绝其加入作家团体和其他文化团体；（三）将附逆文化人名单通知出版界，拒绝为其出版书刊；（四）凡学校、报馆、杂志社等等，一律拒绝其参加；（五）编印附逆文化人罪行录（姓名、著作、罪状），分发全国及海外文化团体；（六）要求政府逮捕公开审判。"与此同时，中华全国文艺界抗敌协会又发出《慰问上海文艺界书》，慰问沦陷时期"在敌人魔掌下坚贞不屈"的上海文艺界景宋（许广平）、郑振铎、夏丏尊、王统照、李健吾诸先生，信中再次强调"本会已设立机构，负调查文化汉奸之责，但因情形隔阂，进行不易，现特恳诸位先生分头调查并搜集证据"（以上均引自一九四六年五月《抗战文艺》第十卷第六期）。

1945年11月，在光复不久的上海，曙光出版社印行了《文化汉奸罪恶史》一书。

中共根据地的文化人

所谓供给制,就是军事共产主义。从1927年秋中国工农红军建立井冈山根据地开始,中共部队和机关就实行军事共产主义的"供给制";而根据地的企业有的实行完全供给制,有的实行供给制—工资混合制。供给制下的人数,在土地革命时期有几十万人,抗日战争时期上百万人,解放战争时期扩展到几百万人。

"工农红军"称号的由来

1927年12月11日,张太雷、叶挺、叶剑英等领导的广州起义,部队打出了工农革命军的旗帜。1928年4月底,朱德、陈毅率领南昌起义保留下来的部队和湘南农民军到达井冈山,与毛泽东领导的秋收起义部队胜利会师,成立了当时最强大的一支工农武装,组成中国工农革命军第四军。5月25日中央发布《中央通告第五一号——军事工作大纲》,明确规定:"可正式命名为红军,取消以前工农革命军的名义。"不久,毛泽东、朱德又根据中央6月4日"关于你们的军队,可正式改称红军"的指示信,正式将工农革命军第四军改称为中国工农红军第四军。接着,全国各地的工农革命军先后奉命改称为红军。

早期苏区的供给制

红军及苏区根据地的经济来源是怎样的呢?

红军的经费来源多样化。并不仅仅依靠红军小部队打土豪和军事缴获，大部队红军和稳固的红色根据地，主要还是要依靠税收。苏维埃政权也把当地出产的一些特殊物资运到国民党地方军阀控制的地区销售，以此获得很多经费。还有共产国际每月提供分支机构中共分部相当于30万银圆的经费，秘密支付美金或卢布。（根据高干回忆录及俄罗斯解密的共产国际档案）

　　1931年11月，中国共产党在江西瑞金召开了第一次工农兵代表大会，成立"中华苏维埃共和国"，简称"苏区"，乃是农民起义的地方割据政权，红军日益壮大。1932年中共军委发布训令，统一规定红军部队伙食费每人每日大洋1角，或口粮1斤6两（旧秤1斤=16两），菜金3分钱；相当于每月3银圆（约合2009年人民币180元）。出差人员伙食费每人每日大洋2角（约合2009年人民币12元）。

　　零用费数目，指挥员与战斗员同等，但不定期发放。什么时候发放呢？通常是在采用武装暴力"打土豪"以后，基本上平均分配"战利品"。对于专业人员（医生、电报员、机修工等）每月津贴不超过大洋10银圆（约合2009年人民币600元）。中央和地方的干部待遇略低于部队。我们还可以注意到，这种分配的内容主要是解决填饱肚子的生存问题，而并不保证"穿衣、住房"的条件。基本概念是"民以食为天"。

　　跟20世纪30年代的城市相比，这样的生活水准是较低的。但要是跟当地（特别是赤贫地区）一般饥民相比，这样的生活就可以满意了。

　　在"苏区"供给制下生活的文化人有瞿秋白、冯雪峰等，以及后来跟鲁迅笔战的杨邨人等，每月发给生活费20—50银圆不等。

长征中的衣食住行

　　1934年红军长征时脱离江西苏区根据地，转战经过14个省区：江西、福建、广东、湖南、广西、贵州、云南、四川、西康（原为四川一部分，1928年9月国民党决议西康特别区正式建为行省）、青海、河南、湖北、甘肃、陕西，其中包括少数民族聚居区或无人区，以及敌占区；衣、食、住、行几方面都遇到常人无法想象的难题，克服这些难题付出的代价通常不亚于征途中的战斗。

　　各主力红军长征出发前，大都由苏区政府保障军服供应，样式都是仿苏俄红军的八角帽、列宁装，缀红色帽徽和领章。不过农村根据地多靠民众手工制衣，样式、颜色不完全规范。中央红军从苏区突围前，每人发放了一套新军装，经过近3个月转战多已磨损。红军占领遵义后休整半月，被服厂日夜开工，为每人补充了一两套新军衣，此后行军9个月未能更换，到达陕北时多数人已衣衫褴褛。红四方面军从川陕苏区开始长征后，进入荒凉的川康边藏区达一年多时间，布匹难得，指战员们用羊毛和牦牛皮自制毛衣、皮衣。红军三大主力会师时，各部队人员服装颜色杂乱，但唯一统一的标志是仍戴着一顶红五星八角帽，徐特立老人的红军帽就是自己在长征路上做成的。

长征途中的粮食供应，主要靠打土豪，就是没收地主富户的财产（主要取银圆）购买衣食用品，少数由捐助、欠借农民存粮的方式解决，筹粮筹款成为各部队一大重要任务。中央红军西征出发正值秋收后，地主大都谷物满仓，便于没收征发。对贫苦农民，红军采取花钱买粮，或开具借条，不许无偿索取。长征中最缺粮的时期，是进入人烟稀少的川康少数民族地区这段时间，部队执行民族宗教政策，不允许打土豪，主要是用银圆向土司购买粮食。据记载："阿坝地区藏、羌、回、汉各族人民为供给前后在此过往的10万红军的粮食作出了巨大贡献。"毛泽东到延安后曾说过：长征在川西北，我们是欠了藏族、羌族人民的债的。

红军征途中的宿营，在有老百姓的地区通常分住民房，不论如何疲劳仍要求指战员保证缸满院净。在进入高原荒僻地区后，民房难寻，为执行宗教政策又不允许进寺庙，部队只得野外露营。住宿条件最困难的阶段是过草地。晚间有时找不到一块干燥地面，许多人只好坐在背包上背靠背偎着取暖。天亮时，有些战士怀抱枪支，因冻饿已长眠不醒。

长征中的红军受到大批敌军围追堵截，主要靠快速行军摆脱险境。当时胶鞋是难得的宝贝，布鞋不耐磨，每个指战员身上都带两三双草鞋，一路行军一路自己打草鞋。

"红军都是钢铁汉"。靠着钢铁般的意志，克服衣食住行方面的特殊困难，创造出了人间奇迹。（参照徐焰文章，特致谢忱）

国民政府给八路军发饷

1936年12月1日，朱德、毛泽东等19位红军高级将领联名致电蒋介石："吾人敢以至诚，再一次请求先生，当机立断允许吾人之救国要求，化敌为友，共同抗日，则不特吾人之幸，实为全国民族唯一之路。"12月12日，西安兵变，蒋介石被迫同意联共抗日。随后，国共开始一系列谈判，核心是红军改编问题，中共要求编成 4 个军，12 个师。国民党只同意红军编成 3 个团。1937 年 3 月下旬，周恩来抵达杭州，向蒋介石出示了中共新的十五条意见书，其中关键内容是改编后的红军总人数不少于 4.5 万人，红军和陕甘宁边区的经费，由国民政府拨付。这次谈判又没有达成协议。

（当时国民政府拨付张学良的东北军每年军饷 200 万银圆。）

"七七"事变和"八·一三"淞沪会战后，国民革命军失利，损失惨重。蒋介石同意中共红军改编三个师的番号。只要求整编后的红军赶快出兵。8 月 25 日，中共中央军委在洛川会议后发出命令，红军改编为"国民革命军第八路军"，共辖 3 个师，每个师 4 个团，共 12 个团。当即收到了国民党政府发给的第一批 30 万银圆军饷。

国防政府对八路军发饷数目，是根据协议对三个师按 4.5 万人计算，每月发给军饷法币 63 万元，其中生活费 30 万元，战务费 20 万元，补助 5 万元，医疗补助费 1 万元，米津贴补助及兵站补助费 7 万元，（当时法币 1 元合抗战前 1 银圆）以后几年略有增加，但总数没超过 75 万元。军饷由八路军驻西安办事处向军需局领取。如 115 师参谋长周昆领取该师第二批军饷 8 万元。

1937 年 4 月国防政府给陕北提供粮食和被服。

1937 年 9 月起，改编后的八路军陆续进入山西境内抗日。11 月初，太原失守。毛主席当天就致电周恩来和八路军总部朱德、彭德怀指出："应该在统一战线之原则下，放手发动群众，扩大自己征集给养，收编散兵。应照每师再扩大 3 个团之方针，不靠国民党发饷，而自己筹集供给之。"隐蔽地扩大部队兵员。

1938 年，日本采取南北对进的方针，调集 6 个师团 30 万兵力夹击徐州，造成河北、山东等平原日占区兵力空虚。毛主席及时抓住机遇，做出从山区到平原开展游击战的决策。八路军分散游击，发展部队。1939 年八路军扩大 5 倍，兵员达 25 万人。

国防政府对八路军的发饷，一般遵守协议按时发放。例如，据记载，1939 年 6 月周恩来的副官蒋泽民到西安领取 48 万元军饷。

但遇特殊情况就拖欠，事后也会补发。比如 1939 年冬至 1940 年春，胡宗南部队进攻陕甘宁边区时，国防政府就对八路军停发军饷。但事件平息后，经中共据理力争，八路军在 1940 年 4 月份又领到拖欠了半年的军饷。

1940 年八路军扩大了 10 倍，达到 40 多万。这些部队大多靠自己征集给养。国民政府只对原协议中的 4.5 万人发饷。八路军兵员虽越来越多，但以独立团、军分区、武工队的名义，八路军的正式编制依旧是 3 个师的番号。

1940 年 8 月 20 日，彭德怀打响了百团大战，第一阶段歼灭日、伪军约

7000人，彭大将军打出了"百团"旗号，暴露了八路军实力。因国共合作协议中的12个团变成120个团，到1940年10月，国民政府暂时切断对八路军供应。1940年12月，国防部长何应钦宣布停发延安方面的军饷，当时延安抗议说，还有10月份的20万元军饷没有领取。

1941年开春，延安就开展了大生产自救运动。

国民政府给新四军发饷

按照叶挺出任新四军军长时对蒋介石的要求，每月应发给新四军经费18万元。实际只给了新四军每月8万元。后经叶挺和项英多次要求，增加到每月13.5万元；另外江北的新四军每月经费3万元，由安徽省政府廖磊、李品仙提供。（经办者何伟和李人林）

1941年1月新四军在领到补齐之1940年4月后的欠饷后出发，1941年初皖南事变，被宣称是"叛军"，也就再也没有给新四军发放军饷了。

国民党从1941年以后，完全停止发给八路军新四军的军饷。

抗日战争时期的供给制

1937年9月，中华苏维埃政府西北办事处财政部制定的"各级政府工作人员供给制标准"为：分区、县、乡各级干部，一律每人每月生活费3圆9角，计粮食2圆、菜金9角、津贴1圆。

1938年8月，陕甘宁特区财政厅规定调整津贴标准，分为5等，从"分区专员"以下分别为：4圆、2圆5角、2圆、1圆5角、1圆。

1939年1月，八路军参谋部规定各机关部队的供给制标准为——

粮食标准分两种：每人每日1斤半（合750克）、1斤4两（合625克）；

菜金标准，按人员类别分四种：每人每日4分、5分、7分、1角；

夜间工作的报务员等，每人每月发给夜餐费1元5角；

生活津贴分四等：

（1）最高一级，主席、参谋长、政委、局长等，每月5元；

（2）处主任、科长、团营级干部等，每月4元；

（3）股长、科员、译报员、秘书、连级干部等，每月3元；

（4）文书、管理员、教员、排级干部等，每月2元；

（5）最低一级，勤杂人员、战士等，每月1元。

按照日用品的购买力，当时（抗战头两年）法币1元约合今日（2009年）人民币30—50元。但1939年以后全国各地物价飞涨，货币迅速贬值。供给制的标准改为以实物计算。

在游击区，由于抗日游击队的流动性很大，缺乏比较固定的经费来源，因此，没有也不可能有比较固定的供给标准。

1940—1941年是抗战最艰苦的两年，也是边区部队、机关工作人员物质生活上最艰苦的两年。在日本帝国主义"扫荡"、国民党封锁及自然灾害的侵袭下，抗日根据地的财政遭到了极大的困难。

毛泽东在1942年写的《抗日时期的经济问题和财政问题》一文中，回顾当时的困难情况时说，我们曾经到几乎没有衣穿，没有油吃，没有纸，没有菜，战士没有鞋袜。工作人员在冬天没有被盖。但是，我英勇的解放区全体军民，并没有被困难吓倒。在"发展经济，保障供给"的正确方针指引下，中国共产党一方面领导人民发展农业生产和其他生产事业，一方面组织机关、学校、部队尽可能地实行"生产自救"。在陕甘宁边区，生产范围以农业、蔬菜、畜牧为主，也经营一些工业、商业和交通运输业。

自陕甘宁边区开展大生产运动后，其他各根据地凡有条件的，都程度不同地开展了生产自救运动，挺过了1940—1942年的严重困难时期，适当解决了机关、部队的生活需要，基本保证了部队指战员和机关工作人员的生活，减轻了人民负担。

陕甘宁边区政府于1943年1月间，还规定了如下的自给标准：

机关自给方面：（1）九个月以上的蔬菜；（2）每人每月肉2斤，调料6元；（3）每人每年过年过节肉2斤；（4）每人熟毛2.5斤，单鞋1双，衬衣1件，肥皂2条；（5）每人每年文化娱乐费50元，修理补充费120元；（6）照顾小厨房待遇的病号所需的开支。个人自给方面：毛巾2条，牙刷2把，精盐4两（125克），单鞋1双，袜子2双，用公家发的熟毛打成毛衣1件，毛袜1双。

毛泽东1943年11月在《组织起来》一文中说：

边区的军队，今年凡有地的，做到每个战士平均种地18亩，吃的菜、肉、油，穿的棉衣、毛衣、鞋袜，住的窑洞、房屋，开会的大小礼堂，日用的桌椅板凳，纸张笔墨，烧的柴火、木炭、石炭，差不多一切都可以自己造，自己办。我们用自己动手的方法，达到了丰衣足食的目的。（引自《毛泽东选集》第3卷第932页）

陕甘宁边区先后流通几种货币

1935年以后"法币"曾代替银圆在全国流通。但是作为一个地方政权（具有国家的雏形），江西苏区也曾发行自己的钞票"苏维埃国币"。延安时期更使用过几种货币。

最初红军带到延安的钱是"苏票"即苏维埃国币，又称苏币。早在1932年2月中华苏维埃共和国便创立了国家银行，7月7日开始发行统一的新纸币"苏维埃国币"，面额为一元、五角、二角、一角、五分，共5种。苏票一元与银圆一圆或法币一元相等值。红军长征到达陕北后，以苏维埃国家银行西北办事处的名义，继续发行过一些苏票，但流通有限。

1937年9月，中华苏维埃共和国临时政府驻西北办事处更名改制为陕甘宁边区政府，随之，苏维埃国家银行西北办事处也相应的改名为陕甘宁边区银行，承认并流通国民政府发行的法币，逐步收回苏票。

1941年皖南事变发生后，1月28日边区政府委员会决定独立发行陕甘宁边区自己的货币"边币"，1月30日颁布法令禁止法币在边区范围内流通。2月18日，陕甘宁边区银行正式发行边币，票面为一元、五元、十元。"边币"与光华券一样，票面上都标以中华民国纪年，但大红着色，妇女纺纱、羊群等图案已经具有鲜明的解放区文化特色。

1944年5月，边区银行（名义上为贸易公司）发行货币代用券"流通券"，全称为"陕甘宁边区贸易公司商业流通券"，面额为五十元、十元两种，规定每元当边币15元，实际发行后比价为每元当边币20元。

陕甘宁边区的财政来源

在1937年至1940年，陕甘宁边区的财政来源主要是依靠外援。

陕甘宁边区财政，除取之于敌（即在战争中夺取敌人的辎重、粮秣和资财，没收汉奸卖国贼的财产以充实抗战经费）外，主要是依靠国民政府拨款以及外援与捐献。

外援有两部分，一部分是国民政府给八路军的军饷，一部分是海外华侨和后方进步人士的捐款。外援占边区财政收入约50%到85%。

1937年国共合作实现后，国民政府每月发给八路军60万元（法币）左右的军饷，当时法币的价值较高，1元可兑银圆1元。另有海外华侨及各方进步人士捐款给八路军，这两项就占边区 1937 年至 1940 年财政收入的 70%左右。

从 1937 年 7 月到 1940 年 10 月，陕甘宁边区收到国民政府发给八路军的军饷计 16405340 元法币，（张扬：《陕甘宁边区是怎样"休养民力"的》，载财政部科学研究所编：《抗日根据地的财政经济》，中国财政经济出版社 1987 年版，第 91 页。）平均每年在 400 万元法币左右。

陕甘宁边区，1938 年 11—12 月，香港汇款 50 万元法币，孙夫人宋庆龄汇款 6 万元法币，重庆转来汇款 8 万元法币，西安 1939 年 1—2 月汇款 59.0948 万元法币，其他汇款 7 万元法币，5 个月之间，捐款达到 130 万元法币。（贾康、赵云旗《论抗日战争初期的财政政策与方针》，载《预算管理与会计》2005 年第 8 期。）

从 1937 年至 1940 年，陕甘宁边区共收到国内外进步人士的捐款法币 8120234.39 元。1937 年至 1940 年外援金额及占当年边区财政收入比率为（法币）：1937 年，4563.9 万元，占年财政收入 77.20%；1938 年，46.8 万余元，占年财政收入 51.69%；1939 年，566.4 万余元，占年财政收入 85.79%；1940 年，755 万余元，占年财政收入 70%。

除外援外，其余的财政收入来源是少量的税收和行政性收费（包括没收款、罚款、土地登记手续费等）。这几项收入缺 1937 年、1938 年的资料。1939 年税收 65.8 万余元；没收款 9.5 万余元；罚款近 1.9 万元，土地登记手续费 0.37 万元，杂项 2 万余元，总计占年财政收入的 9.17%。1940 年税收 196.4 万余元，企业盈余 42.7 万余元；公产收入 0.5 万元，寒衣代金 42.7 万余元，罚款 28.5 万余元；杂项 29.2 万余元，总计占年财政收入 24.87%。

1937 年至 1940 年，陕甘宁边区财政虽然困难，但精打细算，尚可维持，甚至有所结余，如 1938 年余 10.3 万元，1939 年余 8.4 万元。但 1941 年，边区财政出现了严峻的形势，这年财政亏空 567.2 万余元（摘引自百度百科）

边区物价的波动

整个抗日战争期间，无论大后方还是敌占区（沦陷区）都出现了通货膨胀与物价飞扬的经济困难状况，特别在 1940 年以后，都到了民不聊生的地步。

据西北财经办事处公布的《陕甘宁边区银行各种统计表》中，1937—1945 年间延安市物价总指数也在不断上涨：

（以 1937 年上半年平均物价指数为 100 计算）

1938 年 7 月为 153.3，12 月为 161.4，全年为 143.1；

……

1941年为2228.9；

1942年为9904.0……

1945年6月为1995825.0，12月为1825918.5，全年为1591495.4。

也就是说，1945年底延安的物价指数，是1937年初的18259倍。

女作家陈学昭当时任延安《解放日报》副刊编辑，她记载了1938年秋季延安的物价情况：

猪肉每斤0.5元、猪油每斤0.8—0.9元、山羊肉每斤0.35元、绵羊肉每斤0.4元。

白糖在延安一直很紧俏，价格不菲。

1938年秋，白糖每斤1元，而同时期在重庆售价为0.25元。

同一时期（1939年1月）重庆、成都的基本生活物资指数分别是：

重庆大米每斗3元5角、食盐每斤1角4分、猪肉每斤2角3分、机器工人工资每月30元、纺织工人工资每月18元（自给伙食）；

（重庆大米按每斗37斤，每斤14两计算。折合每斤9角5分。）

成都大米每斗2元、食盐每斤2角、猪肉每斤2角、机器工人工资每月30元、纺织工人工资每月6元（厂方提供伙食）。

（成都大米按每斗32斤，每斤14两计算。折合每斤6角3分。）

生活基础并不丰厚的陕北小城，生活指数比同时期重庆、成都偏高，但实行供给制条件下的革命队伍里的同志们，生活都是有保障的。

其实，无论物价如何涨落，对于在延安和陕甘宁边区各级政府单位工作的"公家人"，影响并不大。当时在解放区，八路军、政府机关和学校，全部实行"供给制"，除了衣食住方面满足最低限度的需要，发些烟、肥皂、毛巾、牙刷，甚至妇女特殊时期所使用的卫生纸等日用品外，还有一点津贴。政府在采取各种手段，使得大家在革命的圣地，温饱着，并感受着平等。

惩治腐败的标准

与这些统计数字有关的另外两个生活指数是，当时延安和陕甘宁边区的度量衡单位与惩治贪污腐败的标准。

1938年初，1斗为50斤。1942年3月22日，边区政府建设厅就统一度量衡问题发布命令，规定自5月1日起，在边区使用度量衡的标准为：尺用2尺正裁尺；斗用30斤斗；秤用16两制秤。

当时边区政府为取信于民，惩治腐败的力度很大。1938年8月15日，边区政府公布《陕甘宁边区惩治贪污暂行条例》，其中规定：凡边区工作人员贪污法币 500 元以上者，处 5 年以上有期徒刑或死刑；300 元以上，500 元以下者，处 3 年以上，5 年以下有期徒刑；100 元以上，300 元以下者，处 1 年以上，3 年以下有期徒刑；100 元以下者，处 1 年以下有期徒刑；自首者，减轻或免除其处罚。（摘自朱鸿召《延安日常生活中的历史（1937—1947）》广西师范大学出版社）

奔赴延安的文化人

抗战开始后，延安是流浪各地的左翼文化人向往的地方。林斤澜写道："萧军到达延安，一度离开，后来又返回延安。"据徐懋庸回忆："1938 年 3 月下旬，我和萧军、何思敬等文化人刚到延安，丁玲带领战地服务团（包括塞克、聂绀弩等文化人）也从山西回来；一天晚上，毛泽东、张闻天、张国焘、康生等举行宴会，欢迎我们这几个新来延安的文化人。……"

丁玲 1940 年所写的《入伍》一文记载："前方战士对一般文化人（和没有固定工作、来参观的文人）俗呼为新闻记"，就是"战地新闻记者"的简称。1940 年以后一直在《新华日报》担任记者的李普回忆：当时抗日民主根据地通常称呼他们这些有一定水平的记者们为"文化人"。（引自李普：《用第三人称的自述》）

1941 年以后，更多的左翼文化人如艾青夫妇、欧阳山夫妇、罗烽夫妇等，从重庆等国统区转移到了延安。丁玲回忆 1942 年春在延安时，贺龙将军来到"文抗"（全国文艺界抗敌协会延安分会）的窑洞里看望丁玲、艾青、白朗、罗烽等，贺龙表达了"对文化人、对文工团员的关心、爱护"。（引自《元帅呵，我想念您》一文）当时的延安，正高扬鲁迅的旗帜，毛泽东亲自发起创立"鲁迅艺术学院"，以后又成立了"鲁迅研究会"等等，这就更鼓励了这些热血青年、左翼文化人。

延安"鲁艺"的经济生活

延安鲁迅艺术文学院（起初名为鲁迅艺术学院，通称鲁艺）创建于 1938 年 4 月，1945 年 8 月抗战胜利后结束，共存在 8 年。

1938 年，鲁迅艺术学院音乐系聘冼星海来任教。冼星海夫妇到延安后，一开始受到"敬若上宾"的待遇,住进延安最好的西北旅舍。但遭到敌机轰炸之后,他就搬到鲁艺去。

冼星海在鲁艺担任音乐课程,分配到两孔比较好的窑洞居住。从前他以为"窑洞"又脏又局促,可能就像城市贫民的地窖。但实际并不尽然,跟上海石库门楼房的亭子间相比,窑洞里空气充足,光线也够;不同的只是天花板(应说"天花土")是穹形的。后来他更体验到窑洞里面冬暖夏凉的好处。冼星海夫妇也开始吃小米饭了,"这饭不好吃,看来金黄可爱,可是吃起来没有味道,粗糙还杂着壳,我吃一碗就吃不下去了,以后吃了很久才吃惯。各方面的生活我也跟他们一样,我开始学过简单的生活。"

冼星海回忆,他在鲁迅艺术学院音乐系的日常生活是这样:

"一早起床,除了每天三顿饭和晚饭后两小时左右的自由活动,其余都是工作和学习。他们似乎很忙,各人的事好像总做不完,我住在窑洞里,同事、同学常常来看我,我也到他们的窑洞里去。他们窑里布置简单,一张桌子,一铺床,几本或几十本书和纸张笔墨之类,墙上挂些木刻或从报章上剪下来的图片,此外就没有什么了。大家穿着棉军装,留了发却不梳不理。"生活既安定下来,他就开始写大作品《黄河大合唱》等。(冼星海:《到了新天地》,原载1940年延安《中国青年》2卷8期)

冼星海的学生陆友回忆说:

"1938年秋,冼星海到延安鲁艺任教。正逢鲁艺第二期音乐系学员将结业,他热情地向同学们作了数次音乐讲座,深受同学们欢迎。第三期音乐系开学之初,我被留校工作,因与先生相识,系领导及党支部要我对先生多加照顾。他与夫人钱韵玲住在西坡面东的两孔窑洞,我常去问候。他对当时延安艰苦的生活是适应的。每当谈起生活,他总是说:'可以了,要革命就不能怕苦嘛!'有时还风趣地说:'我的待遇比你们高多了。'这是指当时供给制时他每月可领到5元津贴作零花钱;而我们学员和一般工作人员每月是1元2角。有时先生还端出一小锅红烧肉说:尝尝吧,这是韵玲给我烧的营养品。……"(陆友:《充满乐感的人——忆冼星海同志》,参看《延安鲁艺回忆录》,光明日报出版社1992年。)

从上海来的周扬,起初担任鲁艺文学系主任,后又当了鲁艺副院长。何其芳、沙汀、舒群、严文井、周立波都在鲁艺文学系任教;后来,舒群、何其芳都当过文学系主任。张庚是戏剧系主任,吕骥是音乐系主任。

李焕之在《向往与追求》一文中回忆了他于1938年8月4日初进鲁艺时的情况:

"窑洞,多么别致的集体宿舍,班长把我安排在靠窗的第一个床位上。我没有被子,只有一条线毯,那还是离开香港时朋友张廖之送我的,它陪伴了我北上的旅程。好在8月的天气还很热,但夜里就有点凉了。我把一块黄斜纹布当床单,把书和衣服当枕头。吃过午饭,天气好极了,明亮而炎热的太阳晒满了窑洞门前的空地。同学们都纷纷上炕睡午觉,我在南方生活惯了,没有睡午觉的习惯,于是抱着普劳特的《和声学》坐到窑洞前有阴凉的地方,准备开始新的学习生活。但是,赤日炎炎正好眠,看来在北方生活,不午睡是不行的。"

杜粹远在《忆鲁艺》一文中写道:

"我1938年9月2日由陕北公学考入鲁艺二期音乐系。对于我这个到革命圣地延安不久的幼稚的中学生,一切都新鲜。我们的生活很简朴,每人一块小木板可以做桌子,又可以当凳子。上大课或开全院大会,我们就坐在小木板上听课,有时还拿着砖头垫高坐,或干脆坐在地上,全神贯注地听课。吃饭就用茶缸;在会餐时,洗脸盆还是用来盛肉菜的大餐具。每月一块多钱的津贴费,买些日用品。有时大家凑钱到各机关合作社的饭馆去会餐解馋。我们的生活无忧无虑,而且走到哪里都可以听到我们欢乐的歌声。早晨上操,我们练习爬山,谁先登上山头,就为下边的同志加油。谁生病,厨房就做病号饭,做碗面条,煮个荷包蛋。彼此之间像兄弟姐妹一样,我们就是生活在这样的革命大家庭中。"

1939年初,党中央号召开展大生产运动,鲁艺全校教职员工上山开荒。身体不好的同志留下干轻活……后来,劳动生产的门类扩大了,就不让女同志做重体力,组织女同志织毛衣、纺线,最快的一天可织一条毛裤,纺四两一等线。

延安平地少,蔬菜种的不多,做不到一天一人一斤菜,就采野菜补充。

延安的冬季是很冷的,白天学习室里有盆炭火倒还可以;但由于一天只发一斤多木炭,晚上必须熄火,一到夜里,盆、罐的水都结成冰块。我们虽然睡的是炕,但不能烧火,凉炕越睡越冷,所以一入冬就必须打草垫子才行。大家在附近山坡上打草，忙了半天，割回很少的蒿草。蒿草不如茅草暖和，很多同学拿了刀和绳子去，看到了好大一片茅草地，草又高又密，……每个炕上铺一层厚厚软软的草，晚上大家睡了一个香甜的觉。

1940年深秋，学校组织人员上山烧炭，延安冬天取暖主要靠木炭，需要抽身强力壮的男同学去完成这个任务。上山烧木炭很艰苦，在山上居住，饮食、交通都很不方便，再加上缺少结实耐磨的衣服和鞋，有的连袜子都没有。（引自丁炬《对徐徐同志的回忆与思念》一文）

延安根据地的服装

20世纪30年代末期，作家孙犁曾在一篇文章中写道：延安的土布，深蓝色，布质粗而疏，易下垂拉长。冬季以羊毛代棉絮，毛滑下坠，肩背皆空。有棉衣，甚少。

在延安，服装的式样和颜色比较单一。

鲁迅艺术学院师生们的穿戴有着文化人独特的风格。在延安早期的纪录影片资料中，我们可以看到窑洞前唱歌的年轻人，他们服装各异，显示出在城市生活过的痕迹。有人曾这样描述说：在延安，一看见歪戴帽子的，就知道是鲁艺的文化人。

灰布军装

进入抗战后期（20世纪40年代上半叶），革命者们的服装也发生了变化。在延安后期的影片资料中，同样的窑洞前唱歌的场景，人们的服装已经变成了统一的灰布军装。

对于很多奔赴延安的文化人来说，脱掉旧长衫，穿上灰布军装，这就告别了过去的生活，成为新人——延安人了。

这时在延安的各大礼堂里，每到周末和节假日的晚上，几乎都有文艺晚会或交际舞会。乐器大多是临时手工制作的。最能渲染舞场气氛的定音鼓、爵士鼓，是用废弃的美孚汽油桶改制而成。

在一个周末交谊舞会上，何其芳被有意安排跟一个同样腼腆的舞伴跳舞。她就是文学系第三期学员牟决鸣。后来，同样是在一个周末晚上，何其芳、牟决鸣在窑洞里举行了婚礼。他们身穿由灰色洗得发白的土布制服，先向毛泽东画像鞠躬，再向来宾们致谢。当时延安的婚礼很简单，称为"花生米婚礼"。拉起手风琴、唱起祝福歌，分着花生米，用轻快的交谊舞向新人表示庆贺。

《野百合花》提到的"衣分三色"

1942 年 3 月王实味在著名的《野百合花》一文中,形容当时延安的供给制生活待遇是"衣分三色,食分五等",大发牢骚。这引起了激烈的争论。

当时艾青作了说明:王实味讲的"衣分三色,食分五等"是怎样的呢?所谓"衣分三色",就是高级干部的深蓝色斜纹布、中级干部的灰青色平布、基层干部的黑色土布之间的分别;并非什么哔叽、华达呢和灰布之间的分别。艾青还指出:我们也不止一次看见毛泽东同志,穿了他那件右肘上破了一大块的、褪色的灰布衣服。

干部服、"列宁装"

1946—1949 年解放战争期间,男干部服通行灰布和黄布军装或中山装,而女干部服通行"列宁装"。此后很快在新解放区流传。

从延安时代开始,女干部们就逐渐流行灰布列宁装。夏有单衣、冬有棉衣,统一制作发放。列宁装既不同于西式女上衣,也不同于男式中山装。目的当然是制服化,冬天大掩襟挡风寒,夏天可以不系扣,形成敞领,穿着方便。这种不加衬里、不加垫肩、简易的苏式服装,在那种革命激情高涨的岁月里,实在是很具有时代精神的。投身革命的女性一穿上列宁装,就塑造出一个"女干部"的形象。

列宁是男性,为什么要用他的名字称呼女干部服呢?之所以叫列宁装,是因为要革命化,与西装决裂;男有中山装,女装也要以革命家命名(其实仍来自西装式样),而且表示男女平等,服装式样也可以类似。采用朴素的灰卡其布面料,带有无产阶级革命派的风采;何况中国共产党领导下的革命,一直以苏联老大哥为榜样呢。

女式列宁装主要流行于 20 世纪 50 年代;后来略加改制,一直延用到 20 世纪 70 年代。现在就罕见了。

列宁装的基本款式为:衣领是开、合两用,领口可以敞开,也可以闭合。敞开时翻作 V 形领口,闭合时左领子上角纽扣与右领子上角相扣,如同中山装。双排四档纽扣,第一档纽距特别长,与第二档以下的几档纽距不等,以便于领部翻敞开来,这是列宁装的特色之一。左胸部置手帕袋一只,袋型比西装大,用以插放钢笔和笔记本。两侧对称置有宽袢斜插袋各一个。后背有背缝但无开叉;肩缝用包缝式,使得线条清晰。腰部系一根宽腰带用以收腰,多为与服装面料相同的布制成;下摆到臀部。列宁装有单衣、夹衣、棉衣之分,面料以棉织卡其、华达呢、哔叽为主,少数也用精纺毛织物。颜色主要是灰色、黄绿色、蓝色等。1960 年中苏论战开展以后,妇女穿列宁装的就少了,逐渐为春秋两用衫和军便服所取代。

解放战争时期(1945—1948)的供给制

接近抗战胜利时,各根据地都拟订了比较完善的供给制度,规定:
1.衣着方面,供给单、棉、衬衣和鞋袜,以至毛衣、大衣;
2.伙食方面,供给粮、菜、油、盐、肉、炭。
这就基本上达到了"温、饱"的生存保障。
3.日常生活用品方面,供给牙刷、精盐、肥皂、草帽,学习用的笔、墨、纸张、书报。
4.病号除免费治疗或入休养所外,还发给营养补助。年老体弱的发给保健费。

女同志生育,除发给生育费外,还提高其伙食标准。对于女干部所生婴儿则发给衣被所需的布及棉花,还规定发给奶费;需要请人照顾的,发给保姆费或免费住托儿所、幼儿园;幼儿达到入学年龄,可以免费入学,生活费用全由公家负责。革命军人及工作人员的家属,凡在解放区内居住而又不能生产自给的,当地政府负责组织群众代耕;随同干部同居的,则帮助安排适当的工作或组织生产。生活困难时,给予适当的补助。

在供给标准上,也因工作上和实际生活上的需要,由没有差别而逐渐有所差别,如一些负责同志吃中、小灶伙食,电台人员发夜餐费,对老弱妇孺伤病员的伙食、津贴从优,发给技术人员较高的津贴等。

晋绥边区的供给标准

1944年9月19日晋绥边区行政公署颁发的供给标准为:
1.口粮(每人每天):军队系统小米1斤8两(750克);政、民系统的干部小米1斤6两(687.5克);交通员、战士等小米1斤8两(750克)。
2.伙食(菜金,每人每月):大灶肉2斤,油15两(468.75克),盐1斤,菜45斤,炭45斤(烧木炭者加倍);小灶肉4斤,油1斤8两,盐2斤,菜45斤,炭75斤(烧木炭者加倍)。
3.政、民系统津贴(每人每月):行署正副主任小米3斗(每斗26斤,共78斤,即39公斤),临时参政会正副议长、驻会委员、行政委员小米2斗(26公斤);专署专员、行署处长及其以下工作人员发本币。专员、行署处长津贴25元,县长、专署行署科长等20元,区长、县政府科长等15元,战士、班长等5元。
4.妇女卫生费:女干部生育时,除统筹部分发给标准布1匹、棉花2斤

（1 公斤）外，由各该机关自给鸡 3 只、红糖 1.5 斤（750 克）、鸡蛋 60 个、麻纸 300 张（双生子除布、棉花外，其余加倍发给），并在产前一个月，产后一个月，按小灶标准待遇。

新四军的供给标准

1945 年 1 月，新四军浙东游击纵队司令部规定的供给标准，列举主要项目如下——

1. 口粮（每人每天）

机关人员白米 1 斤 8 两（750 克）；部队人员白米 1 斤 10 两（812.5 克）；机炮部队、军工厂人员、教导队、海防队白米 1 斤 12 两（875 克）。

2. 伙食费（口粮在外）

菜金：兵团每人每天蔬菜 2 斤，油 5 钱（15.625 克），盐 5 钱（15.625 克），柴 2.5 斤，烧茶、洗澡、洗脚、洗衣服用柴 1 斤，也就是每人每月食油、食盐各 15 两（468.75 克）不到 1 斤（旧秤 1 斤 = 16 两），折价开支。

肉金：主力兵团每人每月肉 1 斤，按市价实报实销。并规定每月 1 日、16 日集体购食，非特殊情形者不得发现钱。地方兵团主力每人每月肉 12 两（375 克），区常备队以下 0.5 斤。

3. 津贴费

普通津贴：主力兵团每人每月按 20 斤米定价发给。地方兵团主力按 10 斤、区常备队以下按 6 斤发给，并规定每月 25 日发。（每斤米约合今人民币 1.5 元。）

肥皂：4 至 9 月每月一块，其他各月每月半块。

妇女卫生费：每月草纸 50 张。

干部保健：排以上干部实行普通保健，每人每月供给的数目为：排级——猪油 0.5 斤。连、营级——猪油 1 斤，猪肉 1 斤。团级——猪油 1 斤，猪肉 2 斤，鸡蛋 30 只。师级——猪油 1 斤，猪肉 4 斤，鸡蛋 90 只。以上猪油、猪肉、鸡蛋按定价折钱，与津贴费同时发给。

4. 服 装

根据经济条件、物资来源和部队必需之实际情形发给。原则上每人每年发制服 2 套，衬衣 2 件，棉制服 1 套，棉背心 1 件，被毯二年 1 床，饭包袋 1 只，弹袋 1 条，米袋 1 条，雨伞 1 把，饭碗 1 只，布鞋 6 双，袜子 4 双，毛巾 4 条，每班哨兵大衣 1 件，每个干部大衣 1 件，其他装具按实际情形补充之。鞋子：侦察员、便衣通讯员、特务长每年 12 双，武装通讯员每年 8 双。

供给标准的上下浮动

1945 年抗日战争胜利后，某些地区和部队的供给标准有所提高。如有的地区在原有的大灶小灶外,增加了中灶待遇,规定县级地方干部和部队的分区级政委等享受。中灶的供给标准,油、肉较大灶多一些,细粮比重也多一些。

1946年6月,国民党政权发动全面内战。随着解放战争的胜利,战场深入到国民党统治区,人力物力的消耗大为增加。各解放区都适当降低供给标准,以节省开支。如晋绥边区在"节衣缩食,照顾前方,照顾战士,照顾群众"的原则下,取消了中、小灶待遇,在一段时间内取消了干部服装的供给,停发后方党、政、军干部的被服和日用品,取消一般的保健费,各类人员的伙食标准也有所降低。山东地区规定,除主食外,取消一切粮食开支;主食定量也有所降低,服装有所减少。菜金,主力部队由公家供给,地方部队供给一半,地方机关全部自给。同时,还降低了灶别标准,原来吃小灶的改吃中灶,吃中灶的改吃大灶。办公费、特别费等由各单位自己解决。

此后,随着革命战争的胜利,经济情况好转,供给标准又逐步有所提高。

全国统一的供给标准

1948年12月,中央军委后勤部在综合各解放区供给标准的基础上,制定并颁发了全国统一的供给标准。以华北地区几项主要供给标准为例:

1. 伙食标准（日标准）

野战军:菜金——菜1斤（0.5公斤）、油5钱（15.625克）、盐5钱（15.625克）、肉5钱（15.625克）;粮食——小米28两（875克）。

地方军:菜金——菜1斤（0.5公斤）、油4钱（12.5克）、盐5钱（15.625克）、肉4钱（12.5克）;粮食——小米26两（812.5克）。

后方机关:菜金——菜1斤（0.5公斤）、油3钱（9.375克）、盐5钱（15.625克）、肉3钱（9.375克）;粮食——小米1.5斤即24两（750克）。

中灶伙食标准:菜金——菜1斤（0.5公斤）、油5钱（15.625克）、盐5钱（15.625克）、肉2两（62.5克）;粮食——小米26两（812.5克）。

可见,中灶的优惠主要体现在肉类食品方面:野战军每月15两（468.75克）,地方军每月12两（375克）,后方机关每月9两（281.25克）,中灶每月30两（937.5克）。

小灶伙食标准的菜金较中灶标准略高,但时有特殊（计划外）的供应。

2. 被服标准（每年）

野战军：单衣 2 套、棉衣 1 套、单帽棉帽各 1 顶、被子三年 1 床、鞋 7 双、袜子 2 双、毛巾 2 条（地方军的被服标准的一些项目略低于野战军，后方党政机关被服标准又略低于地方军的标准）。

3. 妇女生育费

妇女生育费按供给项目分为红糖、鸡、鸡蛋、麻纸、棉花、布等项，华北地区以包干形式发给小米共 230 斤（115 公斤）。

以上是华北地区的标准，其他各地区根据实际情况，在各个项目的供给数量上略有增减，但基本上是差不多的。

新中国成立初期供给制和工资制并存

1949 年新中国成立初期，中共中央根据当时的经济条件，对国家机关和事业单位工作人员实行的待遇政策是：

1. 解放区来的老干部实行供给制待遇。
2. 新参加工作的青年学生：

A. 没有家庭负担的实行供给制待遇；

B. 有家庭负担的实行工资制待遇；

3. 在国家机关中留用的旧政府职员：

A. 在 1949 年 9 月底以前参加我政府机关工作的按其参加工作时的规定，实行供给制或实行工资待遇的，一般不再变动；

B. 1949 年 10 月 1 日以后参加工作的除自愿实行供给制待遇的以外，一律按国家制定的新参加工作人员工资标准实行工资制待遇。

当时在国家机关中，实行供给制待遇的占 80％以上，在事业单位中约占三分之一，主要是从解放区来的老干部和大部分新参加工作没有家庭负担的青年学生，还有极少数留在行政、司法等全部实行供给制待遇机关中工作的旧政府机关职员。

从 1949 年到 1952 年 2 月基本上沿袭战争时期供给制办法。主要特点是：供给标准较低，大体平均，略有差别。除保障工作人员的个人生活需要外，还供给一部分家属的生活待遇。供给项目、供给标准以及享受灶别的条件，各部门大同小异。

延安的文化人，有的跟随鲁艺到了东北解放区，有的跟随华北大学到了张家口等地，然后才进入北平、天津。延安的文艺干部，建国后大多成为文化界的领导人物，如周扬、丁玲、何其芳、刘白羽、郭小川等人。

平津解放后，何其芳到了北平，在马列主义学院任教，后又担任北京大学文学研究所副所长等职。作为一个供给制干部，何其芳级别不低，吃小灶、生活待遇较高，但他的手头还是缺乏闲钱的。他 1951 年 3 月 26 日写给沙汀的信中说："我在整风后写的小册子过几天就寄给你。因为现在身边邮寄的钱都没有了。我们仍是供给制，发了津贴仍常常很快就化光。不过住在城外，进城的时候非常少，身边经常没有钱也多少感到不方便。"

可是，这就和接管政策中的原技术人员、文化人全部"包下来"对他们实行"保留工资"发生了矛盾。也就是说，"留用人员"拿的"保留工资"和党政干部的供给制之间，有了一个很大的差距。

大学校长、教授、专家、工程师、名演员，一律拿"保留工资"，用国民党的金圆券折合老区人民币，再折合新人民币，他们的每月收入都在 200—500 元不等。而从解放区来的和地下党的党政军干部，在一段不短的时期还是供给制，后来改为工资制，也还是"低薪制"，货币收入（现金）要比老专家、名演员的低。夏衍在回忆录中分析道：

这样，党政干部和业务（技术、学术等）人员之间，就有了各自的看法。举个例，有一次陈老总请刘伯承同志在他家里吃饭，潘汉年和我都在座，饭后闲谈，这两位大将军都在愁穷。陈毅同志孩子多，家累重，钱不够用；刘帅则说他想买一部开明书店出版的二十五史，一问价钱，就只能放弃了买的念头。陈毅同志风趣地对我说，老潘可以靠小董（董慧，她的父亲是香港巨富），你则有版税和稿费，你们都是老财，我们当兵的都是两袖清风。

可是另一面，拿"保留工资"的却有另一种看法。他们说你们（党政干部）住公家的洋房，有汽车，有办公室，有不花钱的秘书，出差旅费可以报销。我们呢，搭一次电车、打一个电话、也得自己掏钱。

在欢庆解放的热潮中，大家都自觉地服从政策，表面上平静无事，可是现在回想起来，工农干部和知识分子之间的疙瘩，或者说是矛盾，我认为是和解放初期的这两种制度的并存，是有一定的关系的。

（引自夏衍《懒寻旧梦录》第 610—612 页，三联书店 1985 年第 1 版）

卖国贼汉奸及其下场

日寇侵华期间，先后在中国扶植的傀儡政权有：

1.1932 年 3 月 1 日在东北成立"满洲国"。

2.1935 年 11 月 25 日由汉奸殷汝耕等人成立冀东防共自治委员会，不久又改名"冀东防共自治政府"，位于今河北东北部；人口约 600 万。1938 年 2 月 1 日，该政府与北平成立的伪"中华民国临时政府"合并。

3.1937 年 9 月 4 日成立察南自治政府。以张家口为首府，管辖察哈尔南部 10 个县，人口约 200 万。1939 年 9 月，并入伪蒙疆联合自治政府，改为察南政厅。1943 年又将察南政厅改为宣化省。

4.1937 年 10 月 15 日成立晋北自治政府，位于今山西北部。驻大同县，统辖雁北 13 县，人口 150 万。1939 年晋北自治政府改为晋北政厅，隶属伪"蒙疆联合自治政府"。1943 年又改为大同省公署。隶属伪蒙古自治邦政府。

5.1937 年 12 月 14 日在北平成立"中华民国临时政府"，位于今北平、天津两市，及山西、河北、河南（部分）、山东日占区；1940 年 3 月 30 日，即汪伪政权在南京成立的当日，华北的王克敏临时政府被降格为"华北政务委员会"。

6.1938 年 3 月 28 日成立"中华民国维新政府"，管辖江苏、浙江、安徽三省的日占区和南京、上海两个特别市。其主要支持力量为日寇的华中方面军。

7.1939 年 9 月成立"蒙疆联合自治政府"，位于今内蒙中部。

8.1940 年 3 月 30 日在南京正式成立汪伪汉奸政权"中华民国国民政府"。

大汉奸汪精卫卖身投靠日寇

抗日战争初期，日本在沦陷区北平和南京两地分别组织了伪"中华民国临时政府"和伪"中华民国维新政府"。1938年7月，日本向重庆国民政府外交部亚洲司司长高宗武透露，日本拟认汪精卫为和谈对手。同年10月，日寇攻占广州、武汉。11月，日本再次发出诱降声明。于是，汪精卫集团代表高宗武、梅思平与日本代表影佐桢昭、今井武夫在上海举行秘密谈判，签订《日华协议记录》，议定：缔结反共协定；中方承认"满洲国"，日方于恢复和平两年内撤兵（内蒙古等地除外）；日本享有开发中国资源的优先权等条款。1938年12月18日，汪精卫偕曾仲鸣、周佛海等逃离重庆。到越南河内后，发表降敌"艳电"。1939年4月，由日本特务秘密护送汪精卫等进入上海，着手组织伪中央政府。

经策划，北平、南京两地伪政权取消，于1940年3月30日在南京正式成立伪"中华民国国民政府"。沿用青天白日满地红的旗帜为"国旗"，另加三角布片，上书"和平反共建国"字样。权力机构仍用国民政府的组织形式，汪伪"国民政府"一度遥奉重庆国府主席林森为（名义上的）主席，汪精卫任行政院院长兼代主席。立法院院长陈公博、司法院院长温宗尧、监察院院长梁鸿志、考试院院长王揖唐、财政部长兼中央政治委员会秘书长周佛海等。同时，华北的临时政府改名为华北政务委员会，委员长王克敏。名义上是汪精卫政府的下属，实际仍由日本华北方面军控制。

伪军长官为：苏浙皖三省绥靖军总司令任援道、华北绥靖军总司令齐燮元。

汪伪政府的管辖区包括南京、上海两市，江苏、浙江、安徽等省大部和湖北、湖南、江西、山东、河南等省小部分。

1945年8月15日，日本政府宣布无条件投降，八年抗战终于胜利。16日，伪国民政府宣告解散。以陈公博、褚民谊为首的一批汉奸头目先后被审判后处决。

卖国贼汉奸群体的构成情况

从法律上说来，哪些人属于必须惩办的汉奸呢？

根据国民政府 1945 年 11 月 23 日颁布的《处理汉奸案件案例》的规定："对于左列人员，视为汉奸，应厉行检举：

（一）曾任伪组织简任职以上公务员，或荐任职之机关首长者（汪伪政府官员分为选任、特任、简任、荐任、委任五级）。

（二）曾任伪组织特务工作者。

（三）曾任前两款以外之伪组织文武职公务员，凭借敌伪势力，侵害他人，经告诉或告发者。

（四）曾在敌人之军事、政治、特务或其他机关工作者。

（五）曾任伪组织所属专科以上学校之校长或重要职务者。

（六）曾任伪组织所属金融或实业机关首长或重要职务者。

（七）曾在伪组织管辖范围内，任报馆、通讯社、杂志社、书局、出版社社长、编辑、主笔或经理，为敌伪宣传者。

（八）曾在伪组织管辖范围内，主持电影制片、广播台、文化团体，为敌伪宣传者。

（九）曾在伪组织新民会、协和会、伪参政会议类似机关参与重要工作者。

（十）敌伪管辖范围内之文化、金融、实业、自由职业、自治或社会团体人员，凭借敌伪势力，侵害他人，经告诉或告发者。"

（引自《国民政府公报》，渝字第九一四号）

政客、门客、食客

历来的汉奸，基本类型可称为"三客"，就是"政客、门客、食客"类型的某些知识分子。他们也多少有一点知识，但他们所有的那点知识，不过是用来牟取个人和个人归属的小集团的私利。他们并不在乎自己的主子是谁，而只在乎自己的私利。要说他们没有信仰或理念也不妥当；有是有的，他们可以说有"曲线救国"的理念，有"大东亚共荣圈"的信仰。

在这些所谓的知识分子心目中，祖国和人民的利益，不过是冠冕堂皇的幌子，包装（掩饰）卑劣私利的招牌。他们内心深处，只有他们自己和他们归属的利益小集团的私利，构成他们信仰理念的核心。

大汉奸都是"政客"——执掌大权的政治家、党国政要；中等汉奸是"门客"——帮忙帮闲的门生、幕僚、谋士、助手；低级小汉奸则是"食客"——混口饭吃的随从跟班、流氓打手。

我们可以从冀东防共自治政府民政厅的主要组织成员看出，（注：南开大学历史系 唐山档案馆合编：《冀东日伪政权》，档案出版社 1992 年版，第57—58页）伪官吏也都可以算作"知识分子"，受过中等以上教育，因为这些部门的职责需要具有一定文化的人才能胜任。

这些伪组织官吏、公务员、高等学校的领导、伪金融、新闻和文化机关的办事者及新民会、参政会的工作人员中，知识分子占有相当大的比例。

为什么这些人会走上汉奸之路？

根据汉奸的知识背景，当汉奸的知识分子大概可以分为四部分：

(1) 受过中等以上教育的北洋政府余孽，如：王揖唐，曾在军阀段祺瑞手下任职；齐燮元，原为直系军阀；张景惠，原为奉系军阀；王克敏、梁鸿志、汤尔和、傅筱庵等，曾为北洋政府官僚。

(2) 曾是留日学生中的败类，如：汪精卫，1903年官费赴日本留学，殷汝耕，留学日本，并通过日籍妻子与日本军政界联系；章宗祥，早年留学日本东京帝国大学，陈璧君、周佛海、褚民谊、周作人、王酉亭、钱稻孙、张资平等，都曾赴日本留学。

(3) 在国民党内追随汪精卫的党棍、官吏。我对于抗战时期投敌的国民政府高级文官做了一个统计，结果表明：在汪伪政权中担任高级官职的绝大部分是原国民党内反对蒋介石的派系（"改组派"和"CC派"等）成员。其中，属于"改组派"的有陈公博等24人，属于"CC派"的有周佛海等20人，其他如"西山会议派"、"三青团"的人数不多。

(4) 其他少数丧失民族气节而卖身投靠敌伪的知识分子，如钱稻孙、张资平、胡兰成之类的门客、食客。

汪伪汉奸的派系

主要名单如下：

改组派[①]

汪伪国民政府主席汪精卫（原国民党副总裁、中央委员）

汪伪立法院长陈公博（原实业部长、中央委员）

汪伪外交部长褚民谊（原行政院秘书、中央监察委员）

汪伪中央委员陈璧君（原中央监察委员）

汪伪中央监察委员曾醒（原中央党部妇女部部长）

汪伪中央委员陈孚木（原交通部政务次长、候补中央委员）

汪伪教育部长李圣五（原外交专门委员会委员）

汪伪建设部长陈君慧（原财政专门委员会委员）

汪伪宣传部长林柏生（原立法院委员）

汪伪宣传部政务次长汤良礼（原外交专门委员会委员）

汪伪广东省长陈耀祖（原铁道部财务司长）
汪伪考试委员会委员长焦莹（原铁道部官员）
汪伪中央组织部长陈春圃（原侨务委员会委员）
汪伪驻日大使蔡培（原交通部航政司长）
汪伪陆军经理总监何炳贤（原实业部国际贸易局长）
汪伪宣传部副部长朱朴（原实业部农村财政整理委员）
汪伪天津市长周迪平（原津浦铁路局局长）
汪伪北平市长许修直（原内政部次长）
汪伪淮海省秘书长戈定远（原行政院秘书冀察政务委员会委员）
汪伪财政部办事处主任梅哲之（原实业部总务司司长）
汪伪特别法庭庭长乔万选（原内政部统计司司长）
汪伪上海第一区行政督察专员周化人（原津浦铁路副局长）
汪伪工商部次长汤澄波（原实业部主任秘书长）
汪伪中央执行委员金家凤（原国防最高委员会专任委员）

CC 派②

汪伪行政院副院长周佛海（原宣传部长、中央委员）
汪伪军委会委员缪斌（原江苏省民政厅长、候补中央委员）
汪伪安徽省省长罗君强（原侍从室秘书）
汪伪实业部长梅思平（原国民政府法制委员会委员）
汪伪南京市长周学昌（原陕西省教育厅长）
汪伪中央委员蔡洪田（原上海特别市党部秘书长）
汪伪监察委员刘云（原苏州反省院院长）
汪伪中央执行委员吴颂皋（原外交部国际司司长）
汪伪行政院清乡事务局长汪曼云（原上海市党部委员）
汪伪中央委员黄香谷（原上海特别市党部宣传科主任）
刘坦公（原上海特别市党部委员）
汪伪苏北绥靖公署参谋长张北生（原江苏省党部委员）
汪伪储备银行总务处长石顺渊（原江苏省党部执行委员）
汪伪清乡委员会少将专员崔步武（原江苏省党部组织委员）
汪伪军事委员会苏北行营秘书长掌牧民（原江苏省政府参议）
汪伪组织部副部长戴英夫（原江苏省农矿厅厅长）
汪伪文官长徐天深（原行政院参议）
汪伪首都高等法院院长陈福民（原安徽省高等法院院长）

汪伪江苏省政府委员董修甲（原江苏省政府财政厅长）
汪伪中央执行委员邹静芳（原湖南省党部指导委员）
　　这些知识分子之所以沦为汉奸，是因为他们在经济上受生活资源垄断者日寇的支配，并使他们丧失民族气节、突破了"以卖国为耻"的道德底线，造成了对于日本帝国主义的精神屈从和政治依附，为荣华富贵而叛变投敌。

---

①国民党改组派，指南京国民政府初期，政府内部的主要反对派。1928年下半年成立于上海。主要发起人为陈公博、顾孟余等。全称"中国国民党改组同志会"，简称"改组派"。

历史起源：1927年"四·一二"政变与"七·一五"政变后，国民党内各派之间的权利之争更加激烈，其中以蒋介石集团与汪精卫集团的矛盾最为尖锐。1928年国民党二届四中全会后，汪精卫集团在争夺南京国民政府最高统治权的斗争中遭到失败。同年五六月，陈公博、顾孟余在上海创办《革命评论》、《前进》杂志，以资产阶级改良主义为号召，声称要"集合革命同志"，重新制订纲领，改组国民党。随后即在上海成立中国国民党改组同志会总部，奉汪精卫为领袖，以陈公博为总负责人（陈赴巴黎后，由王乐平继任），标榜"恢复民国十三年改组国民党的精神"，实际上是企图通过改组国民党，与蒋介石争夺党权和政权。其地方支部遍布南京、上海、北平（今北京）、天津、江苏、安徽、浙江、江西等17个省市及法国、日本、越南、香港等国家和地区，会员达一万余人。改组派成立后，首先发动了反对蒋介石包办国民党第三次全国代表大会的政治攻势，接着又先后策动张发奎和唐生智、石友三在湖北宜昌和河南郑州、江苏浦口起兵讨蒋，但均告失败。为了策应阎锡山、冯玉祥、李宗仁等人的联合反蒋战争，1930年8~9月，汪精卫还在北平主持召开了国民党中央党部扩大会议，宣布成立新的国民政府，后因军事失败而瓦解。此后，改组派作为一个政治组织，于1931年初被汪精卫宣布解散；但作为政治派别，仍参加了同年5月在广州召开的国民党中央执监委员非常会议，与南京国民政府对立，直到"九·一八"事变后蒋汪再次合作才彻底瓦解。

②CC派系于1927年6月正式成立，有上万成员，其中大多为国民党中低层干部。英国人和日本人均把CC派的机构与法西斯蓝衣社相提并论。

北洋军阀中也有宁死不当汉奸的

20 世纪 30 年代，日本人侵入中国。他们也许从中国"以夷制夷"的策略上受到启发，对中国要"以华制华"。北洋的军阀头目，便成了他们争取的主要对象。

前中华民国大总统徐世昌

如今徐世昌的名字罕为人知了，但他在 1919 年五四时期却是中华民国大总统（第二届第五任）。"七七"事变后，前大总统徐世昌滞留天津租界，亲日派不断来游说他。大汉奸王克敏曾以师生之谊前来拜会，企图拖徐世昌下水。徐闭门不见，并向人表示"我没有这样的门生"。大汉奸曹汝霖也来充当说客，曹汝霖巧言令色："南京亲英美派当权，支持英美压制日本，使日本在华利益受到损失，日本不得已才出兵与中国打仗。总统若能出山，与日本签订亲善条约，他们就可以撤兵。"徐以年老体弱为借口加以拒绝，等曹一走他便对门房说："今后此人再来，就说我不在家。"

1938 年日军师团长板垣和特务机关长土肥原约徐世昌定期会面。徐世昌托病未见。日方不死心，又派徐世昌的两个门生章梫和金梁来游说。姓金的劝老师不要失掉千载难逢的机会，徐以年老多病委婉推辞，但章、金二人反复劝说不止。徐世昌终于大怒道："你们太浑了！"金梁反唇相讥："老师您才浑哪！"徐世昌闻金出言不逊，不禁潸然泪下，伤心地说："没想到我一大把年纪了，还碰到这么一场。"说罢拂袖上楼。后来，徐世昌练气功不得法，热结于膀胱，患了炎症，须到北京动手术。他认为自己一出租界，必被日本人所劫留，于是放弃治疗，从容而逝。逝前曾有客来访，云及抗战前途，他不答，但手指壁上"晚晴簃"横幅而已，盖以"晚晴"象征抗战之必然胜利也。

皖系军阀、前总理段祺瑞

段祺瑞因 1926 年制造"三·一八"惨案而受到公众声讨。"九·一八"事变后被日本军方列入了"合作者"的花名册。日本人巴望着曾是中国头面人物的老段出面组织华北的伪政权。为了不让一位有影响的前国家领导人为敌寇所挟，蒋介石写亲笔信，恳请"芝泉老"南下。当 69 岁的段祺瑞抵达南京浦口时，不仅在京的少将以上军人集体过江迎接，蒋介石本人也亲自到码头恭候。享受如此待遇的段祺瑞，当即对记者发表了对时局的书面讲话："当此共赴国难之际，政府既有整个御侮方针和办法，无论朝野，皆应一致起为后援。瑞虽衰年，亦当勉从国人之后。"后来他从南京移居上海，有记者登门采访，他铿锵作答："日本横暴行为，已到情不能感理不可喻之地步。我国唯有上下一心一德努力自救。语云：'求人不如求己。全国积极备战，合力应付，则虽有十个日本，何足畏哉？"

直系军阀、"贿选总统"曹锟

曹锟在历史上名声不好，为了当总统，不惜以银圆贿赂选举者，留下了"贿选总统"的恶名。1937年卢沟桥事变后，华北沦陷。曹锟的老部下纷纷落水，出任汉奸政权要职。

日酋土肥原贤二极力拉拢前大总统曹锟，想以他为首成立傀儡政府。曹锟身负贿选总统之耻，国难当前却大节不亏，年迈的曹锟在刘夫人劝导下，立誓："我就是每天喝粥，也不会为日本人做事！"日本人碰壁后，派出已担任伪"华北治安军"总司令的齐燮元前来叩门，曹锟夫妇让家人把他关在门外。接着伪河北省省长高凌蔚又奉日寇之命来访，曹锟一见，脸色陡变，大声吼道："你给我滚出去，以后不许你登曹家的门！"吓得高凌蔚浑身哆嗦，被几个侍从架着慌忙溜走。

当曹锟听说台儿庄大捷的消息时，兴奋溢于言表，连说："我就不信，我们还打不过那小日本！"但随着战事不利，他不久便郁郁而逝。

直系军阀、总司令吴佩孚

吴佩孚一生誓不当汉奸卖国贼。直皖战争前，吴佩孚通电："自古中国严外国之防，罪莫大于卖国，丑莫重于媚外。佩孚等束发受书，尝闻大义，誓不与石敬瑭、张邦昌、刘豫、吴三桂共戴一天。宁饮弹而瞑目，不为外奴以后亡。佩孚等虽死之日，犹生之年。"

自1931年"九·一八事变"以来，日寇为加快侵略中国的步伐，招降纳叛、收买汉奸。当时下野的直系军阀吴佩孚，作为继袁世凯、段祺瑞之后的北洋军阀中心人物，成为日本特务注目的焦点。日寇在北平设立大伯机关、在汉口设立竹机关，对吴佩孚进行策反活动。吴佩孚势败后，避居四川依附杨森。某日，有日舰司令荒城二郎来访，愿贷款百万，赠械十万，助吴再起。吴佩孚立即逐客，说："我曾有枪何止十万，有钱何止百万，尚且一败涂地，可见成败之机不在此处。若我果举外债，果引外援，何必今日。君子有所为有所不为，国事国人自了，盛意所不敢承。"（一说：日本特务头子荒木代表日方表示：愿奉送"步枪十万支、机枪二千挺、大炮五百门，子弹若干，此外并助款百万"，扶助吴佩孚东山再起。但是吴佩孚深恶痛绝日本的侵略，拒而不受。）

1931年秋，吴佩孚应张学良以子侄身份的邀请定居北平，住在张学良赠送的东四什锦花园胡同的大宅院，每月接受张学良的 4000 银圆馈赠。就在张学良到北平火车站迎接他时，他质问张学良"九·一八事变"为何不抵抗？1932 年春，吴佩孚又通电揭露伪满洲国成立的本质："伪称满洲独立国，实际为日本附庸，阳辞占领之名，阴行掠夺之实。"

1935 年日本策动华北自治运动，欲请吴佩孚出山，许为北平维持会长。佩孚怫然变色道："自治者，自乱也。自治者，人治也。勿复多言。"

"七七"事变后，日酋土肥原欲请佩孚主持傀儡政府。吴便召见记者说："惟平乃能和，和必基于平。中日和平，先决条件有三：一曰日本无条件自华北撤兵，二曰中华民国应保持领土和主权之完整，三曰日本应以重庆为全面议和交涉对手。"自此以后不再出面，但也不搬家。各方如簧之舌前来说项，佩孚皆不置一言。1937 年 11 月得知南京大屠杀的消息后，为表示抗议，他整整绝食一天。

董必武在《日本企图搬新傀儡》一文对吴佩孚作了中肯的评价：作为军阀，吴佩孚"有两点却和其他的军阀截然不同。第一，他生平崇拜我国历史上伟大的人物关羽、岳飞，他在失败时，也不出洋媚外联络，不居租界投靠列强。第二，吴氏做官数十年，统治过几省的地盘，带领过几十万的大兵，他没有私蓄，也没置田产，有清廉名，比较他同时的那些军阀腰缠千百万，总算难能可贵"。

日寇占领华北以后，吴佩孚晚年幽居北平，来访者仍络绎不绝，吴拒见日本人。1939 年 2 月汪精卫也曾写信劝降，吴回复道："公离重庆，失所凭依，如虎出山入柙，无谋和之价值。果能再回重庆，通电往来可也。"

1939 年 12 月 4 日，戎马半生的吴佩孚因牙疾复发、高烧不退，请日本牙医看病后猝死。人们普遍认为吴佩孚死得蹊跷，但由于缺乏资料佐证，吴佩孚是自然病故还是被日本人谋害至今仍是个谜。

1945 年抗战胜利后，为表彰吴佩孚晚节可嘉，国民政府追赠他为陆军一级上将。

被钉在历史耻辱柱上的大汉奸

头号大汉奸　汪精卫

汪精卫（1883—1944）原名汪兆铭，字季新，号精卫，广东番禺人。原中国国民党副总裁，亲日派首领。

1903 年官费赴日本留学。1905 年参与组建同盟会。妻陈璧君。追随孙中山, 深受器重。1924年1月, 中国国民党第一次全国代表大会召开, 汪被选为中央执行委员兼宣传部长。1925年3月孙病危, 汪代为起草遗嘱。孙中山病逝后, 广东政府于1925年7月改组, 汪被举为国民政府常务委员会主席兼军事委员会主席。1928年11月, 陈公博等在上海成立改组派, 汪被举为首领。1930年汪联合冯玉祥、阎锡山、李宗仁共同反蒋。失败后, 潜逃香港。1931年, 汪纠合各派反蒋势力, 在广东另立国民政府。"九·一八"事变后, 全国人民一致要求各党派共同抗日。蒋、汪再次合作。1935年汪被刺受重伤。1936年西安事变, 蒋回南京后, 汪出任国民党政治委员会主席。1937年7月抗日战争爆发, 汪被举为国防最高会议副主席、国民党副总裁、国民参政会议长, 党、政权势仅次于蒋介石。12月潜逃越南, 发表唁电, 公开投降日本。1939年5月, 汪精卫等赴日, 回国后于8月在上海秘密召开伪国民党第六次代表大会, 宣布"反共睦邻"的基本政策。12月, 与日本签订《日华新关系调整纲要》, 以出卖国家的领土主权为代价, 换取日本对其成立伪政权的支持。1940年3月20日, 在日本扶持下, 汪精卫在南京组建傀儡政权, 取消了华北的王克敏和长江下游的梁鸿志的伪政府, 汪成了日寇在华的第一走狗。汪精卫任伪行政院长兼国府主席、中央政治委员会最高国防会议主席。1943年5月31日, 汪精卫以"中华民国政府"首脑的名义, 参加了由日本主导的"大东亚会议"。同年底, 汪精卫健康急剧恶化, 不得已于1944年3月赴日治疗, 11月10日病死在日本名古屋帝国大学医院。1946年1月21日, 国民党政府陆军总司令何应钦派工兵将汪坟炸毁, 并将其尸体火化, 坟址被夷为平地。

二号大汉奸　陈公博

陈公博 (1892—1946), 广东南海人。汪伪政权的第二号人物。

早年就读于北京大学。1920年任广东《群报》总编辑。1921年春参与组织广州共产主义小组, 同年7月参加中国共产党第一次全国代表大会。1923年因投靠军阀陈炯明而被开除党籍。同年2月去美国哥伦比亚大学读书。1925年回国任广东大学教授, 代理校长, 曾任国民政府军事委员会政治训练部主任、广东省农工厅厅长、国民党中央农民部部长。当选为国民党第二届中央执行委员、国民革命军总司令部政务局长, 1927年被选为国民党中央常务委员, 并任工人部部长。随同汪精卫发动"七·一五"政变。1928年与汪精卫组织"中国国民党改组同志会", 主编《革命评论》。1931年蒋汪合流后, 任国民党中央执行委员、中央政治会议委员和国民党政府实业部部长。抗日战争爆发后, 任国民党中央民众训练部部长、军委会第五部部长、11省党部主任委员等职。1938年随汪精卫叛国投敌。1939年, 在香港写成《苦笑录》一书。

陈公博是个悲剧人物,他是明知不可为而为之,曾为了不当汉奸躲了半年,还是被陈璧君给抓了出来,算是为了报答汪精卫的知己之情。陈公博没有什么亲信,也不抓权,他是汪伪中的异类。

1943年,汪伪政权任命陈公博为访日"特使",到日本东京表示:"深愿竭其人力物力贡献于大东亚战争,但求能与贵国携手迈进,并肩作战,无论任何牺牲所不能辞。"在汪伪政府历任立法院院长、军事委员会常务委员、政治训练部部长、上海市市长兼上海市保安司令、清乡委员会委员长。1944年汪精卫死后,12月,陈公博任伪国民政府主席、军事委员会委员长、行政院院长,集大权于一身。1945年8月25日陈公博夫妇等人乘飞机逃往日本。10月3日被中国政府引渡回南京,关押在老虎桥监狱。1946年2月,陈公博与陈璧君、褚民谊等三人被押往苏州狮子桥监狱关押。1946年6月8日枪决。

三号大汉奸　周佛海

周佛海(1897—1948),湖南沅陵人。早年留学日本。1921年7月参加中国共产党第一次全国代表大会。会后回日本求学,毕业于京都帝国大学。1924年脱离共产党,加入国民党。1926年北伐军攻占武汉后,任中央军事政治学校秘书长兼政治部主任。1929年后,历任江苏省政府委员兼教育厅长、国民党中央党部民众训练部长、宣传部长等职。1938年底,随汪精卫投敌。1940年后,历任汪伪政府警政部长、行政院副院长兼财政部长、上海市长等职。是该政权的第三号人物。

1944年3月,汪精卫去日本治病期间,周佛海代行伪行政院长一职。8月初,汪病情恶化,周佛海应日本政府之召抵达名古屋探视汪,并与陈璧君商谈人事调整问题。后又抵东京,分别与日本首相、海相、陆相、军令部长、参谋总长等人密谋,讨论对重庆国民政府的诱降以及汪死后的人事安排等问题。汪精卫病死后,周佛海出任伪军事委员会副委员长。

抗战胜利前夕,周佛海暗中与国民党联络,寻找后路。抗战胜利后,周佛海一度被蒋介石任命为军事委员会京沪杭行动总指挥,后改任"总司令",负责维护京沪一带的治安和秩序,等待重庆国民党军队到来。他向蒋介石表示:"与其死在共产党之手,宁愿死于主席跟前。"

1945年9月30日,国民政府下令逮捕周佛海,不久,将周佛海押送重庆,1946年9月又押到南京。10月21日,南京高等法院第一法庭对周佛海公审。11月7日,法庭以"通谋敌国、图谋反抗本国"罪行,判处周佛海死刑。被送往南京老虎桥监狱。1947年3月,蒋介石发布特赦令,以"响应反正"、"戴罪图功"、"以观后效"为由,将周佛海"减为无期徒刑"。在狱中受到特别优待。1948年2月28日，周佛海因心脏病发作死于南京监狱。

四号大汉奸 褚民谊

褚民谊（1884—1946），浙江省吴兴县人，曾赴日本留学，在法国获得医学博士。在此期间，他结识了汪精卫、陈璧君，并由汪陈做媒，同陈璧君母亲的养女陈舜贞结婚，成了汪精卫的连襟。抗日战争爆发后，汪精卫一到上海，就立即召见褚民谊，让他谈对"和平"运动的看法。他参加了汪精卫一伙的"和平"运动，积极与日本勾结，进行卖国活动。1939年8月底，在汪精卫召开的伪国民党"六大"上，褚民谊任大会主席团副主席，被推为中央监察委员会常委。随后，在伪国民党六届一中全会上，褚民谊任秘书长，成为汪伪国民党的"总管家"。当时，人们对汪陈夫妇手下的汉奸，以"陈公博的嘴，周佛海的笔，褚民谊的腿"并称。日本投降后，褚民谊与陈璧君等被软禁在广州。后又被押送南京宁海路25号看守所。1946年被关入江苏高等法院第三监狱。同年3月21日，南京高等法院审判褚民谊，以汉奸罪判处死刑。同年8月23日，褚民谊在苏州狮子口监狱被执行枪决。

大汉奸 任援道

任援道（1890—1980）早年毕业于河北保定军官学校，参加过辛亥革命，和汪精卫一样，曾经也是革命青年。1939年6月19日，任援道参加汪精卫、梁鸿志的上海会谈，会后发表声明，支持汪精卫组建伪政府。8月25日，汪精卫在上海秘密召开伪国民党第六次代表大会，有240人参加，组织起伪国民党中央党部。任援道被指定为伪国民党"中央委员"。后随日本顾问原田永吉到青岛，参加"汪（精卫）、梁（鸿志）、王（揖唐）青岛会谈"，结束后组成汪伪国民政府筹备委员会，任援道出任委员，并担任"警卫组长"。1940年1月29日，伪维新政府宣布解散，不久，汪伪汉奸政府在南京登场，任援道从"维新政府"要员一变成为汪伪政府中的巨奸。3月31日，任援道被任命为苏浙皖三省绥靖军总司令。不久，组建绥靖军军官学校，自任校长，培植亲信。任援道在汪伪政权中先后任伪职有13项之多，几乎兼全了汪伪政权各重要委员会的委员，如汪伪国民党中委、汪伪中央政治委员、汪伪最高国防会议委员等，主要实职有：伪第一方面军总司令，伪军事参议院副院长、代院长，伪海军部部长，伪江苏省省长，伪苏州绥靖主任公署主任，伪江苏省保安司令，伪上海市市长。抗战后期，他看到国际国内形势有所变化，便暗中与第三战区司令长官顾祝同联系。抗战胜利前夕，他率军归顺重庆政府。日本投降后，任援道深知自己罪孽深重，便以200根金条贿赂有关方面，举家逃到香港，侥幸逃脱了人民的惩罚。1949年，人民解放军饮马深圳河，任援道吓得魂飞魄散，感到香港也难以立足，又远飞加拿大定居。1980年死于异国他乡,结束了罪恶的一生。

大汉奸　王克敏

王克敏（1879—1945），浙江杭州人，字叔鲁。1937年日本扶植的傀儡政权"中华民国临时政府（北京）"的首脑之一。

曾经中举人；1900年以清国留学生监督的名义到日本，并担任清国驻日大使馆参赞。中华民国成立之后，1917年王克敏曾在直系段祺瑞执政期间任中国银行总裁，三度任财政部长；1927年蒋介石北伐成功后通缉王克敏，王逃往大连。1931年，王克敏在张学良支持之下出任北平财政处理委员会副委员长，1935年任国民党冀察政务委员会委员，并在东北政务委员会、北平政务委员会担任要职。1937年12月14日任日寇扶植的傀儡政权"中华民国临时政府（北京）"行政委员长；1940年3月中华民国临时政府（北京）与中华民国维新政府并入汪精卫的南京国民政府之后，王克敏改出任华北政务委员会委员长。名义上王克敏归汪精卫管辖，事实上自成体系。后来王克敏又出任南京国民政府的内务总署督办、中央政治委员等。抗战结束后，王克敏被重庆国民政府以汉奸罪名逮捕，1945年12月26日于狱中自杀身亡。

大汉奸　梁鸿志

梁鸿志（1882—1946）福建长乐人。伪"中华民国维新政府"行政院长。早年中举人。1905年入京师大学堂。毕业后任山东登莱高胶道尹公署科长、奉天优级师范学堂教员。

1912年中华民国成立后，任职北京国务院，曾兼《亚细亚日报》编辑。袁世凯死后投靠段祺瑞，先后任法制局参事、京畿卫戍司令部秘书处长、肃政史、安福国会参议院秘书长，成为安福系骨干分子。1920年皖系（段祺瑞）战败后，被列为十大祸首之一遭通缉，避居天津。1925年段祺瑞重掌北京政府后，任执政府秘书长。段倒台后，先后闲居天津、大连、上海、杭州。1937年"七七"事变后，在日本侵略者的策动下，组织维持会，卖国投敌。

1938年3月在南京成立伪中华民国维持政府，任"行政院院长"兼交通部长，管辖苏、浙、皖三省的敌占区和宁、沪两个特别市。为了向日本主子献媚和自身的挥霍，公开实施"烟、赌、娼"三大毒化政策。秋天，在日本操纵下北上大连，与伪华北临时政府头目王克敏、王揖唐等商议成立伪中华民国中央政府，任伪中华民国联合委员会委员。次年出任汉奸组织"大民会"总裁。

1940年3月汪精卫在南京成立伪中华民国国民政府后，解散伪维新政府，出任汪伪政府监察院院长。1944年底汪死后，改任伪立法院院长。1945年抗日战争胜利后，匿居苏州。10月2日被国民政府逮捕归案，押解上海。1946年6月21日以叛国罪被判处死刑，11月9日在上海提篮桥监狱被执行枪决。

大汉奸　丁默邨

丁默邨（1903—1946），湖南常德人，1903年生。早年曾加入中国共产党，后叛投国民党CC系，在上海文化界进行特务活动，主编《社会新闻》，并任江南学院院长。1934年丁升任国民政府军事委员会调查统计局第三处（邮电检查处）处长。抗战爆发后，他撤到武汉。1938年国民党调整中央各特务机构人事，丁默邨被调任军委会少将参议，兼武汉特别市政府参事、秘书长，因失去权势而心怀不满。1938年底，他受李士群策动，从昆明逃往上海日占区，与李士群等汉奸组成"七人委员会"，叛国投敌，并奉日寇之命，组建了七十六号特工总部，丁任主任，李士群任副主任。1939年8月汪精卫在上海召开伪国民党六全大会，丁默邨被指任为伪国民党中央常务委员、中央社会部长、中央特务委员会副主任兼特工总部主任，成为汪伪巨奸之一。因为丁默邨是国民党中统与军统的特务出身，对国民党的特务机构及规律十分熟悉，因而在指挥七十六号特工总部与重庆当局所辖之军统、中统斗法时，心辣手狠，屡屡给对方沉重打击。1941年，丁默村接受老领导陈立夫（当时的国民党教育部长）的策反，日寇崩溃前夕，丁默邨将浙西半片"剿匪"之后，国民党中央部队才顺利接收了浙江。蒋介石任命丁默邨为浙江军事专员。一个月后，将他与周佛海一同逮捕，先关押在重庆，次年押往南京。尽管当年被丁默邨营救的情报人员出庭作证说明丁默邨和重庆政府合作，尽管丁辩护自己为国民党接收浙江作出贡献，高等法院仍认定他的罪行不可饶恕而判处其死刑。

大汉奸　齐燮元

齐燮元（1879—1946），字抚万，直隶宁河县（今属天津市）人。光绪年间秀才，后考入保定陆军速成学堂。原为直系军阀，曾任北洋军第六镇参谋长。民国年间，所率部队屡战屡败，然而他们职务却由旅长累升为副司令。1924年与皖系军阀卢永祥发生江、浙战争，将卢击败，任苏皖赣巡阅使。1937年抗战爆发后投靠日寇，历任伪华北临时政府治安部总长、伪华北政务委员会总署督办等职，配合日寇"扫荡"残杀民众。1940年被南京汪伪政府任命为华北绥靖军总司令。1945年日本投降后被捕，他在军事法庭受审时，狡辩说："汪精卫是汉奸，因为他听日本人的；蒋介石是汉奸，因为他听美国人的。我齐燮元不是汉奸，因为我只听我自己的。"可谓至死不悟！1946年被处决于南京雨花台。

大汉奸　殷汝耕

殷汝耕（1885—1947），浙江省平阳人。早年留学日本，并通过日籍妻子与日本军政界取得了联系。1935年11月25日,殷汝耕在专员公署"冀东防共自治委员会"成立大会上自任"委员长"(后改为"冀东防共自治政府",殷汝耕任"主席"。)公开打出其叛国自治的旗号,成为伪满洲国之后第二个在日本帝国主义卵翼下的汉奸傀儡政权。抗日战争爆发后,驻通县的"冀东防共自治政府"所辖的保安队第一、第二总队官兵,在总队长张庆余、张砚田率领下,于同年7月28日反正,将驻通县城内的日本侵略军一个中队及特务机关人员等400多人全部歼灭,并活捉汉奸殷汝耕,收复通县。可惜,殷汝耕在押转途中被日寇劫走。之后,他失去利用价值,逐渐被日本人冷落。抗日战争胜利后,殷汝耕被捕受审,被判处死刑。1947年,在南京老虎桥监狱被处决。

大汉奸　王揖唐

王揖唐(1878—1948)本名赓,安徽合肥人。伪"华北政务委员会"委员长。

光绪三十年(1904年)末科殿试高中二甲第五名进士,后留学日本,并于东京振武学校研究军事。回国后曾在清廷兵部和徐世昌部任职,宣统元年(1909年)游历欧美。1912年后任大总统(袁世凯)的秘书、顾问,首届国会议员,段祺瑞内阁内务总长。1917年11月当选临时参议院议长,筹组安福俱乐部,并曾担任安福国会众议院议长。曹锟贿选总统时,王揖唐曾协助其买票。1919年南北议和时王揖唐出任北方总代表。1924年11月就任安徽省长。之后退出政坛。

1935年王揖唐出任冀东政务委员会委员,1937年出任王克敏的中华民国临时政府(北京)内政部长兼赈济部总长,1938年9月,伪华北临时政权和伪南京维新政权在北平成立"联合委员会",王揖唐任委员。后与汪精卫势力勾结,担任伪华北政务委员会委员长兼内务总署督办,成了华北汉奸的头号人物。

1945年第二次世界大战结束后以汉奸罪被起诉,1948年9月10日以"为敌宣传战功,叛国亲日,五次举行治安强化运动,供敌粮食、金钱及其他物资,增强敌人实力"等罪名于北平姚家井第一监狱被处以死刑。

大汉奸　罗君强

罗君强(1902—1970)湖南湘乡人,历任黄埔军校武汉分校政治部科员、南京中央陆军军官学校政治教官、蒋介石侍从室秘书、国民党军委会办公厅秘书处少将处长等。1939年投靠汪精卫,历任汪伪政权中央执委、司法行政部长、中央税警总团中将总团长、安徽省省长、上海市政府代理市长等。抗战胜利后,曾被国民政府任命为军委会上海行动总队副总指挥。后迫于全国舆论压力,国民政府将其逮捕,判处无期徒刑。新中国成立后,仍关押于上海监狱。1970年2月在上海监狱病逝。

大汉奸 梅思平

梅思平(1896—1946)抗日战争爆发后,梅思平曾上庐山参加蒋介石、汪精卫等人召开的谈话会,听到马君武等民主人士的"焦土抗战"呼声,颇不以为然。回南京便参加了以汪精卫、周佛海等为中心的"低调俱乐部",讥笑抗日是唱高调,还多次托人向蒋介石"进言和平"。1938年11月,梅思平与高宗武等潜入上海,与日本代表进行秘密会谈,经过几天讨价还价,达成所谓《日华协议记录及谅解事项》草案。主要内容有:汪精卫等表示参加"建设东亚新秩序",同意缔结日华防共协定。1938年12月18日,汪精卫一伙逃出重庆去河内。梅思平因其先锋作用,被视为首义分子,成为汪伪最高委员会成员。1939年,梅思平任伪国民党中央执委、常务委员、组织部长等职,地位仅次于周佛海,且是以周为首的实力派干将。1940年11月,梅思平参与同日本政府签订《中日基本关系条约》。抗战胜利后,梅思平被捕,关押在南京宁海路25号临时看守所内,后被送进老虎桥监狱。1946年5月,南京高等法院第一庭公审梅思平。梅百般狡辩,拒不认罪。5月9日,高等法院判处其死刑。他是汪伪政权中在南京受审的第一人。9月14日,梅思平在南京被枪决。

大汉奸 张景惠

张景惠(1871—1957)字叙五。生于辽宁台安县农民家庭。青年时随其父卖豆腐为生。善于交友,常出入赌场。中日甲午战争后,清朝统治在东北陷于瘫痪状态,各地草泽枭雄,一时乘机而起。张景惠也拉起大排,由商务会长出面,在八角台镇成立自卫团,自任团练长,为本镇的商号富户看家护院。1902年,随张作霖决定投奔清廷接受改编。为张作霖的结拜兄弟。1903年任奉天巡防营帮带。1906年任骑兵营管带。1910年,张作霖指示张景惠、汤玉麟、张作相等人以现任管带身份进入奉天讲武堂。民国初年,张作霖任27师师长时,张景惠任团长。1920年9月,北京政府任命张景惠为察哈尔都统兼陆军16师师长。1928年底,张学良任用他为东省特别区长官。因与张学良相悖,遂在东北易帜后,到南京任军事参议院院长之职。

1931年"九·一八"事变后,公开投敌,先后任伪参议府议长兼东省特别行政区长官、伪军政部总长、伪满国务总理大臣等职,成为日本的最忠实走狗。1945年"八·一五"光复,被苏军逮捕,关押于抚顺战犯管理所。1957年死于战犯管理所。终年86岁。

大汉奸 章宗祥

章宗祥(1879—1962),字仲和,籍贯浙江吴兴。早年留学日本东京帝国大学,回国后在清政府民政部任职。1912 年任袁世凯总统府秘书。1914 年任司法总长。1916 年任驻日公使,与当时的交通总长曹汝霖、前驻日公使陆宗舆勾结,在段祺瑞指使下,出卖国家主权,向日大量借款,激起全国人民愤怒。1919 年五四运动爆发,在全国人民的强烈抗议下,北洋军阀政府被迫将曹、章、陆等免职。1920 年任中日合办的中华汇业银行总经理。1925 年任北京通商银行总经理。1928 年后,寓居青岛。1942 年任伪华北政务委员会谘询委员。抗日战争胜利后迁居上海,1962 年去世。

早逝的汉奸　汤尔和

汤尔和(1878—1940),原名调鼎,杭州人,政界人物。早年曾在杭州府中学堂就读师范,1902 年协助其师在沪创办《新世界报》。留学日本,毕业于金泽医专,其间被推为拒俄义勇队临时议长,加入同盟会。又游德,获柏林大学医学博士学位。归国后任两级师范校医、北京医专校长。1922 年后,历任教育总长、内务总长、财政总长。"七七"事变后投向日伪,任"议政委员会"委员长等职。译著有《生物学精义》、《近世妇人科学》、《诊断学》等。其去世后,周作人在其悼念会上致辞,表示深切哀悼。

早逝的汉奸　傅筱庵

傅筱庵(1872—1940),名宗耀,字筱庵,以字行,镇海县城人。早年从商,在上海做投机生意。1916 年,与严子均、虞洽卿等创办祥大源五金号,任总经理。继充美商美兴洋行、英商长利洋行买办,控制上海五金市场。后依附袁世凯及北洋军阀。历任北京政府国务院高等顾问、财政部驻沪特派员、中国银行监理官、上海造币厂和中国烟酒公卖局监督、上海总商会会长等。1927 年,调用招商局 9 艘商轮,为孙传芳运送部队及军用品,尚输饷 200 万元,以阻北伐军。当北伐军将进上海时,遣人表示欢迎,又在孙传芳逃离时亲往送别。"四·一二"反革命政变时,以上海总商会名义通电"竭诚拥护"。是年,以支持孙传芳罪遭南京国民政府通缉,后逃至大连受日本庇护,潜居 3 年。

1931 年"九·一八"事变后,通缉令撤销,重返上海,复任中国通商银行总经理、董事长,充任美国钞票公司买办、英商耶松船坞及机器制造厂董事等职。上海沦陷后,于 1938 年 1 月附逆投敌,出任伪上海特别市市长。10 月,镇海万余人集会声讨,次年七七抗战纪念日复集会声讨,捣毁其大门。1940 年 10 月 11 日凌晨,国民党军统局策动跟随他数十年的亲仆朱升源,趁其宴游回来倦睡之际,用菜刀砍毙。

女汉奸　陈璧君

汪伪政权除上述十几位骨干汉奸外,还有一位特殊的女汉奸,她就是汪精卫的妻子和政治帮凶陈璧君。

陈璧君（1891—1959）广东新会人，生于马来亚槟榔屿乔治市（今槟城），原本是南洋华侨富商之女。清光绪三十三年（1907年）在槟城与汪精卫相识，遂入同盟会。宣统元年（1909年）追随汪去日本留学。二年，随汪回北京执行暗杀摄政王的秘密使命，在铁窗内结成"患难姻缘"。1912年5月，与汪精卫正式结婚。1924年国民党第一次全国代表大会上被选为中央监察委员。

陈璧君生性爱出风头，派头不小，脾气也大。汪精卫的"政事"，没有她的出面干预，常常办不成。汪精卫白天在会上决定的事情，圈内人都知道这不能作数。晚上回到家中，汪夫人一反对，第二天开会再议，汪保准把昨天的决议推翻。而且陈璧君生性泼辣，人称"雷山老母"。

1938年随汪精卫公开投降日本。汪伪政权期间任中央监察委员会常委、中央政治委员会委员，她夫唱妇随，成为汪伪政权的"第一夫人"。

陈璧君政治上有坚定立场，就是拥戴汪精卫反对蒋介石，以至狂热不择手段。为了反蒋拥汪去投靠日本，别的事情她根本不在乎。

日本投降后，陈璧君被国民政府诱捕入狱。1946年在法庭上，她竟然恬不知耻地大呼小叫，百般为自己开脱，把自己的叛变投敌说成是曲线救国，并在庭审中利用人们对蒋介石的不满大骂蒋。虽然她在法庭上痛骂蒋介石赢得了一部分人的喝彩，但却不能因此减轻她自己叛国投敌的罪行。终被以叛国罪判处无期徒刑，终身监禁。1949年5月，由苏州监狱遣送上海提篮桥监狱继续关押，1959年6月17日病死于上海提篮桥监狱医院。

文化人里面的汉奸食客，大小喽啰，可以举出南北几个代表：周作人、钱稻孙、张资平、胡兰成。

钱稻孙

钱稻孙（1887—1966），浙江吴兴人，1900年随外交官父亲到日本，完成中学学业后，随家到比利时，在当地接受法语教育，后到意大利，在罗马的意大利国立大学完成本科学业。

1910年回中国，1912年中华民国建国后，到教育部工作，1915年升视学（督学），与当时同在教育部工作的鲁迅、许寿裳交往密切，1921年，他发表译作《神曲一脔》，用文言楚辞体裁，从意大利语原文译出《神曲》地狱篇的前5章。

1927年起在北京清华大学教日本语等课程，1931年起专任该校正教授，兼图书馆馆长。华北政务委员会成立后，他历任北京大学秘书长（1938年起，辅助职称"总监督"的首长汤尔和）、校长（1940年起，1942年到1

943 年兼农学院院长）。

张资平

张资平（1893—1959）字秉声，是 20 世纪 30 年代初我国红极一时的作家之一，他的作品有众多的读者。他是"创造社"中最多产的一位作家。

张资平是梅县人，他的文学生涯是在日本读书时开始的。那时，张资平学的是地质，郭沫若当初学医，郁达夫当初学经济，成仿吾当初学兵工，共同的文学兴趣使他们聚集在一起，策划筹建了现代文学史上最重要的文学社团之一"创造社"。1922 年他毕业于东京帝国大学理学部地质科，获取理学学士学位。

1924 年张资平和熊淑琴结婚，夫人是梅县泮坑熊屋人，毕业于广益女子师范学校。回国他后先后在武昌师范大学、唐山交通大学、广西大学任教授，讲授《地理学》、《地质学》。1928 年，他曾受聘上海暨南大学文学教授，兼教大夏大学的《小说学》，还开书店出版刊物《乐群》（月刊）。数十年来坚持文学创作，他的小说好像工厂生产的产品。他由创作之日起 10 年之中，先后出版了 18 部长篇小说。张资平的作品反映"五四"时期青年男女对恋爱自由、婚姻自主的热烈追求，以及陈腐的封建伦理道德和金钱势力对他们的束缚。为应付出版商的约稿，据说他还雇请了几位穷大学生当助手。不久，他便在城郊建了一幢"望岁小农居"别墅，这是靠小说稿费建造起来的房子。张资平所写的都是恋爱小说，他的二十几部中长篇小说，都是描写恋爱的作品。由此，张资平成为公认的"恋爱小说家"。鲁迅概括张资平小说学的全部精华，是一个"△"。

张资平是个历史复杂和颇有争议的作家。他曾在伪日政权任职，是个汉奸。1945 年抗战胜利后他在文坛上消失了。1947 年 5 月，张资平因汉奸问题被国民党政府司法机关逮捕，后经交保获释。1948 年 4 月上海法院判处张资平有期徒刑一年零三个月，张资平不服上诉，经国民政府上海最高法院特种刑事庭裁决，撤销原判，发还上海高等法院重新审理。中华人民共和国成立后，张资平没有工作，有时翻译一些东西来维持生活，也再版过去翻译的作品，1952 年张资平找到当时上海市副市长潘汉年，潘曾是创造社成员，由潘介绍到上海市振民补习学校任地理教员，同时为商务印书馆编译、审订《化工大全》11 种。1955 年 6 月，因潘汉年的"反革命事件"，张资平为上海市公安局逮捕。在审查他的"汉奸文人"罪行后，1958 年 9 月上海市中级人民法院判处张资平有期徒刑 20 年。（洪子诚版《中国当代文学史（修订版）》最后的年表中则记述张 1952 年在"三反""五反"运动中被以"汉奸"罪判处有期徒刑 18 年）1959 年 7 月送安徽省公安厅，12 月 2 日病死在劳改农场。

抗战胜利后的经济形势

1945年8月中旬日本宣布投降以后，国民政府从"陪都"重庆迁回南京，中央银行接收敌占区的巨额敌伪物资，据国民党政府财政部统计，所接收的伪中央储备银行库存黄金为55.35万两、白银763.93万两、银圆37.18万枚、美金550万元，以及伪中国联合银行库存黄金17万两、美金1020.15万元并2.65万英镑。经过接收，国民政府财政部握有外汇9亿美元、黄金600万两，接收敌伪资产约合10至20亿美元（一说共达23亿美元）。这些金融资产，都归国民党政府所有。

1945年9月24日，国民政府财政部公布了"伪中央储备银行钞票收换办法"，规定此前主要发行于上海和华东、华南沦陷区的伪中储券200兑换法币1元；11月21日中央银行又公布了"伪中国联合准备银行钞票收换办法"，规定此前主要发行于平津和华北沦陷区的伪联银券5元兑换法币1元。这都提高了法币的地位。但是北平的老百姓手中的钞票变得更不值钱。

美国又向国民党政府提供20亿美金的援华物资，使得法币通货膨胀的缓和出现契机。

但是，由于政府腐败无能，巨量的国家资产流失，被贪官污吏中饱私囊。在短期的表面稳定以后，法币的地位又迅速下降。

法币和日本军用券

陈立夫在他的回忆录《成败之鉴》中，提到国民党政府的失败原因之一：财政金融上的失策。

当日本侵华时，每占领一地，就用日本军用券一元钱换取国民党统治时通行的一元法币，以这种方法使整个沦陷区通行日本军用券。

那时，如果拥有一万元法币一定是很富有的，吃一桌有鱼翅、燕窝的酒席也不过三、四元钱。日本以一元军用券兑换一元法币，人民感到并没有吃亏。

1940年汪精卫伪政权成立，发行伪币（中储券），一万元军用券就只能换到5千元的中储券，等于贬值了一半。

1945年9月日本投降后，又要恢复使用法币，财政部长宋子文规定200元伪币（中储券）才能换1元法币，5千元伪币只能换取25元法币。宋氏觉得如此一来，只要用少数法币就可以将伪币收回来，以为这样，国民党政府占了大大的便宜。他没有想到因此坑苦了望政府如望甘霖的沦陷区百姓，即使战前拥有一万元法币的人，战后也只能得到25元法币，而且此时的法币已大大贬值了。

什么叫"民穷财尽"？这样的财政金融政策不仅把有钱人变成没钱的，没有钱的，更是一无所有了，国民党政府不得人心，这是一个重要因素。

国民党官僚腐败透顶

抗战胜利后，北平行营主任李宗仁邀请驻华美军司令魏德迈将军，请洪业作陪。魏德迈致词："中国之所以未能成为强国，对世界和平及繁荣有所贡献，乃由于两大敌人的阻碍。一是日本，半个世纪以来一直操纵中国政治，给中国带来灾难，现在中国在美国帮助下已经打败了日本。第二个敌人是你们的内奸，我们美国人爱莫能助，这个内奸的名字就叫贪婪。你们若要享受真正的自由，要为人类的福利尽一份力量，非得除去这个内奸不可。"

魏德迈做翻译的是另一位美国将军普利士，他没有翻译魏德迈的第二段话。这时洪业站起来说："我以平民和历史学家的身份，向两位将军致谢。魏德迈将军说得好极了，普利士将军翻得也很准确，但他为了给我们中国人留面子，第二部分没有翻完，现在我来把它翻完。"他的举动只赢得了一片沉默。

抗战胜利并未使中国人民跳出苦海，众多官员假接收敌产之名，行贪赃枉法之实。这种"接收"实际上是趁火打劫，所以文化人讥讽为"劫收"。

老百姓讽刺腐败官员"三羊开泰、五子登科"：所谓"三羊开泰"即捧西洋、爱东洋、要现洋，就是仰仗和投靠西洋美英力量、喜爱东洋日本的

"敌产"、搜刮银圆美钞等现洋；所谓"五子登科"即"劫收"敌产的车子、房子、金子、料子和婊子，贪污腐化，就是霸占汽车、洋房、金条、原料（衣料和建筑材料等），甚至"劫收"敌伪官僚原有的二奶、姨太太、妓女等，吃喝嫖赌、肆无忌惮。（注：另一种说法略有不同："三羊开泰"为捧西洋、骂东洋、抢大洋；"五子登科"为贪污所接收敌产的金子、车子、女子、房子和票子。出处见于1946年11月19日重庆《大公报》徐盈文章注。）

"光复区"人民怨声载道。平津一带流传民谣"盼中央，望中央，中央来了更遭殃"，就是对国民党"劫收"的写照。《大公报》写道：

"无数千万的人民都曾为胜利狂欢过，而今却如水益深，如火益热，大家不得聊生"。

"底薪"和"实际薪津"

我国40年代的非常时期，关于工薪阶层的收入状况，产生了两个反映时代特点的概念，即所谓"底薪"和"实际薪津（金）"，意思就是基本薪水加上物价津贴。

实际薪津 = 底薪 × 薪金加成倍数 + 生活补助费基本数

"实际薪金"的计算，是以法币的"底薪"为基数，根据物价上涨的指数（或生活费指数）定出"薪金加成倍数"，再加"生活补助费基本数"。薪金加成的倍数和生活补助费，随着物价上涨每季度作一次调整，所以"实际薪金"也应该随之不断提高。

如1946年12月，薪金加成倍数是1100倍，生活补助费基本数是17万元，所以底薪为法币600元的教授实领薪金（600元×1100+170000元）=83万元，可买23袋（每袋44斤）合1012斤面粉；约合今人民币1600元。副教授月薪法币400元，实领薪金（400元×1100+170000元）=61万元，可买18袋（合792斤）面粉；约合今人民币1200元。一个月薪法币100元的小职员，实领薪金（100元×1100+170000元）=28万元，可买8袋面粉。这样的生活水平总比抗战时期好些。

但是好景不长。到1947年5月上旬，物价陡涨。这时虽然又进行了调整，"薪金加成数"是 1800 倍，生活补助费基本数增加到 34 万，但是一个教授所领的薪金 142 万元，还不够买 10 袋（440 斤）面粉。底薪 150 元的助教，实领的薪金 61 万元，不够买 4 袋（176 斤）面粉。以后虽每隔一两月调整一次薪金，但与物价上涨速度相比，还是望尘莫及。

教育部于 1947 年 8 月发给大学教师每人实物差额 20 万元，还不够买半袋面粉。1947 年 9 月，又以 12 万元 1 袋的优惠价格，每人配售面粉两袋（88 斤）但 4 个月以后即行取消。

抗日胜利后北平的经济危机

抗战胜利后，美国为着自己在远东的利益，极力调停国共矛盾。1946 年 2 月，当国、共及其他各党派在重庆上清寺签订一个基本方案后，美国特使马歇尔致词："此协定为中国之希望。我相信其将不为少数顽固分子所污损，盖此少数顽固分子，自私自利，即摧毁中国大多数人民所渴望之和平及繁荣生存权利而不顾也。"

不到一年，国共和谈破裂，内战发动，军费猛增，国民党的中央银行印行大量新法币钞票，造成恶性通货膨胀。平津地区市场大动荡，物价扶摇直上：1946 年 2 月，面粉 125—130 元（法币）1 斤，5 月每斤面粉涨到 325 元，12 月达 700 元，到 1947 年 7 月已增至 5100 元，12 月则涨到 7000 元。其他布匹、煤炭、食油、肉蛋等生活消费品价格也同样飞涨。国内和平的良好愿望破灭后，人们重物轻币的情绪被再次刺激起来，囤积风席卷千家万户，金、银、布匹的价格带头飞涨。

随着"法币"的恶性通货膨胀，北平的市场物价愈发不可收拾。1947 年 8 月 20 日，北平《新民报》刊登每袋面粉（兵船牌）价格法币 21 万元。到 1948 年 8 月 20 日，每袋面粉已涨到法币 3150 万元。一年之间，粮价上涨 149 倍。同行之间的银钱往来，对小额钞票是成捆计数，没有多少人去详细查点。

1947 年宋子文被迫辞职

宋子文上台之后，傅斯年在《大公报》公开为他说过好话。但是，很快发现仍然不行。他给胡适写信说："子文去年还好，今年得志，故态复原，遂为众矢之的。尤其是伪币比例一事，简直专与国民党的支持者开玩笑。熬过了孔祥熙，又来了一个这样的。"（《胡适来往书信选》）打倒一个贪官，结果又来了一个贪官，傅斯年无法容忍这样的现实，他只有继续战斗。

傅斯年发起倒宋之战的前夕，蒋介石于1月15日请他吃饭。傅斯年毫不客气地对蒋介石说："宋与国人全体为敌，此为政治主要僵局之一。"2月15日，傅斯年在《世纪评论》周刊第7期发表《这个样子的宋子文非走开不可》。文章开篇就明确指出："古今中外有一个公例，凡是一个朝代，一个政权，要垮台，并不由于革命的势力，而由于他自己的崩溃！"文章从宋子文的黄金政策、工业政策、对外信用、办事作风、文化修养和态度等五个方面对宋子文进行了评说，最后说："我真愤慨极了，一如当年我在参政会要与孔祥熙在法院见面一样，国家吃不消他了，人民吃不消他了，他真该走了，不走一切垮了。"

紧接着，他连续发表《宋子文的失败》、《论豪门资本之必须铲除》两篇文章，追问"自抗战以后，所有发国难财者，究竟是哪些人？"直言孔、宋代表的权贵势力"断送中国的经济命脉"。在《论豪门资本之必须铲除》中，他指出中国的国家资本已被权门资本侵吞，包括铁路、银行、航运等在内，都被"豪门把持着，于是乎大体上在紊乱着，荒唐着，冻僵着，腐败着。恶势力支配，便更滋养恶势力，豪门把持便是发展豪门。""小官僚资本托庇于大官僚资本，大官僚资本托庇于权门资本。……无论如何是必须依靠大势力的，尤其是豪门资本。"他认为当时的官僚资本首推孔、宋二家，而两家又有不同的特点："孔氏有些土货样色，号称他家是票号'世家'，他也有些票号味道，尤其是胡作非为之处。……这一派是雌儿雏儿一齐下手，以政治势力，垄断商务，利则归己，害则归国，有时简直是扒手。""宋氏的作风又是一样。……他的作风是极其蛮横，把天下人分为两类，非奴才即敌人。这还不必多说，问题最重要的，在他的无限制的极狂蛮的支配欲，用他这支配欲，弄得天下一切物事将来都不能知道公的私的了。"他指出，从电厂到煤矿，说是"国营"，实为"宋营"。"古人说'化家为国'，现在是'化国为家'。"因此，他要让宋子文走开，而且提出国家征用孔、宋二家财产的建议，"最客气的办法，征用十五年。"

1947年3月1日，宋子文被迫辞职，离《这个样子的宋子文非走开不可》发表不过半个月。当然不能说宋子文下台是傅斯年把他赶下去的，但由此可见，书生凭借知识干预官场，并非完全没有作用。

1947年3月8日出版的《观察》2卷2期发表一篇题为《傅孟真的文章》的读者来信，信中说："欧美报纸，常常一篇社评可以影响一个内阁或一个部长的去留，中国的言论界则很少有这种力量。这当然非谓言论界本身的不努力，实际上这是中国的社会情形与欧美各国不同的结果。然而我们总希望中国的言论界，能够一天一天发挥更大的威力。我认为言论自由是要言论界自己去争的，决不能期望政府来给言论界以'言论自由'。言论界争取'言论自由'，自然要联合起来争，全体起来争，但是在这争取'言论自由'的过程中，也得要有几个硬骨头的人物来领导一下。但是这种领导言论的责任，也不是随便什么人可以负得起来的，还要看这个人的学问识见及声望地位如何。譬如抨击宋孔的文章，假如那三篇文字是像我这样一个普通读者写的，恐怕未必能引起这样大的注意，甚至《大公报》或贵刊都不登，亦未可知。此外，要是一个普通的新闻记者写了像傅先生那样激烈露骨的文章，恐怕他就要遭到许多困难了。我认为傅先生发表了这样几篇的文章，言论界的风气，很可为之一变。假如中国能够有十个'傅孟真'，挺着胸脯说硬话，则中国的言论界也不至于像过去那样的萎靡不振，政治上的风气也不至于像过去那样太不像样。"

1946—1948年北平粮价狂涨

这是国民党一党专政即将崩溃的时期，就物价而言，则是举世罕见的狂涨时期。

北平市顺义县保存着1946年7月—1948年10月农贸集市的粮食价格记录。单位为：每小斗（15市斤）法币元。

民国35年（1946年）

7月18日 玉米1200元。7月22日 白玉米1900元。

8月4日 黄玉米2000元。8月20日 小米3700元。

8月22日 白玉米2300元。8月28日 白玉米2450元。

9月19日 小米4000元。

10月4日 黄玉米3200元，白玉米2800元。

12月11日 大米11000元。

民国36年（1947年）

1月9日 大米12000元。1月27日 大米2万元上下，玉米3000元上下。

3月28日 大米21900元，白玉米4100元。

6月28日 黄白玉米3.2—3.3万元，小米4.3万元。

7月10日　小米4.6万元。8月23日　白玉米2.9—3万元。

10月4日　小米4.3万元，玉米3万元上下。

12月13日　黄玉米6.5万元，白玉米5.8万元，小米11万元。

民国37年（1948年）

2月5日　玉米11.6万元。2月15日　黄玉米12万元，白玉米11万元，小米17万元。

4月3日　玉米21万元。4月26日　白玉米28万元，黄玉米30万元。

5月12日　白玉米45万元，黄玉米48万元。5月22日　白玉米52万元，黄玉米58—59万元。

7月16日　小米315万元。7月24日　黄玉米300万元，白玉米300万元，小米440万元。

8月8日　玉米325万元。8月10日　玉米335.5万元。

8月12日　玉米350万元，小米620万元。

10月8日　玉米1200万元，红薯3万元一斤。（引自《北京档案史料》1986年第3期）

其间，玉米价格上涨了整整一万倍。

1946—1949年四川物价水平

不仅在平津地区、沪宁杭地区，从原来"大后方"的四川重庆大事记，也可见这一时期的奇特现象：

民国35年（1946年）

1月7日　布匹遭沪货冲涨，各大帮纷纷囤进，故价浮升，阴丹本日自11万升至12.4万，天伦阴丹自9.6万升至11万。

4月5日　渝（重庆）物价波动，其中土产品、粮食更形紧俏。公共汽车票已由150元升至250元，报费增加100%，印刷费增加170%；

4月20日　重庆粮价继续上涨，上熟米每担涨至2.4万元，美钞1元涨至法币2000元。

5月20日　政局沉闷，投机商多做新打算，重庆市场花纱随金价上扬。20支双鸡由158万元涨至170万元。

7月5日　松贝由405万元升至460万大关，大黄上升万元。

12月3日　重庆市物价继续上涨，百货因油价、交通费涨价，衬衫、毛巾、丝袜上涨3000至5000元。

民国 36 年（1947 年）

1 月 8 日　重庆市物价连日上涨，粮价波动最大，昨日上等河熟米每石 3.3 万元，比前天上涨 3000 元。

2 月 10 日　在通货不断发行、金钞猛涨的刺激下，外帮及居间商大量纳货，造成棉纱空前大波动，价格猛涨百万左右，市场情况异常混乱。

5 月 5 日　成都米价连日上涨，本日发生抢米风潮，若干米店被抢。

6 月 10 日　6 月上旬重庆市趸售国货价格总指数为 1.2 万倍，上海为 3.4 万倍。

7 月 22 日　成都零售物价总指数自民国 26 年至 37 年 6 月底，10 年间计高涨 1.5 万倍。

10 月 23 日　重庆市物价自 5 月起至 10 月 10 日止，五金上涨 425%，木材上涨 468%，燃料上涨 343%，衣着上涨 280% 等等。

民国 37 年（1948 年）

1 月 15 日　重庆市因外部资金回流，银根由 13 元的高档降至 9 元，却像一阵急风，马上刮起了涨潮，棉纱由 3.4 亿一跃而为 3.8 亿，布匹各色皆乱涨 10 余万元，纸、香油皆急起直追。

6 月 4 日　成都米价新双市石已经突破 1400 万元，人心不安。

6 月 17 日　重庆米价傍晚若干店铺高至 850 万元以上，更有高价 1200 万元，市民感受无比威胁，发生抢米风潮，被抢米厂、米店达 70 余家，失米 7000 余石。

7 月 8 日　重庆煤价本月 1 日起由每吨 310 万元增至 890 万元，3 日起增至 1270 万元，5 日起又增至 1630 万元，市民深感焦虑。

7 月 10 日　重庆花纱布又掀起涨风，棉纱市价今晨以 6.5 亿元开盘后，节节上升，连破 7 亿、8 亿两关，到午盘升至 8.2 亿。

7 月 11 日　成都报业印刷工资谈判未协，本日各报均被迫停刊。

8 月 4 日　重庆趸售物价指数 7 月份为 192.8 万倍。

8 月 8 日　重庆自来水价，每担由 4 万元调为 18 万元，加上力资，平均每担为 20 万元。

11 月 9 日　飞机轮船票价均相继调整，照原价增加 200%，财政改革已面临失败边缘。

民国 38 年（1949 年）

1 月 9 日　宜宾中原纸厂、乐山嘉乐纸厂因物价高涨，停止生产，职工失业。

3 月 2 日　金圆券不断贬值，500 和 1000 元大钞大量出笼，各军政机关又将所领到的经费（金圆券）投入市场抢购金银、镍币、布匹、纸烟等货物，物价猛涨。按1948年8月币改前为基础，3月份生活费指数为3500倍，公教人员待遇只及105倍，高中教师月收入只等于1.6块银圆。

夹江造纸业有槽户500余家，近因物价上涨，被迫歇业，工人生活陷于绝境。各地煤铁业亦因此倒闭停工。

4月1日　因政府大量发行5000元和1万元票面额的金圆券，并发行5万及10万元的定额本票，物价疯狂上涨。

4月7日　成都物价一日之间上涨1.5倍。

5月14日　渝（重庆）国立院校教师说，订不起报，买不起书，吃不起饭。

（引自1946—1949年四川、重庆物价大事记）

法币的崩溃

当1937年抗日战争前夕，法币发行总额还不过14亿余元，在八年抗战期间，国民党政府利用法币不断扩大发行量来垄断全国经济，搜刮人民财富，兼以国土大幅度沦陷，税收骤减，一切军政费开支，惟依赖发行钞票。到1945年8月日本投降前夕，法币的发行额已达到5,569亿元，为抗战初期的360倍。1946年7月，国共和谈破裂，全面内战爆发。国民党军费开支浩大，政府财政实际收入只占预算的15％，于是猛增法币的发行量，以期平衡财政赤字。

黄金和外汇迅速消耗和外流。由于法币已经根本不能保值，所以在1947年2月，出现了抢购黄金美钞的风潮。到1947年4月，在短短的半年多时间里，法币发行额又陡增至16万亿元。

1946年9月外汇牌价：1美金=3千元法币；半年后即1947年2月牌价：1美金=1万元法币；再过3个月即1947年5月4日牌价：1美金=3万元法币。

根据《大众晚报》（1947年7月30日）以及当时其他报刊的资料，在不同的年代（对照前文早期资料）一百元法币的购买力变化如下：

1937年两头大黄牛，
1938年一头大牛一头小牛，
1939年一头大牛，

1940年一头小牛，

1941年初一头猪，1941年底只可买一袋面粉

1942年一条火腿，

1943年一只母鸡，

1944年半只母鸡，

1945年一条鱼，或鸡蛋二个，

1946年一个蛋，或固体肥皂六分之一块，

1947年一只煤球或三分之一根油条，

1948年初4粒大米，

1948年8月19日可买大米0.002416两（按每斤十六两算）；即不到一粒米。

——12年前，可以买2头黄牛的钱，12年后竟然买不到一粒米！

（引自《当代中国的职工工资福利和社会保险》第9—10页、又引自《通货膨胀简论》、参看《中国物价史》第432页，说法大同小异。）

国民党统治后期的恶性通货膨胀

抗日战争期间，法币的发行额迅速增长起来。1945年8月抗日战争结束时，法币的发行额，为1937年7月抗日战争发生时的340倍，同一时期的物价上涨二千倍左右。这是严重的通货膨胀。

抗日结束后只维持了短暂的和平，1946年不久又爆发内战，这就不能不更加大量增发纸币。从1937年6月至1948年8月21日法币崩溃为止，法币发行量上升到47万倍，同一时期上海的物价上涨492万倍。大量发行的结果，法币急剧贬值，1948年8月法币的购买力只有战前币值的五百分之一。

在这一段时间内，国民党反动统治集团从通货贬值中掠夺人民的财富，估计在150亿银圆以上。

1948年，恶性膨胀的法币实在是维持不下去了，蒋介石的国民党政权不得不于1948年8月19日再次进行币制改革，开始发行"金圆券"，并严令禁止私人持有黄金、白银（银圆）、外币，凡私人持有者限于1948年9月30日之前兑换成金圆券。蒋介石还派出他的儿子蒋经国等经济督导大员到各地监督执行。一时间，小民惶惶，"老虎"或者入狱或者枪毙，杀气腾腾。在蒋介石的强权威胁之下，不少小资民众不得不服从命令把多年积蓄以

备战乱和艰难岁月的最后一点看家压箱底儿的黄金银圆外币拿出来兑换成金圆券,而大一些的资本家和其他有钱人也不得不把自己的部分财产兑换成金圆券并眼睁睁地看着自己被强迫冻结了物价的货物遭抢购一空。

很快地,蒋介石政权控制的国统区就发生了抢购物资的风潮。上海的四大公司——先施、永安、新新、大新都被抢购一空,人心惶惶。等到1948年11月11日,蒋介石政权不得不修订金圆券发行法,准许老百姓拥有黄金白银外币并取消了金圆券的发行限额,这下子天下大乱,金圆券的价值一泻千里。为了拿废纸般的金圆券换回一点自己多年积攒的血汗钱,上海等地的老百姓彻夜在银行门口排队,挤死人踩死人的惨剧就不免发生了。

也就是在这个时期,"袁大头、孙小头,叮叮珰珰换银圆。"银圆黄牛在上海等地极为活跃。普通老百姓一拿到工资或做生意一有收入之后干的第一件事就是要去找他们把手里的金圆券换成银圆。这是因为当时的通货膨胀速度实在是太惊人,大家都不想手里留每天都在急剧贬值的金圆券吃亏。

随着打内战庞大军费开支造成的财政困境,随着国民党军队的节节败退,1947年底,物价上涨速度为法币通货膨胀速度的3.5倍,1948年8月增大到10倍。

法币在市面上的流通量,从1945年8月的5千多亿元。猛升到1947年11月的34万亿元,再猛升到1948年6月的250万亿元;在接下来的一个半月里,更猛增到604万亿元,为抗战前的47万倍。这时甚至出现了500万元票面的大钞。由此物价暴涨,达到抗战初期的493倍。在上海,1948年6月吃一块大饼要3万元。甚至乞丐也不愿收千元以下的法币。

当时的物价,据有人日记,1948年金圆券发行前夕的8月13日,在上海理发一次为240万元,购茶叶一斤约80万元,买毛巾袋一件,120万元。

不仅在黑市,而且在许多商业交易中,外币(主要是美金)、银圆、银辅币(银角子)取代法币的地位公开或半公开流通。国民政府发行的公债库券也以美金为还本付息的标准。

这就带来了1947—1948年间黄金、美钞、物价轮番狂涨的可怕局面。国民党政府不得不承认"物价狂涨已推翻了社会秩序和政治信心",法币不可避免最后崩溃。

按法币计算的最低生活费

1946年

1946年2月20日国民党控制的报纸《前线日报》发表了一篇报道,根据社会调查的结果，认为当时上海等城市一个五口之家最低生活费为法币 15.6 万元（购买力大约合抗战前法币 50 元，或 1995 年人民币 1500 元，或 2009 年人民币 3000 元）。

当时计算出这个"最低生活费 15.6 万元的根据是：每月一个五口之家，需要消耗大米 1 石 2 斗价 2 万元，煤球 4 担 2 万元，柴 1 担 3 千元，油 10 市斤 5 千元，蔬菜和副食品每天 1 千 5 百元、每月 4 万 5 千元，车力（交通费）每月 3 万 3 千元，共计法币 15 万 6 千元。

因此 1946 年初，法币 100 元约合 1995 年人民币 1 元，约合 2009 年人民币 0.5 元。

此后通货膨胀加剧，法币继续贬值。

1946 年夏季大米涨到每石 4.27 万元（法币），合每市斤 267 元；黄豆每市斤 2 百多元，豆油每市斤 8 百多元，菜油每市斤 7 百元；猪肉每市斤 1 千 3 百元，白糖每市斤 1 千 1 百元，酱油每市斤 362 元，食盐每市斤 160 元；豆腐每（4 块）71 元；白酒每市斤 8 百元，黄酒每市斤 4 百多元；士林布匹每市尺 1 千 1 百元，龙头细布每市尺 7 百多元；上海等城市一个五口之家最低生活费约为法币 30 万元。

因此 1946 年夏季法币 200 元约合 1995 年人民币 1 元，约合 2009 年人民币 2 元。

法币不断贬值，在金融市场上已经丧失信誉，大笔交易通常采用"黄白绿"即金条、银洋、美钞（黄的是金、白的是银、绿色的是美元钞票）。一根金条为 10 两，一两黄金相当于大约 100 银圆；一块银圆的购买力约合 1995 年人民币 30 元，约合 2009 年人民币 60 元。

也就是说，一根金条的价值大约合 1995 年人民币 3 万元，约合 2009 年人民币 6 万元。

1947 年

1947 年夏季大米涨价到每石 36.9 万元（法币），合每市斤 2 千 3 百元；黄豆也是每市斤 2 千 3 百元，豆油每市斤 9 千多元，菜油每市斤 8 千元；猪肉每市斤 9 千 5 百元，白糖每市斤 6 千 3 百元，酱油每市斤 2 千 8 百元，食盐每市斤 1 千 3 百元；豆腐每（4 块）6 千元；白酒每市斤 7 千 9 百元，黄酒每市斤 4 千元；士林布每尺 9 千 9 百元，龙头细布每尺 6 千 6 百元；都飞涨到前一年夏季的 9—10 倍；上海等城市一个五口之家最低生活费约为法币 270—300 万元。

因此 1947 年夏季法币 1800—2000 元的购买力，约合 1995 年人民币 1 元，约合 2009 年人民币 0.5 元。

1948年

物价继续大幅度飞涨。1948上半年大米售价平均每石1445万元（法币），合每市斤9万元；黄豆每市斤9万元，豆油每市斤44万元，菜油每市斤36万元；猪肉每市斤35万元，白糖每市斤23万元，酱油每市斤13万元，食盐每市斤7万元；豆腐每（4块）3万元； 白酒每市斤25万元，黄酒每市斤13万元；士林布匹每尺18.5万元，龙头细布每尺28万元；

由此可见，1948年1—8月之间，法币又大为贬值，5—6万元才合1995年人民币1元，约合2009年人民币0.5元。

国民政府的财政陷入绝境

1948年1月，国民政府公布公教人员待遇调整办法。按照三个月调整一次的"生活指数"发薪，如1948年1—3月份的生活指数达11万5千倍，薪金最高的教授实领薪金1000万余元，只够买五袋（220斤）面粉。从4月起，虽然月月"调整"生活指数，实际收入还是直线下降。

特别在1948年1月后，政府取消公教人员配售面粉办法，同时滥发十万元票额的大钞票，人民生活更陷于绝境。1948年4月，低级职工的薪金在100万—380万元之间，而照当时物价，一天买两斤玉米面（每斤23000元），一月就得138万元。即使这些微薄薪金，还不能保证按时发给而经常拖欠。工友们在此极度贫困和饥寒交迫的窘境中，联合声明："现在百物飞腾米珠薪桂之际，每月所入甚微，无法维持生活，况家有老少数口难得一饱。又值严冬季节，身上无衣，腹内无食……"迫切要求提高待遇。

19世纪40年代后期的学校生活

抗日战争胜利后，我国教育事业一度得到复苏和发展：1945年度，国内高校有141所，学生有83,496人（其中女生比例为19%）；1947年度，高校增加到207所，学生增加到154,612人（其中女生比例为18%）；短短两年之间，大学生人数增加了85%！然而接连的内战烽火和法西斯一党专政的腐朽没落，又给予我国教育事业极其严重的打击。

1945年8月以后几年间我国各大学师生的经济生活状况，可以举北平、天津、南京、上海等地为例。

上海学生眼中的经济危机

1946年初，上海在通货膨胀冲击下，学费猛涨数倍，致使大批学生面临失学威胁。

由圣约翰大学、大夏大学等二十多所院校发起，上海市学生助学联合会（简称助学联）于1月26日成立，公开领导全市助学运动。聘请知名人士马叙伦、周建人、许广平、沈钧儒、黄炎培、沙千里等为顾问。多达98所大、中学校参加。2月1日，在《大公报》上刊载启事，宣布开展助学。2月5、6两日全市义卖助学章，预定募集5000万元。两万多大、中学生组成三千多个征募小队，二百多个宣传小队，活跃在大街小巷。经过几天努力，征募款项超过预定目标，达到8389万元，可解决三千余名学生的学费问题。募得捐款后，当局企图由官办的教育贷金委员会分配助学金，助学联表示婉言拒绝。接着，大批热心助学的学生遭无故开除，仅大同附中一次就开除130名。

学生和家长们分别组织上海市无故被开除学生后援会和家长联合会，奔走呼吁，迫使各校校方收回了成命。1946年3月16日，助学联召开了有五千余人出席的庆功联欢会。

1947年上海小报上刊登一篇中学生的短文"从咸鸭蛋看物价飞涨"，摘录如下——

弄堂口有个专卖咸鸭蛋的摊主，一清早便把摊子摆端正了，5个蛋一叠，四横一直，结顶那个直立得笔挺。每一蛋壳上用蓝墨水写着售价300元或400元，虽未挂金字招牌，当然是不二价的。家母清早总得去买来供我佐饭。前天蛋壳上分明300元，昨天已改400元，今天买来的那个蛋，隐约有300、400、500三种码子。但较深一层的蓝墨水字样是500元。家母当然是花500元买来的。因此知道市价的飞涨，一个咸鸭蛋每天升价100元。

（引自《当代中国的职工工资福利和社会保险》第9—10页、又引自《通货膨胀简论》参看《中国物价史》第432页。）

随着打内战庞大军费开支造成的财政困境，随着国民党军队的节节败退，1947年底，物价上涨速度为法币通货膨胀速度的3.5倍，1948年8月增大到10倍。

法币在市面上的流通量，从1945年8月的5200亿元，猛升到1947年11月的34万亿元，再猛升到1948年6月的250万亿元；在接下来的一个半月里，更猛增到604万亿元，为抗战前的47万倍。这时甚至出现了500万元票面的大钞。

由此物价暴涨，达到抗战初期的493万倍。

在上海，吃一块大饼要3万元。甚至乞丐也不愿收千元以下的法币。

校园生活饥寒交迫

国民党政府在教育上的投入，远远低于通货膨胀的速度。

平津地区公费学生的生活标准急剧下降。1946年12月全公费学生每人每月51，640元，其中主食费占3864元，当时可买一袋（44斤）面粉还有余，生活尚可敷衍过去。到1947年5月，公费每人每月虽增加到12.4万元，而当月中旬，每袋面粉价格已上涨到14.5万元，全部公费尚不够买一袋面粉，这样的日子在校园里怎么维持呢？

广大学生的伙食标准降为"每月中等熟米二市斗三升（约合36斤）或中等面粉46斤"，遭受着饥饿、贫病和失学、失业的威胁。

教员经济生活也急剧下降。以清华大学为例：当时薪水最高的教授，1946年12月底可以领取薪金83万元，够买23袋面粉（标准每袋44斤）还有余，生活比战时要好。但因物价陡涨，到1947年5月，一个教授的月薪不够买10袋（440斤）面粉。到1947年底10万元法币大钞出笼后，物价更加脱缰之马，教授薪金虽涨到1000余万元，却不够买5袋面粉（参看《清华大学校史稿》，第440—443页）教授生活尚且如此，助教的生活更不堪设想。

国民政府崩溃前夕的1948年4月，北京大学考古专家裴文中教授作了一个生动的比较：

我的资格是留学的博士，又继续研究工作有20年之久。我现在每月所得是892万元，折合廿六年（1937）的法币，只有22元6毛；折合白面粉，只有4袋多，相当于战前一个门房。以我现在收入，按照国家银行放款利息计算，国家只要有3千多万元放在库里，所得利息就可以长期供养开支我的薪俸……。也就是说国家只要有3千多万元就可以买我这一个人为他工作到死！3千多万元，折合实物，大约等于一辆三轮车，等于一匹马，等于18袋面粉！（据裴文中《生活安定与学术研究》，原载《风暴四月》1948年4月5日，转引自北京大学校史）第443页）

学校经费无着落，在职教师生活清苦，该聘请的教员无法落实。加上通货膨胀，可谓雪上加霜。当时担任北京大学校长的胡适，在记者招待会上也抱怨"教授们吃不饱，生活不安定，一切空谈都是白费"！1947年9月21日，胡适校长致电教育部，说平津物价高昂，教员生活清苦，"请求发给实物；如不能配给实物，请按实际物价，提高实物差额金标准"。9月23日他在日记中叹息道：

北大开教授会，到了教授约百人。我作了两个半钟头的主席。回家心里颇悲观，这样的校长真不值得做！大家谈的想的都是吃饭！向达先生说的更使我生气。他说：我今天愁的是明天的生活，哪有工夫去想十年二十年的计划？十年二十年后，我们这些人都死完了！

20世纪40年代后期，国内局势十分动荡，北大处在风雨飘摇之中。

1946年12月24日,北大女生沈崇被两名美国士兵强奸,案情在报上披露后,群情激奋,北平各校师生举行罢课、示威、游行,要求惩办罪犯。当时在南京参加"制宪国大"会议的胡适也无法保持平静了。据一位与他见面的记者回忆:"当我们提到沈崇事件时,老先生这次也被激怒了,'这还得了!真岂有此理!'说着说着,还敲着桌子。他这个态度使我感到意外。我看到这个深受儒教熏陶,一向主张'凶而不怒',又受资产阶级教育,提倡'自由','容忍'的大师,竟然也正气凛然,金刚怒目起来,不免增加了一些敬重。他甚至说:'抗议、游行、众怒难犯,伸张民意嘛!'"胡适抵北平后,对记者发表公开谈话:"此次美军强奸女生事,学生、教授及我自己,都非常愤慨!"

所谓调整薪金和"年功加俸"

1947年4月,已经超过三月一次调整薪金的期限,物价仍与日俱增,每石(160斤)米已达20万元,困苦益甚。各高校一致行动,俾使政府调整薪俸。5月间,平、津两地13个文教单位(清华、北大、北洋、南开、中法、艺术专科、铁道管理学院、体育专科、北平师院、唐山工学院、北平研究院、中国大辞典编辑处、国立北平图书馆)的校长、主任,于北洋大学北平部举行了第9次例行联合谈话会,推举北洋大学调查平津教职工生活情况,立即电报教育部,要求政府在物价不断飞涨的情况下,按南京上海杭州地区的调整办法,解决平津地区教职员工的薪俸和学校的经常费,以保证生活、稳定秩序。

1947年,教育部为稳定大学局势,颁发了"久任教职员奖金",也就是给在校连续服务满10年的教师增发一个月的薪金。具体算法是,服务年资算到1947年度12月底止,发给的奖金以1946年12月底薪600元为标准。可是1946年12月底薪600元的教授实领薪金是83万元,当时可买23袋面粉,而到1947年12月,所给的月奖金还不够买一袋半面粉。此外,教育部于1947年11月19日公布"年功加俸"的办法。凡教授经过审查合格、月薪已达最高级,并呈报教育部有案者给予年功加俸,金额每月20元,并得按年递晋,但连同本俸不得超过800元,每年名额不得超过已支最高薪名额的三分之一。而天津北洋大学具备年功加俸资格的教授只有七人而已。

这一时期,职工生活更是朝不保夕。1947年9月,物价总指数为56000倍,10月份则达85000倍,以职工各人所得薪金平均法币44万元计算,只能勉强维持一个人的生活。

震惊国内的"五·二〇"运动

在抗议运动中,最先站出来的是大学教授们;最早喊出的口号是要"挽救教育危机"、"增加教育经费""提高公教人员待遇"。

1947年5月6日,在国民政府首都南京,中央大学教授们首先发表《要求提高教育经费改善教员待遇宣言》,向教育部郑重提出五项要求:

1. 教育经费应占国家预算的百分之十五;
2. 拨外汇交各校购买图书仪器;
3. 三青团及国民党的训练经费,不得在教育经费内开支;
4. 按照物价指数支薪;
5. 教员薪金按物价指数调整。

教授们还明确表示:"如不能达到目的,吾人为国家前途及实际生活计,当采取适当步骤,以求上列决议案之有效贯彻。我们恳切的要求全国从事文化教育的工作者,一齐起来,坚决支持这个决议案。"教授们的宣言,迅速得到了全校学生的支持。12日,中央大学全体学生"为促使政府增加副食费",决定实行罢课。他们一致认为凡人起码有争取生存权利并授权伙食团,"动用本学期尚存之全部膳食费,恢复二月份菜蔬素质,至吃完之日为止。待全部膳费吃光后,开始实行绝食,并作饥饿大游行,列队赴有关部院请愿。"

中央大学师生的正义要求,迅速得到了全国各地的响应。14日,浙江大学学生公开表示:"为了饥饿与苦难,感于营养之不足维持最低生活,我们这些被生活压迫的人,竭诚高呼响应中大吃光运动。"北平各大学也纷纷响应"吃光运动";上海"各大学响应'吃光运动'者,至十六号止计有:交通大学、上海医学院、暨南、同济、复旦等五校。复旦大学膳厅门口并贴出大幅布告,内称:我们与其吃不饱,饿不死,不如将应得公费,按合理营养标准'吃光'。当交大、上医二校宣传队莅临该校时,同学情绪更热烈。"(以上参看《文汇报》1947年5月13日—25日报道)

"2分37秒内战费"等于中大全体同学全月膳费

在反饥饿、反内战的斗争中,1947年5月中央大学(中大)学生曾在校园民主墙上贴出了《求证一则新数学几何题》,形象地显示出学生膳食费和战费的关系，内容如下——

　　证：因本年度国民政府总预算为20万亿元，实际支出为60万亿元（按以往经验，实际支出常为预算之三倍）。
　　内战费用占80%，故为48万亿元；
　　故每月战费为4万亿元，每日战费1333亿元，每时战费55亿；
　　每分战费9千万，每秒战费150万；
　　故2分37秒战费为23850万元；
　　因中央大学同学每月每人膳费共5.3万元（米价折2.9万元，副食费2.4万元），
　　故中央大学全体同学，每月膳费（按4500人计）应为23850万元；
　　故2分37秒内战费用，等于中央大学全体同学全月膳费！
（引自《学生肚子饿，前线炮弹肥！——请看"几何"推理》，原载《五·二〇运动资料》第一辑150—151页）

　　另外，中央大学医学院的学生所做《食物调查分析报告》确定学生的基本伙食标准：
　　"应增加之动物性蛋白，每人每月所需为6万元；应增加之植物性蛋白，每人每月所需为1.5万元；应增加之脂肪质，每人每月所需为3.6万元；故维持每人每月最低健康标准之伙食费，至少应有11.1万元的副食费。"学生要求提高副食费更是理直气壮。
　　面对学生的要求，政府的答案总是：国家目前经济极度困难，教育经费增加实在不易；而学生则指出问题的根本在于内战，并表示没有义务来忍受因内战所造成的苦难。
　　广大学生在为争生存斗争的同时，渐渐觉悟到：造成这现象的原因在于内战，在于当局的武力统一政策。内战使大量的财富毁灭，使通货膨胀，使物价飞跃，使人民一步一步走向死亡的道路。为生活所迫的学生愤怒地发出了"举起我们骨瘦的手，向饥饿宣战，向制造饥饿的人宣战"的呼声，并指明"一切都是因为内战所引起"。（参看《中央大学学生为要求增加公费再度宣言》，转引自《五·二〇运动资料》第一辑，159—161页）。于是，"反饥饿、反内战"逐渐演变成为广大学生的一致目标。

挽救教育危机联合大游行

　　为了最终达到目的，南京、上海、苏州、杭州四城市学生联合会，决定

在 5 月 20 日也就是国民参政会四届三次大会开幕的那一天，齐集南京，举行大规模游行请愿。北平、天津两地学生也决定同时响应。事前，南京市专科以上学校学生联合会在讨论联合原则和"五·二〇"游行时，针对"关于停止内战应否列入宣言"一项，广大学生出于善良愿望，仍决议："不在宣言中明言列出，而在宣言内容中提及。"

5 月 20 日，五千多名大学生紧挽双臂，在以孙中山画像、"和平奋斗救中国"大幅标语及"京沪苏杭 16 所专科以上学校挽救教育危机联合大游行"横幅的前导下，浩浩荡荡前往总统府请愿。不料政府派出了大批军警，对手无寸铁的学生大打出手。据统计，"五·二〇"血案重伤 19 人，轻伤 104 人，被捕 28 人，被殴打侮辱者不计其数。

"五·二〇"血案进一步激怒了全国青年学生。上海各大学成立了"五·二〇惨案"后援会；杭州、广州、成都、重庆、武汉等高校纷纷组织大游行、罢课；湖南、广西、云南、山东、江西等地也积极响应；平津学生从 5 月 20 日至 6 月 2 日，也一直处在血与火的斗争中。学生的正义要求，赢得了全社会的支持。各界纷纷发表宣言，抗议政府的暴行，北京大学校长胡适表示，"政治腐败，而又没有人来从事改革的时候，提倡改革的责任自然就落在青年人的身上。这次学生运动，就是这样产生的。""学联不是受人操纵把持的，而是真正的民主力量。"一些曾抱有幻想的学生，这时也认为："所谓中立只是自杀的代名词，也就是投机的假面具"，决心"不再为一冷静的旁观者"，而"毅然地舍弃了向所固守的自由主义和中间路线，宣誓加入前进的队伍。"（参看《北大半月刊》第三期，北京大学·学生自治会编印，1948 年 4 月 16 日）。

内战期间的北洋大学

北洋大学从西北"大后方"回到天津复校之初，校园经过修缮，师生员工的生活比抗日战争时期在内地的状况有所改善。当时教职员工的薪俸，教授兼任院长和系主任的，每月法币 600 元左右。未兼行政职务而教学成绩显著的教授徐庆春、孟昭礼、杨秀夫、张玉昆、黄邦桢、王志超、刘云浦等 7 人，每月薪俸 600 元；其他正教授都是每月薪俸 580 元。副教授月薪 400—500 元，讲师月薪 200—300 元，助教月薪最低 120 元，最高 200 元，高级职员月薪 300 元左右，一般职员每月 100—200 元，工警每月工资只有几十元。

不幸的是，猛升的物价和教职员工的薪俸差额越来越大。1946 年以后，教育部曾每隔一季度作一次调整，但总赶不上物价飞涨的速度。

1946年12月，天津北洋大学全公费生每名每月发给5万多元，生活尚可。到1947年，每人每月发12万元，却不够20天的伙食费。一般学生连粗面馒头也不够吃，只好改吃玉米面丝糕，六人一桌，桌子中间往往只是一盘大白菜，学校虽给学生每三人配售两袋（88斤）面粉，但仍难以为继。

由于煤炭缺乏，每个教室只有一个取暖炉，寒冬上课，手脚冻得冰凉。学生宿舍虽然高年级3人一室，低年级学生则20多人住在一个大房间，晚上复习功课只好到教室去，人各一盏煤油灯，在灯下学习。入夜后，每个教室都是星星点点一片，尤其是冬天深夜，教室中炉火已熄，真是寒窗苦读。宿舍中也很寒冷，有的披着棉被或毛毯，坐在床上看书。享受公费的学生逐渐减少，到1948年，由原来1000余名的全公费生减少到644人，半公费生91人。

校方为了维持校务，作出种种努力。一方面，强调本校教职员一律不准外出兼职、兼课；另一方面，组织各种临时委员会，集中力量解决实际问题。如冬煤分配委员会，派员去开滦煤矿寻找校友联系冬煤，负责核实用煤情况，制定分配冬煤的办法、发放煤条，首先保证56个教室和办公室每日9公斤的用煤，其次酌量分配给教员和学生宿舍，解决取暖问题。建立福利生活委员会，派员寻购面粉和棉布，教职员每人每月配发一袋面粉，工警每人每月发半袋。家属不能顾及。此外，教职工每人夏季配售白布5丈，咔叽布1丈5尺，做饭用煤200斤等。还建立了有1亿元资本的合作社，设有贩卖部和饮食部，给师生以优惠价格购买日常消费品。这些措施虽不能根本解决问题，但对于缓解教职工的困难，稳定情绪坚持教学，起了一定的作用。

毕业生就业是大难题。抗战以前，北洋大学一般在毕业考试之前早有各地来函约聘预订，常有不敷应付之感。而今却不然，毕业有失业之危险。1948年夏，应届毕业生246人，经学校向各地机关、企业发函介绍工作，结果27处复函有接收表示，总计只需82人，仅占应届毕业生的三分之一。其他复函或曰："奉命裁员"，或称"经费支绌"拒绝接收。为此，校院长、系主任亲自发函，或托熟人，或找校友给以帮助。但多数学生仍处于"毕业即失业"的困境。（以上参照《北洋大学校史》第一册内容）

法币通货膨胀的恶性循环

近代以来，有些经济学家和社会学家形成这样的看法——

每年通货膨胀率在5%以下，物价稍有提升，是轻微的膨胀；每年达到7%—8%左右是较大的通货膨胀；一旦超过10%，即达到两位数字则是严重的通货膨胀。一般经济学家认为，每年通货膨胀率在两位数字以内，人民还是能够忍受的。但是长期发展下来，就惊人了。如果通货膨胀率每年平均5%的话，三十年后，一元钱的购买力就会下降到原有的四分之一，也就是说四分之三被政府有关机构及中央银行搜刮去了。通货膨胀率是累进递增的，特别是在战争时期，难免野马飞腾的超级通货膨胀。

第一次世界大战后的德国、抗日战争及内战期间的中国，都提供了活生生的例子。1914—1918年间德国花费了巨额军费，其中只有6%是依靠增加税收，而94%来自发行公债和纸币，四年之内通货膨胀率达到450%！战后经济衰败，又要支付战争赔款，内外交困，财政面临绝境，只好用滥发不兑现的纸币应付财政开支；99%以上的政府支出靠发行纸币维持。纸币发行量增加到天文数字：773585345854800百万马克，物价上涨万亿倍。马克同美元的外汇比价一落千丈。1921年开始贬值时，75马克还可以换到一美元，次年就跌到四百比一，1923年初，跌到百万比一，不到一个月又跌到一万八千比一，同年7月初跌到百万比一，11月跌到四十亿比一。此后就以兆来计算了。德国马克变成了毫无价值的废纸，工薪阶级的购买力几乎完全丧失。数以亿计的马克买不到一把胡萝卜，中产阶级和工人阶级辛苦一生的积蓄都荡然无存。生产几乎完全停顿，全国上下惶惶不可终日，人民忍饥挨饿。纳粹头子希特勒趁机蛊惑人心："国家本身成了最大的骗子和恶棍，这个国家成了强盗的国家。"他提出推翻这个共和国，建立纳粹党的独裁政权。希特勒就在这种恶性通货膨胀、国民经济全部崩溃、德国政府摇摇欲坠的情况下攫取了政权，从而又把德国人民引向新的灾难。

国民党一党专政下的旧中国，从1937年至1948年的十二年间，所谓"法币"的发行量增加47万倍，物价上涨493万倍，达到世界罕见的程度。……在恶性通货膨胀下，人民不得不携带大捆钞票上街购买日用商品。1948年初，还出现过这样的怪事：有些地方小贩把一百元以下的法币当作废纸收购，每斤作价2000元，而旧报纸每斤售价6000元。因此社会上流传一首民谣：

"如今什么都值钱，只有法币顶讨厌，一捆一扎又一包，去买几根棉纱线。"

"如今什么都涨价，只有法币顶尴尬，一斤小票两千块，好像叫卖黄泥巴！"

罢教、罢研、罢工

北大、清华、北平研究院等部门的教职员工，于1948年4月6日起先行罢教、罢研、罢工三日，并向行政院及教育部提出三项要求：

（一）自三十七年（1948年）2月份起，仍按1月份配售面粉之数量及价格继续按月配面至实行配发其他生活必需品；

（二）逐月按当地实际生活指数发薪，并提高技工及工警底薪，工警每人不得少于20元；

（三）学术研究补助费按实际生活指数逐月调整发给；以维教界同仁最低限度之生活。

国立北京大学、清华大学、北平研究院等七单位
为争取合理待遇告社会人士书
（1948年4月5日）

我们，北京大学、清华大学和北平研究院的讲师、助理研究人员、教员、助教、职员、技工和工警等同人，为了争取立即合理改善待遇，已决定从四月六日起，一致罢教、罢研、罢工三天。谨以沉重悲愤的心情，向社会陈诉苦衷和理由。

我们这样做，完全是"势迫出此"。

教育界同人生活的困顿，不从今天起，而今天已到了忍无可忍的地步。自从政府一月份公布公教人员待遇调整办法以后，这个办法正面是按照所谓"生活指数"发薪，形式上法币的收入数量稍多一些，实质上收入反而大大减少。更因为拼命发行通货，促使物价狂涨，逼迫我们与饥饿挣扎，被死亡威胁。反面则取消原来配面的办法，使我们难以维生，收入之实值上减少更超过调整以后的法币增加数量。朝三暮四如此"调整"岂不是残酷的嘲弄？几个月来，教育界同人除了普遍的穷困，三餐不给，儿女啼饥号寒之外，有的弄到精神失常，以至疯狂。有的服毒，有的跳楼自杀。这些惨状，都彰彰在人耳目。

我们要问：是谁让他们这样的？我们要大声地问：是谁把他们搞成这个样子？

两个月以来，我们曾经一而再、再而三的呼吁要求，请政府维持原来配发面粉的办法，按照实际生活指数，按月调整薪给。唇也干了，笔也秃了，

所得到的答复是一概不准。

我们现在，除了采取积极行动以促使政府接受外，已别无其他办法。

我们认为，我们正当收入，已经为政府用通货膨胀的方式，征取了百分之九十以上，我们有权利要求政府保证我们的"不虞饥饿"的自由。

当然，我们这样做，耽误了学生课业，延缓了学术工作，即使是一分钟，一秒钟，我们也是衷心负疚的。不过为了中国学术文化的前途，使学校和研究机关能走上正常健康的轨道，我们这样做，在今天是必要的，虽然我们是在忍着痛如此的做。

我们希望能够得到社会人士和学生家长的同情和支持，悲痛之余，谨此致意。

国立清华大学讲师教员助教联合会
国立北京大学讲师教员助教联合会
国立北平研究院助理研究人员联合会
国立清华大学职员公会
国立北京大学职员会
国立清华大学工警联合会
国立北京大学工警公会
同　启
卅七年四月

齐白石和法币

1948年，南京、上海举办齐白石画展，盛况空前，带去的二百余幅画被抢购一空。白石回到北京时，带回的"法币"一捆一捆的，十分可观。可是，谁能料到，这一大堆的"法币"，拿到市场上，连十袋面粉都买不到。他活到86岁，经历了从前清到民国这段漫长的历史，遭遇到这样的尴尬，平生还是第一次！他真是哭笑不得。后来，他发现自己耗费了大量心血所作的画，换来的仅是一堆废纸，一张画的"润笔"只能买两个烧饼。他长叹一声，搁下了彩笔，换上一管狼毫，在一纸上写下了"暂停收件"的告白，贴到了大门之上。这是民国最黑暗的一幕。他在宁静的画室里，已多少看到了国民党必将灭亡的历史趋势。

同在南京时一样，齐白石做梦也没有想到，南方人民对于他那洋溢着生命力的画是那样喜爱，以至于画被抢购一空。这期间，国民党上海淞沪警备司令宣铁吾生辰，举行了盛大的宴会。宣铁吾虽然一介武夫，但他多少知道齐白石的声望和地位，于是派人专程请齐白石赴宴。齐白石起初没有理会，宣铁吾见没有回应，又再三派人前来。齐白石考虑再三，答应赴宴，但心里是十分不愿意的。

席间，宣铁吾走到齐白石身边，请老人对客挥毫。齐白石满口答应。宣铁吾曾听说过抗战八年中，齐白石铮铮铁骨，以巧妙方式与日本侵略军斗争，终不为敌所屈的事。这位绝不向权势屈服的老头，竟然会欣然答应命笔，他觉得自己的身价不知抬高了多少倍。

齐白石走到中间一张画案前，凝思了一下，几笔粗、细的泼洒、勾勒，一只斗大的大螃蟹，带着淋淋的水气，爬在纸上，跃然欲动。

齐白石换了一枝中楷羊毫，看了一下宣铁吾踌躇满志的神气，暗暗发笑，提笔在右上方题了几个大字"横行到几时"，接着又写了"铁吾将军"字样，尔后签字、用印。围观的宾客一看"横行到几时"几个字，有的吓得脸色灰白，偷偷离去；有的看了宣铁吾一眼，暗暗发笑；有的朝白石投以敬仰的目光。宣铁吾面红耳赤，无地自容。

清华大学教授朱自清的气节

1948年，朱自清快五十岁了。在生命最后的日子里，他的身体被疾病折磨得更加痛楚不堪，但他的思想却更坚定了。他曾改唐人李商隐"夕阳无限好，只是近黄昏"两句诗，反其意而用之，集成一副联语，亲笔抄在一张宣纸上，压在书桌玻璃板下：但得夕阳无限好，何须惆怅近黄昏！

1948年春天，蒋介石不顾民众反对，悍然召开了所谓"国民大会"。清华有个教授积极"竞选"所谓"国大代表"，跑来要朱自清投他一票，朱自清告诉他："胡适是我的老师，我都不投他的票，别人的我也不投！"表现了对国民党的极大蔑视。

1948年6月18日，朱自清在《抗议美国扶日政策并拒绝领取美援面粉宣言》上签名。当时在报刊上发表的宣言全文是：

张奚若等百十师长严正声明 （1948年6月）

为反对美国政府的扶日政策，为抗议上海美国总领事卡宝德和美国驻华大使司徒雷登对中国人民的诬蔑和侮辱，为表示中国人民的尊严和气节，我们断然拒绝美国具有收买灵魂性质的一切施舍物资，无论是购买的或给予的。下列同人拒绝购买美援平价面粉,一致退还配购证,特此声明。

签名者:张奚若 金岳霖 唐钺 Robert Winter(温德) 邓以蛰 吴晗 朱自清 陈梦家 沈元 李广田 孟庆基……等一百十名教授

吴晗在《关于朱自清不领美国"救济粮"》一文中回忆:"这时候,他的胃病已经很沉重了,只能吃很少的东西,多一点就要吐。面庞消瘦,说话声音低沉。他有大大小小七个孩子,日子比谁过得都困难。但是他一看了稿子,毫不迟疑,立刻签了名。他向来写字是规规矩矩的,这次,他还是用颤动的手,一丝不苟地签上他的名字。"(原载《人民日报》,1960年11月20日)

拒绝购买每月两袋美援平价面粉,意味着全家收入每月要减少五分之二,朱自清反复思考这事的分量。当天,他在日记中写道:

"这意味着每月使家中损失六万元法币,对全家生活影响颇大;但下午认真思索的结果,坚信我的签名之举是正确的。因为我们既然反对美国扶植日本的政策,就应采取直接的行动,就不应逃避个人的责任。"(引自《朱自清全集》第10卷,第511页)

朱自清是当时学术水平最高的教授之一,但每个月的全部薪水也只能买三袋多(约150斤)面粉。家庭人口又多,全家精打细算过日子,每天吃两顿粗粮,还得他带着一身重病,拼着命多写文章,才能够勉强维持下去。而他的胃病已经发展到极其严重的地步,签名的前几天,体重减轻到38.8公斤,迫切需要营养和治疗。他虽然穷到不能治病,最终在贫病交加中死去,还是毅然决然地在宣言上签了名,并在几天后把配购证退了回去,拒绝了这种"收买灵魂性质"的施舍。直到弥留之际,朱自清还谆谆嘱咐夫人说:

"有件事要记住:我是在拒绝美援面粉的宣言上签过名的,以后,不要去买国民党配给的美国面粉!"

当时,日本军国主义发动的侵华战争结束还不到三年,而这场战争使中国人民死伤达3500万人,其中死亡的就有2000万人,财产损失达5000亿美元。特别是当中国人民起来反美扶日时,美国驻华大使和驻上海总领事又发表了侮辱我中华民族的谈话。如说中国人连日常生活所需的粮食也仰赖美国的慷慨施舍,中国学生得到教育也是受美国"恩惠",反对美国的政策是"受奸人挑拨",是"忘恩负义"等等。因此,朱自清等大学教授当时用拒绝美援面粉的实际行动来抗议,表现了中华民族的气节。

全面内战时期的文化人

巴金的主要经济来源——版税支付法币

巴金说:"我写作一不是为了谋生,二不是为了出名。虽然我也要吃饭,但是我到40岁才结婚,一个人花不了多少钱。"(引自《我和文学》,载《中国当代文学研究资料·巴金专集》第665页)

1946年秋天巴金和萧珊住在上海霞飞坊(今淮海坊)59号,他们已经有了一个不满周岁的小女儿(小林)……三楼临窗放着书桌,铁床放在后侧的角落里,其余的空隙全部被装玻璃橱门的书架占据,书架里绝大部分是外文书。二楼的一间是吃饭、会客的地方。这时他们的生活过得还算平静。经济来源主要依靠巴金在开明书店的版税收入……

在那些日子里,物价几乎一天一变。书店的版税隔一段时间付一次,还是支票。领取版税,买回生活资料,则是一场紧张的"战斗"。……一早赶到书店,取到支票,立即赶到一个在银行工作的朋友那里去贴现。领到用线绳扎起的一捆法币。用小口袋装了,又立即跳上三轮车,按照事先的计划,飞快地把这捆法币换成一些日用品,才长长地吐一口气……(参看《中国当代文学研究资料·巴金专集》第36页)

《观察》周刊的经济状况

抗日战争胜利整整一年后,1946年9月1日,在上海创办了一个新型的知识阶级同人杂志，它在全国造成了深远的影响，以至于随着历史的流逝，它的价值愈来愈在昏暗的背景下凸现出来。这个同人杂志就是《观察》周刊。

《观察》为 16 开本，分量并不厚重，周刊每期只有 32 页即两个印张，篇幅 6 万字。它并不算是"大型"刊物，生存期还不到 3 年。但在 20 世纪中国内地，具有全国影响的同人刊物很多，其中最早一名当然是《新青年》，而最后一名则要数《观察》。

过了整整 40 年以后，费孝通回忆说："《观察》及时提供了论坛，一时风行全国。现在（指 80 年代中期）五六十岁的知识分子很少不曾是《观察》的读者。"（引自 1985 年《新观察》35 周年纪念册）

20 世纪 90 年代美国学者 Suzanne Pepper 在专著《中国的内战》（Civil War in China）一书中大量引用了《观察》周刊的第一手资料。1996 年作者在该书中译本的自序中指出，有些历史见证人在回溯 40 年代末中国内战进程时说：

"许多人当时都阅读上海出版的一本叫做《观察》的杂志，并且实际上将它看作了解政局发展和战争进程的唯一可靠的消息来源。他建议我也这样做。后来这成了对我最有用的忠告，因为它使我越出美国国内争论和外国观察家报告的范围，接触到我最需要的信息，即当时的中国人对 40 年代中国所发生的一切的看法。"（引自《中国的内战》中译本，中国青年出版社 1997 年）

可见储安平主编《观察》周刊在历史上的重要地位。

艰苦奋斗的创业精神

1945 年 10—11 月，储安平和几个朋友曾经在重庆编过一个周刊《客观》，共出 17 期，它在精神上就是《观察》的前身。那是一个 8 开本 16 页（两个印张）的杂志，每逢星期六出版，除了广告，每期发文 6 万余字。当时在西南、西北地区吸引了很多读者，受到好评。

但是《客观》的主办权受制于人、言不由己，储安平就一心筹办独立自主的同人刊物。他说："当时的客观只由我们主编，并非我们主办。我们看到其事之难有前途，所以戛然放手了。"（《观察》第 1 卷 24 期第 3 页）

1946 年 1 月 6 日储安平在重庆召集《观察》发起人会议，认为：

1. 时代需要一个全国性的自由知识阶级论坛

"国内拥有极广大的一群自由思想学人,他们可以说话、需要说话、应当说话。当时国内还缺少一个带有全国性的中心刊物(在抗战中,昆明重庆等地都有水准很高的刊物,但因战时邮递困难、环境限制,都未能布及全国)。假如我们自己确实不偏不倚、秉公论政,取稿严格、做事认真,则各方面的前辈及朋友,无论识与不识,一定乐于支持我们,为本刊写稿。"……抗战胜利以后正是时机,有条件办起这样一个全国性的论坛。

2. 自由思想的论坛必然拥有广大读者

"中国的知识阶级绝大部分都是自由思想份子,超然于党争之外的,只要我们刊物的确是无党无派,说话公平,水准尤高,内容充实,则本刊当可获得众多的读者。"(引自《储安平文集·下》第78页)

可见,他们对于《观察》周刊的思想价值、市场价值、社会价值都是满怀信心的。

当时邀请了七十位撰稿人,其中三分之二在第一卷24期里写过文章。包括:张东荪、马寅初、费孝通、萧乾、雷海宗、曾昭抡、傅雷、钱端升、潘光旦、高觉敷、吴世昌、吴恩裕、许德珩、伍启元等等。

但是开始筹备事务很艰难。首先是经费问题,只有以股份制的方式,筹集必要的资金。

这年年初储安平尚在重庆,他根据上海方面的报告,估计每期的成本是法币50万元,如有600万经费即可着手(其中200万元为开办费、400万元为8期的周转金)。这数目并不算大,但筹措时非常困难。储安平当时就说:"我们这批朋友,多是以教书为生的。读者一定充分明了,在抗战的八年中,教育界人员是如何地在饥饿线上挣扎。所以到真正收款时,常常止于口惠。其间还遇到使人极其难堪的事情。"

最难堪的事情就是全国性的经济危机:法币通货膨胀和物价飞腾。

就在1946年初,全国性的又一轮物价飞涨爆发时,储安平在1946年3月中旬,由重庆飞抵上海。这时社会经济形势险恶,通货膨胀严重,要办刊物的总费用金额,看来必须增加到两倍不可了。

但是储安平具有坚韧不拔的意志和灵活机动的办法,经过种种努力,终于在7月底股金基本就绪,达到法币1千万元(合今人民币5万元),勉强可以启动。《观察》是股份制的同人刊物,有些作者和职工也是股东。储安平预定的股额是二百股,5万元一股(相当于2斗大米,或今人民币250元左右)。许多知识分子从自己菲薄的薪金中节约出5万或10万法币认股,而他们的平均月薪只能买 2—4 石大米。这一股就占用了他们月薪的十分之一左右。他们支持《观察》的精神真是令人感动。

事务方面的第二件大困难，是"房子"。当时在上海，房子就是金条。俗话说"没有金条弄房子难于上青天"。后来储安平幸得朋友们的帮助，租到一间小房子作为编辑部，月租金法币 20 万元（合 2009 年人民币 2 千元），以半年为期。

冯英子写道："《观察》已经在上海出版了，而且很快受到了读者的欢迎，特别是在知识分子中有较大的影响。应当说，从《观察》的出版到后来的被迫停刊，这个刊物一直是办得比较成功的。"

风云变幻中初战告捷

1946 年 9 月 1 日《观察》第 1 卷第 1 期创刊，售价法币 5 百元（合 1995 年人民币 2 元 5 角，合 2009 年人民币 5 元，相当于当时一斤多黄酒价）；储安平说："第一期究竟应该印多少份，事前无法得到科学的根据。一部分朋友甚至怀疑我们这样一个硬性的高级刊物是否可以销过 3000 份。我们第一期决定印 5000 份。"实际上很快加印两版，共 7500 份。第 5—12 期都印 9000 份，自第 13 期以后增印到 1 万份。

1947 年 2 月 8 日《观察》周刊第 1 卷第 24 期售价 1000 元（二两半黄酒价）；表面上比半年前的创刊号涨价一倍；而同一期间日用品涨价到 3 倍多；所以实际售价反而降低了，利润更为菲薄。

这时储安平在《中国的政局》一文中列举了国民党 20 年以来的统治给自由知识阶级造成的三个影响：

首先是政治限制，政府拒绝保障人身自由和出版、言论、集会自由等基本权利；

第二是经济限制，知识阶层陷入了普遍的贫困状态，"政治活动必须有充裕的时间和财力，八年抗战，把教育界文化界人士弄得个个生活不安，精神和智慧完全消耗在柴米油盐这些琐事上，以至大大削弱他们在政治方面所能发挥的积极力量"，缺乏参与社会政治活动的经济后盾；

第三是思想限制，国民党政权顽固地对于教育界横加干涉，不仅未能从年青一代中培养出"三民主义"的忠实追随者，相反，"20 年来党化教育的结果，使青年都未能得到合理的教育……国民党自己不争气，越搞越不像样,弄到青年大都厌恶国民党。厌恶国民党不要紧,党化教育给青年的并不是一种理性教育,青年在理性方面未能得到应有的教化,于是感情的部分因不满现实而日益泛滥。自由思想是重理性的,必须在理性上有修养,始能接受自由主义的熏陶。情感泛滥的结果是趋于极点,不是极点的右就是极点的左。……党化教育的做法是收罗奴才、放任浪才、杀害人才。"接着,储安平笔锋一转——

自由思想分子虽然受着上述种种限制,而客观地说:这批力量目前正在日益滋长之中……实系由于时代使然。若从道德及思想的角度看……绝大多数的人都希望国共之外能产生一种新的力量,以稳定今日中国的政局。今日中国这批自由思想分子,大都在苦闷地忧虑着国家的前途,但他们实不该止于消极的焦愁忧虑。自由思想分子可以起来、应该起来,这不是他们高兴不高兴、愿意不愿意的问题,而是他们的一个历史上的责任问题。

经过一年坚持不懈的努力,《观察》周刊已经成为当时中国知识阶级起来发表自由思想、履行历史使命的民主论坛。

到1947年3月1日《观察》第2卷第1期出版时,售价不得不提高到1千5百元;8月9日第2卷24期出版,售价又提高到3千元;而实际上还是降低了价格(只合今人民币1元5角左右),依靠扩大发行份数而收回成本。但物价仍在飞涨,刊物的前途不仅受到反动政权的专制压迫、新闻审查的刁难钳制,而且愈来愈受到经济危机的严重威胁。

关于财务,按照《观察》周刊社"征股简约"第四条:"出版满一年时,主持人应向出资人提出财政报告。"

储安平在第一卷第24期为刊物诞生半年所作的报告《辛勤·忍耐·向前》一文中说:

"本社的资金是(法币)1千万元,但是现在的账面上,本社的资金已超过2千万元。我们愿意向股东说明,我们在筹备时期,从未开支过一文车钱,也从未开支过一文交际费。第一次租屋及最近的迁移,我们都没有用什么钱。甚至在开办的时候,我们也几乎可以说,没有用过什么开办费,一切家具都是借用旧的,借以节省支出。而且我们可以说,我们是绝对干净的。一切比较大的支出,如买纸、付印刷费等,都由我亲自经手办理,在良心及人格上,我们可说绝无弊端。"

在风雨飘摇中,《观察》周刊不但没有被压垮,反而有所盈余,股东每年分红,还赠送股份给一些对周刊贡献较大的作者和职工。

储安平有一段话曾经感动了百万读者,他倾诉:"这是我们第一次在社会上主持独立的事业,我们认为我们的信用及前途较之金钱远为珍贵。至于刊物本身,可以自给。"(引自《储安平文集·下》第87页,上海东方出版中心1998年版)

忍辱负重,义无反顾

《观察》周刊基本上以半年为一卷,每卷为24期;从1946年9月创刊,次年2月出满一卷以后,用两周时间稍事休整、总结;然后出下一卷,到8月再出满24期。这样一直坚持将近3年,出到第5卷18期,受国民党政府查封而被迫停刊为止;虽然政局非常动荡,经济危机愈演愈烈,然而《观察》周刊3年中的发行量直线上升,在全国范围的信誉和影响不断扩大,读者不限于知识分子和学生,而迅速分布到工、商、政、军、律师、医生等各界,成为最有威望的严肃刊物之一。在读者的地区分布方面,储安平自豪地说:

"发行上,本刊最大的一个特色是分布普遍,关于这一点,今日国内恐怕没有一个刊物甚至一个报纸可以和本刊比拟。平津出版的刊物大都局促于华北东北一隅,上海一般刊物的发行,亦多以京(指南京)沪(上海)、东南一带为主要市场。我们很难相信兰州、成都、贵阳、昆明的读者能看到上海的《申报》、《新闻报》。至于《大公报》有上海、天津、重庆三版,三版若合为一体,其分布之广,便约与本刊相似;但若三版各自分开,我们便很难相信台湾的读者能看到重庆《大公报》、昆明的读者能看到天津《大公报》、西安的读者能看到上海《大公报》。本刊虽在上海发行,但其分布并不限于东南一隅;以京沪杭(南京上海杭州)为中心的东南一带,在本刊的发行额中仅占三分之一,其余三分之二都是分布在华北、华中、华南及西南、西北各地的。这是本刊在中国出版界中最特殊的一个情形。"(原载《观察》第2卷第24期《艰难·风险·沉着——本刊第二卷报告书》,1947年8月)

作为中国新型知识阶层的一个代表,自由民主论坛的一个主持人,他更自豪地宣布:

"本刊是一个纯粹民营的刊物,既无政治集团在后指使、亦无经济集团在后支持,平时用纸都是向市上纸商零购的……"

这种不仅在思想政治上独立思考、而且在经济生活上自力更生的精神,一不靠官、二不靠商,超越官场的威势、摆脱商界的羁绊,坚守人格自由的精神,跟五四运动、跟《新青年》、跟鲁迅、跟北大清华、跟西南联大的革命传统是一脉相承的。这种传统,用一句简单的话说来就是"反专制"。民主、科学、自由就是不仅反对政体的专制,而且反对思想的专制和经济的专制。《观察》的号召力,实际上也可以归纳为一句话:"一切反对专制的人们,团结起来!"

这就是它在全国范围内广大读者中取得巨大成功的魅力所在。

《观察》周刊的经济命脉遇到四方面的威胁——

一、各种开支,首先是白报纸和印刷装订的费用不断上涨;

二、全国各地邮费不断上涨;

三、应付稿酬和同人薪金不断上涨;

四、读者群体不断贫困化,实际收入不断下降。

1947年中,储安平先是在上海文化界多方活动,夏天又专程出差乘坐火车到达北平。在各大学访问调查的结果,使他

"第一次开始了解,今天一般学生是生活在何等贫穷之中。各方面都说学生没有钱订阅刊物。那时我们的订阅还只先收2万元(法币)。2万元在当时充其量只合到战前的一块钱。我们很难相信,在战前,大学的学生竟会拿不出一块钱。然而现在,大学生拿不出2万元却是一个普遍的事实。这事实也深深影响了我,使我在5月学潮中对于学生抱有同情。这次我到北方来,我和学生接触的结果,使我相信,要他们拿出几万元来订一份刊物,已近乎一种奢望……"(引自《储安平文集·下》第156页)

压迫得《观察》编辑部几乎透不过气来的,首先是成本飞涨,而白报纸成为最大一笔支出,第2卷每期成本中纸占40%左右。在1947年2月第1卷结束时,白报纸价格尚未超过5万元1令;但是半月后第2卷第1期付印时,纸价竟然狂涨到3倍以上,每令15万元。2卷1期以后,白报纸价格继续飞涨,自15万到20万、30万。到8月1日储安平写《第二卷报告书》的时候,白报纸价格为每令32万元,是第一卷结束时的8倍。

其后 6 个月内，白报纸价格又飞涨到 40 万、60 万……200 多万，是第二卷结束时的 7 倍；《观察》第三卷每期的成本中，白报纸占到 55% 左右。

与此相应的，排印工及装订工也一再涨价，其涨幅不在纸价之下。

储安平叹息："这对于本刊实为一种难以忍受的打击。"

再说全国各地的邮费。《观察》周刊从第一卷第 18 期以后"增加售价的重要原因是邮资的涨价，每份的航空邮费，自 1946 年 9 月的 122 元涨到 1947 年 1 月的 310 元。"涨价到 2.5 倍，（《观察》第 1 卷第 24 期半年总结）到 1948 年初涨势更猛——

"远地寄刊，势须航寄。定户航寄，航平每份就要 4 千多元，航挂号每份就要 7 千多元，……本刊在发行上最大一个特点就是真正的全国性，发行总额的 50% 以上都散布在大后方各大小城市乡镇之间以及边远地区，因此邮资的加价对于本刊业务上所生的影响，大于仅仅以京沪杭（南京上海杭州）三角地带为发行中心的其他刊物。"（参看《观察》周刊第 3 卷第 24 期报告书《风浪·熬炼·撑住》一文）

再说《观察》付给作者的稿酬，也必须跟着物价浮动上涨。1947 年 2 月第 2 卷 1 期为千字 1 万至 1 万 2 千元法币，第 2 卷的最后 1 期提高到千字 3 万至 4 万元；第 3 卷第 1 期为千字 5 万至 6 万元，到 1948 年 2 月最后一期提高到千字 15—20 万元，也就是说每半年提高 3 倍多，每年提高 10 倍左右。当时许多出版社支付稿酬是以每千字 1—2 斗米价计算的。

《观察》周刊社员工的薪金开支，也必然随着通货膨胀物价飞涨而上扬。在 1947 年 9 月份每月总额为法币 7 百万元，到 1948 年 1 月增涨到法币 5 千万元……

在第三卷的 6 个月中，支出方面，纸张价格涨到 7 倍、员工薪金也涨到 7 倍，稿费涨到 3 倍，排印装订费也涨到 3 倍；但是在第四卷的 6 个月中，物价飞涨更加凶猛，因此纸张价格涨到 16 倍，员工薪金涨到 28 倍，排印工和纸型涨到 23 倍，稿费涨到 20 倍（千字由法币 20 万涨到 400 万元）。全部开支合拢来算，在这半年中，成本金额飞涨 20 倍以上。

市场发行——广大读者的经济支持

那么《观察》周刊究竟依靠是什么力量，来承受这样不断增长的沉重负担呢？一句话，依靠扩大市场发行，依靠本身的质量，和广大读者们的经济支持。

1947年8月30日《观察》第3卷第1期出版，售价3千元；发行量激增到1万9千份，为创刊号初印数的3倍多。并且出了"华北航空版"，在平津地区扩大发行。

这时胡适正好从北平来到上海，9月22日储安平特致函胡适，报告一年来《观察》周刊的经营情况并向他约稿。这封信已经收入《胡适来往书信选》下册（中华书局·香港分局1983年出版第239页）。信中说：

我们最近开了股东会议，去年一年，盈余2亿3千3百余万。办刊物本来照例是赔本的，本赔完，就关门大吉。我们实在没有想到会赚钱，而且赚了这许多。一千万的本钱，在一年中赚了二十倍。（陈按：扣除物价上涨十倍的因素，实际上赚了两倍，而且不久以后这2亿余万法币又大大贬值了）

再过半年以后，1948年2月7日第3卷24期售价法币1万元（由于物价飞涨，只合今人民币1块钱）；发行量又增加到2万5千份，为创刊号初印数的5倍。此后印数一直飞跃，第4卷增加到5万份，到第5卷更增加到10万多份。

但是，储安平在《观察·第三卷报告书》中指出：就以这一期售价1万元一份来说，在上海，到小饭馆吃一碗最起码的肉丝面就要2万元；乘坐一次公共汽车的车票就要1万元，一张电影票3万元到4万元，看一场电影连车费就要化法币5万元到7万元；……

以《观察》订户的职业分类，学界占23%，工商界占22%，政界占17%，军界占5%，其他占33%；以订户的地区分类，上海市占8%，南京市以及江浙一带占18%，华中地区占19%，西南（主要为四川）地区占16%，华南地区占13%，西北地区占14%，华北及东北占10%以上，等等。

有一件事实最能说明问题。1947年夏天清华大学、北京大学、南开大学三所最高学府招生，公民试题有一道是《试评日常所阅读的日报及刊物》，而绝大多数的考生写的是《观察》周刊。可见《观察》已经深入到全国几乎所有的中学生心里。储安平欣慰地说："我们两年来夜以继日的努力，总算收到一点小小的效果！但是树高招风，影响越大，招的忌讳也就越大，这也是无可避免的。"（参看《观察》周刊第四卷报告书《吃重·苦斗·尽心》一文）招什么忌讳呢？专制迫害和经济制裁的双刃悬剑。

《世纪评论》是担任过国民党政府高级官员的经济学家何廉1947年1月筹款创办的，由留美政治学博士张纯明主编，撰稿人包括萧公权、吴景超、潘光旦、蒋廷黻、翁文灏等，他们批评时政，倡导民主，言论大胆，很快得到社会公认。

《观察》的"观察文摘"栏摘载了傅斯年在《世纪评论》首发的三篇文章。储安平在《编辑后记》中说："傅孟真先生一连写了三篇抨击孔宋豪门资本的文章。他的文章是爆炸性的。"在1947年的中国，不仅有仗义执言的傅斯年，还有经济学家马寅初等硬骨头的知识分子也一直在大声疾呼，抨击豪门资本，陈云阁主持的重庆《世界日报》2月16日刊出社评《罢免宋子文！》直接发出了罢免政府首脑的呼号。直到1948年1月15日，重庆《世界日报》还发表社评——"清算豪门的时候到了！"正是那些良知未泯的知识分子说出了千千万万老百姓的心声，从而成为感动了一个时代的文字。

自由战士，大众喉舌

《观察》周刊第3卷第9期（1947年10月25日出版）刊载储安平的政论《评蒲立特的偏私的不健康的访华报告》，指责国民党政府，引起当局要人的严重注意，《观察》周刊面临被查封的危险。面对专制独裁和特务横行的威胁，储安平声明编者的根本原则是："生死之权操之于人，说话之权操之于我。刊物要封，听命封，遇到大问题时，我们是无法躲避、无法退让的。在这混乱的大时代，中国需要的就是无畏的言论，就是有决心肯为言论而牺牲生命的人物！"（参看《储安平文集·下》第221页）

腐朽的国民党军队在解放军三大战役打击下节节败退，而国统区的经济状况也如雪崩不可收拾。这一切形势反而更推动了《观察》的发展和传播。

物价继续大幅度飞涨。

与此同时，1948年2月底《观察》第4卷第1期出版，售价1万5千元；发行量2万5千份。8月初第23—24期合刊出版，售价20万元；暴涨13倍，而发行量激增到5万份。成本的大幅度增加，仍以发行量急剧上升所增加的利润来弥补。

1948年3月20日，储安平接到上海市政府新闻处来函，应约去谈话。储在市府新闻处亲眼目睹中央国民政府内政部给《观察》的警告公文，罪状是"言论偏激，歪曲事实，为匪张目"。他表示，有一个谜始终不能解答，即这个公文始终没有正式送到《观察》周刊社。可见政府为此大伤脑筋。4月8日《大公报》载《世界知识》和《时与文》两刊物受到警告。……后来才知道，2—3月间有人已经想要查封《观察》周刊，但尚未将查封令发出。

《观察》周刊第4卷第12期（1948年7月17日出版）载有储安平撰文再一次指出："政府利刃指向《观察》！"文中说——

"南京《新民报》遭受永久停刊处分以后，连日南京的政界、文化界、新闻界又盛传本刊将继《新民报》之后，遭受停刊处分。我们业已在多方面证实此项传说。听说当局最初曾想一口气'解决'几个在他们认为眼中之钉的报纸、杂志和通讯社。其后因为《新民报》的查封令发表以后，各方反应不佳，所以第二个查封本刊的命令迟迟未下。政治风云，变化莫测，本刊命运，存亡难卜……"

但是储安平公然宣告：

"封或不封，那是政府的'权力'，但我们绝对不愿因为外来的意见而改变我们的编辑政策。我们的编辑政策是独立的，不受外来干涉的。我们在商标上标明Nonparty和Independent两字，Independent（独立）是我们的主要精神之一。而我们所以如此者，就因为我们认为：要维持完整的人格，必须保有独立的意志。这个原则是我们绝对不能放弃的。"（载《观察》周刊第4卷第23、24期合刊，1948年8月7日出版）

同年8月28日《观察》第5卷第1期出版，最高发行量达到10.5万份，并且出了"西北航空版"和"台湾航空版"。如果按照每本周刊平均有10人阅读估计，《观察》在全国各地的读者群体达到一百万人左右。

金圆券和独裁政权的崩溃

金圆券的加速灭亡

鉴于法币恶性膨胀,国民经济面临崩溃,国民政府于 1948 年 8 月 19 日以"总统紧急命令"再次进行币制改革,开始发行金圆券,规定"金圆"为本位。以中央银行所存的黄金和证券作保证,以代替行将崩溃的法币,并借助于政治力量,强行收回全国人民手中的外币和黄金。国民政府还规定,每元金圆券的含金量为 0.22217 克,以金圆券 1 元折合 300 万元的比率收兑法币。发行"十足准备"的金圆券,总额限于 20 亿元;第一期发行 5 亿元。(当时全国法币量折合金圆券约 2 亿元)。

规定私人不得持有金银外汇,限期一至三个月内到指定银行兑换,如不于限期内收兑者,一经发现,即予没收。黄金每市两兑给金圆券 200 元,白银每市两兑给金圆券 3 元,银币每圆兑给金圆券 2 元,美金每元兑给金圆券 4 元,等等;并登记个人存放国外的资产和外汇。把物价和薪津、工资冻结在 8 月 19 日的水平。

这就是说,新发行的金圆券 1 元应该相当于抗战前银圆(或基准法币)5 角左右。或 1948 年美金 0.25 分。

根据发行金圆券时颁布的规定:

> 文武公教人员之待遇,一律以金圆券支给。其标准以原薪额(注:抗战前夕的基准法币)40 元为基数;超过 40 元至 300 元之部分,按十分之二发

给金圆券；超过 300 元之部分，一律按十分之一发给金圆券。

这就是说，一个按照抗战前标准领取 40 圆月薪的文化人（刚参加工作的知识青年），这时得到的月薪为金圆券 40 元，购买力相当于战前的标准银币 20 圆（金圆券 1 元= 标准银圆 5 角= 标准人民币 1 元 5 角）。实际收入比战前降低一半。

照抗战前标准领取 80 银圆月薪的文化人（刚毕业求职的大学生、或已经工作数年的职工），这时得到的月薪为金圆券 48 元，购买力相当于战前的标准银币 24 圆；实际收入为战前标准的三分之一。

照抗战前标准领取 300 银圆月薪的文化人（普通教员、记者、编辑等），这时得到的月薪为金圆券 92 元，购买力相当于战前的银币 46 圆；实际收入约为战前标准的七分之一。

而照抗战前标准领取 600 银圆薪水的文化人（教授、高级知识分子等），这时得到的月薪为金圆券 122 元，购买力相当于战前的银币 61 圆；实际收入为战前标准的十分之一。

这对于文化人的经济生活，是强力歧视性的限制和野蛮压榨式的打击。
1948 年 8 月 19 日上海市限价如下：
米价每石金圆券 20 元 9 角（合每斤 1 角 3 分）；面粉每袋 7 元 6 角；猪肉每斤 7 角 3 分；生油每斤 6 角；
但是从 10 月以后市面上就不见"限价"商品了。
到 1949 年 10 月底，中央银行已经从民众（特别是中产阶级）和工商业主手中收兑了大量金银外汇。仅上海一地，就有黄金 114 万余两，美钞 3452 万元，港币 1100 万元，银圆 369 万余元，白银 95 万余两，均截至 1948 年 10 月底数字（参看《文史资料选辑》第七期，《金圆券发行后蒋介石在上海勒逼金银外汇的回忆》，第八辑《金圆券之发行和它的崩溃》。）全国被掠夺的金银外币数字，据美国白皮书透露，国民党政府向美国方面报告，金圆券所收兑的外汇，已经超过 1 亿 5 千万美元（参看《美国与中国的关系》即白皮书中译本 332 页）。事实上是决不止此数的，一般估计约达 2 亿美元。

这是一次财政大洗劫。所得财物，后来大多运往台湾。
然而这是垂死挣扎。金圆券发行后，急剧膨胀。面额有一角、五角、一元、五元、二十元、五十元、一百元。根据国际通行的货币发行公例，当前在市场上流通的纸币总量中，最大面额的纸币交易量超过 70 % 的时候，才表示币值不够，要发行更大面额的纸币。三个月以后不到一年的时间内，金圆券发行的最大面额不断增加，从一百元、一千元、一万元……直到一百万元。

以上金圆券均由中央银行发行，正面印有蒋介石头像。由于金圆券并无真正的黄金准备，发行又不加限制，根本不能填补庞大军费开支的无底洞。物价更迅猛飞涨，生活必需品奇缺，金圆券迅速贬值，黑市交易随处出现，各地普遍发生抢购风潮。甚至出现席卷全国的抢米风潮，南京、上海、杭州等地，卷入风潮者数以十万计。在"金圆券"币制改革施行后70天，1948年11月1日国民政府被迫发表《修正金圆券发行办法》和《修正金银外币处理办法》，宣布：

（1）"金圆券"贬值80%；

（2）准许个人持有金银外汇，美金和金圆券的兑换率由三个月前的1比4猛涨到1比20；

（3）撤销金圆券的发行限额。

由于限制物价失败，而改行"议价"。上海市大米的金圆券价格，由原价每石20元9角（每斤1角3分）涨到90元（每斤5角8分）；猪肉由限价每斤7角3分涨到3元，都涨到4倍多，其他物价随之涨到4—7倍。

11月中旬，面粉从原限价每袋金圆券7元6角涨到250元，生油从原限价每斤6角飞涨到18元，都涨了30倍；其他物价随风涨到20倍左右。

这实际上就是承认了"金圆券"面临破产。溃决不可收。民间纷纷抛弃金圆券，换取银圆（所谓"大头"是民国初期铸造的有袁世凯头像的银圆，所谓"小头"是有孙中山头像的银圆）、银毫子（即小洋或银角子）和美钞，甚至金条，进行公开或半公开的交易。因为金条是黄色的、银圆是白色的、美钞是绿色的，所以这种交易混名"黄白绿"。

1948年11月12日南京上海外汇牌价：1美元＝金圆券25元，

1949年1月26日牌价：1美元＝金圆券170元，3月16日牌价：1美元＝金圆券6900元……

短短4个月金圆券又贬值276倍。1949年初，甚至发行了面值为1百万元的金圆券！

到1949年4月，金圆券发行量达到7607亿元的天文数字，8个月中膨胀1540倍；而上海市物价飞涨到83800多倍。最后，金圆券的币值已经贬到5百万分之一，还不如垃圾，扔在地上都没有人拣了。

1949年上半年，北平、南京、上海等大城市接连解放。

南京解放前夕，3月26日1块银币价值金圆券1万元；上海解放前夕，

5月1日1块银币价值金圆券8千万元，5月20日，银币1圆可兑金元券16亿。各地不得不以银币代替金圆券的流通。

6月5日起，中国共产党华东军事管制委员会完全禁止金圆券流通。

金圆券的破产，比法币还要快。此时国民党政权已呈土崩瓦解之势，人民对金圆券的发行均嗤之以鼻，物价继续飞涨。而金钞外汇黑市，更加火箭式上升。到了1949年6月份，发行额达到了原发行额的65万倍，估计为60万亿元。6月25日，国民党政府的行政院规定银圆1圆等于金圆券5亿元，而四川省政府早于同月12日宣布银圆1圆等于金圆券7亿5千万元，21日重庆的银圆黑市1圆等于金圆券25亿元。即以银圆1圆合金圆券5亿元计，在短短的10个月内，金圆券已贬值2亿5千万倍。法币在金圆券发行前夕，还是6百万元法币合银圆1圆，比起金圆券真可说是小巫见大巫了。

到7月，节节败退的国民党政府又在广州等地发行"银圆券"，但是已无任何币值可言。几个月以内就跟国民党政权一起在中国大陆彻底完蛋。

金圆券、银圆券，在现代世界货币史上是最短命的、最缺德、最无信誉、最卑劣无耻的货币。

几年后，国民党官员吴国桢回忆说：

关于金圆券，所有的问题归结为一点，就是它激怒了中国民众的各个阶层，引发他们对于国民党政府群起而攻之。知识分子认为金圆券政策是极度愚蠢的。银行家和商人也对政府怀着怨恨和仇视。中产阶级被迫交出最后一点积蓄（外汇和金银）而几乎完全破产。店铺老板们以金圆券平价出售了他们的库存，结果不名一文。至于穷人们更不必提了，他们手中的金圆券迅速变为一大堆废纸。金圆券的失败对于国民党政府是最致命的打击。（译自易劳逸《蒋介石与蒋经国》一书）

一个学生的日记

朱正1931年11月生于湖南长沙。父亲是湖南省中山图书馆的会计，月薪法币50元。在抗日战争以前，这50元很值钱，足以养活一大家子。

朱正回忆说："在我最早的记忆里，我们家里的人很多。"三代同堂，祖父祖母、父亲母亲之外，还有祖父的。五弟、三个姑母……"到1937年抗日战争爆发时，我又添了三个妹妹，那时的生活费用很便宜，这么一大家子人，老老小小亲亲疏疏十几口人，全靠我父亲在图书馆的薪水 50 元过日子，似乎还不怎么拮据。"（引自《小书生大时代》第 7 页）

战乱之中，朱正在湖南一带颠沛流离，度过了学生时代。

抗战胜利后，1946 年朱正就读的广德中学迁回衡阳原来的校址。父亲为他在商务印书馆衡阳分馆存了大约 25 万元法币。其中有一半款项用于朱正缴纳学校的各项费用，再加上他一学期的零用。

大约在 1947 年，父亲由中正医院调到湖南省电务局，还是做他的会计主任，照现在的官制，大约是正科级。父亲的薪水只有那么多，却要养活一个人口众多的家，本来就不容易，更要命的是通货膨胀，法币贬值，物价不断上涨，家计越来越艰难。（同上书 41 页）

从朱正保存至今的 1948 年的日记中，可以反映出当时民不聊生的经济状况。

1948 年 6 月 10 日朱正为了买书拿了家里 26 万元（法币）；9 月 16 日又拿了家里 50 万元，可见当时的书价。

1948 年 7 月 15 日："妈妈今天买一桔子给细六吃，花 30 万元整。"

同月 17 日："今天剃了个头，花 15 万。"

同月 22 日："买了一个八斤重的西瓜，每斤 3 万，又给他车费十万元。是日，光洋 450 万元一块。"

同月 27 日："买米 2 斗 3 升，花 575 万元。"当时买米，以石、斗、升为单位，折算下来，当天的米价约为每公斤 33 万元。

同年 8 月 2 日："上午，买了二斗米，比上回较好，共价 540 万。"这一天的米价是每公斤 36 万元了。

同月 17 日："买了一个并不好的桔子，花 50 万，香蕉两支 25 万，芝麻饼 25 个 50 万。因为七妹咳得很厉害，买给她吃的。"

那时家里穷困的状况，朱正日记中也记下了不少——

1948 年 8 月 13 日："日来家里穷的很，昨天欠的沙水钱，那人索了两回，不曾要到。"当时长沙没有自来水，居民饮用的是白沙井的井水，简称沙水。一些人的营生就是从白沙井挑水来卖，一担水要不了几个钱，可就是连这钱朱家也一时间拿不出来。

同月 17 日："午餐后，爸爸命我向克丞舅要钱。一直跑了很多趟才拿到一亿。计开永和丰二次，裕湖四次，克丞舅家三次。"

克丞舅是朱正母亲的远房兄弟，一直在钱庄做事，朱家在缓急之际常跟他通融一点钱，永和丰与裕湖都是同他有关系的钱庄。一亿元，看数目很大，当时不过能换二十来块银圆罢了。

当时，一般公务员和平民百姓的生活真是艰难。法币实际上已经崩溃。1948年8月20日朱正记下了币制改革："今天有一件大事：币制改革。昨天蒋中正援用一种不合法的法，不经立法院讨论，而直接降旨，内容为：一、新币叫金圆券。二、金券：白银（两）=3:1，金券：黄金（两）=200:1，银币（圆）：金券=1:2，法币（元）：金券=300万:1；三、金券一元合黄金0.22217公分。四、美金：金券=1:4；五、人民不得持有外币金银。《湖南日报》的评论很不好。"

朱正记得很清楚，发行金圆券的前一天，长沙一块银圆在黑市上只换到法币五百万多一点，而按照新的币制，一块银圆相当于六百万元法币，这样，官价竟比黑市还要高了。《湖南日报》是如何评论的，朱正完全不记得了，设想应该是预言金圆券的前途未可乐观吧。金圆券的逐步崩溃，在那一段日子的朱正日记里也能看到一点影子：

1948年9月2日："家里穷得可以了。其实，并不是家里穷，是国家穷，连累了我们。米由13.2元一下涨到21元！《湖南日报》的口风打灵了！甲妹跑了一满街，才买到米三升。

同年10月28日："今天黑市银圆：金圆（券）=1:10。

同年11月29日："今天的光洋换金圆（券）是70—98—105—98—140。"

1949年2月2日："光洋涨得很凶，银圆:金圆（券），据说最高到了1:6000。"

同年3月23日："妈妈的命令：在九如斋买了一千元金圆券（合银圆一角）的桃酥，计五个，送给外婆。"当天银圆换金圆（券）的比率已经达到1:10000了。

金圆券以比法币更快的速度崩溃。朱正家里的生计也越来越不容易维持。就是在这种情形下，父母亲也没有让朱正因为穷困而辍学。新学期开学前几天，1948年8月27日朱正日记：

"上午，爸爸拿了家中仅有的一个金戒指，叫我去换了做学费，毫无一点吝惜的样子，我不想去，反而安慰我。唉，所以，分数虽然可以不问，然而书应该认真读的。"（引自《小书生大时代》第41—43页）

1949 年仍然通行银圆

一直到 1949 年初,"北平"和平解放、中共政权进驻以后,在北京仍然通行银圆。

当时在国立清华大学教英语的美国学者大卫·季德,准备跟中国女大学生余静岩结婚,举行一个基督教婚礼仪式。他们邀请了一位中国牧师。这就牵涉到费用问题。大卫·季德后来在《北京故事》(Peking Story)一书中回忆说——

冯牧师随我一同回到余家。我们与他为支付他多少费用讨价还价。那时,北平流通多种货币,且币值很不稳定。市民讨论比一包香烟贵的一切物品的价格时,都要用银圆甚至黄金支付,或者,用小米或布匹计算。冯牧师要求付给他 20 块墨洋(墨西哥银圆)。那时,一名仆人一个月的工资是 5 块银圆。最后,大家同意 9 块银圆成交。这个数目算是高的。(引自中译本《毛家湾遗梦——1949 年北京》)

"金元宝兑换法币"的故事

清末民初,富家通常使用银两、银圆,而积存财富则变换为"金锭"(金元宝),每个重量为一两,也叫做"鞋",因为它的形状像中国妇女穿的小缎鞋。所有这些黄金都藏在北京宅第砖地下面的瓦盆里或墙里的隐蔽处(富翁认为存进银行或兑换成纸币都不可靠)。

1936 年前后,国民政府号召所有的中国人把私人储存的黄金兑换成全国通用的纸币(法币),以表示忠心爱国。家住毛家湾大宅门的余老先生,把全部黄金装上马车,运到中央银行换成崭新的百元面值的纸币,珍藏起来。然而这种做法是毫无意义的,因为随着通货膨胀和日本人的侵略,不到两年,这些纸币已不再流通,形如废纸了。结果,余老先生骤然沦为穷人。

十多年以后,余家子女偶尔会在柜橱底层或抽屉深处,发现父亲原先存放的一盒盒褪了色的"法币",或一叠叠发黄的百元钞票,仍旧用原来的包装纸包着。假如这种钱仍然流通,按照 1949 年的比值,一整箱的纸币只够在北京饭店吃一餐饭。家里原有的黄金只剩下一两条金项链和几只小金元宝，那可能是余老先生当时忽略了，没有拿去银行兑换，或是由家里其他人存放才没有变成无用的废纸。（根据［美］大卫·季德所著《北京故事》Peking story，中译本《毛家湾遗梦——1949年北京》第149—150页）

金圆券的垂死挣扎

1949年4月20日，人民解放军渡过长江，24日南京宣告解放，金圆券亦成废纸。6月5日起，完全禁止流通，历时10年之久的恶性通货膨胀史，真是开古今中外所未有的新纪录。

国民党统治时期的恶性通货膨胀，在古今中外币制史上是史无前例的，它比第一次世界大战后德国的马克贬值还要厉害。在抗战前一元法币可以买二十斤大米，到了实行金圆券前夕，一元法币连一粒大米也买不到了。

通货膨胀是杀人不见血的剥削人民的手段，它比最恶劣的人头税还要厉害，只要持有纸币，谁都不能幸免。如面额一元钞票的购买力因通货膨胀而贬值为原来的百分之一，则等于每个持有一元钞票的人都要无偿缴纳九角九分。而事实上法币的贬值不是原值的百分之一，而是百万分之一甚至千万分之一，中国人民所遭受这场恶性通货膨胀的灾难，在历史上是空前的。

恶性通货膨胀期间，金、银、外币、银币甚至粮食和其他实物，都起而执行货币的价值尺度、流通手段和支付手段的职能。货币地租变成实物地租，农村及边远地区，甚至恢复了物物交换。有些地区，竟连征税也要实物，不收法币。

总之，恶性通货膨胀，喂肥了帝国主义、官僚和买办；劳动人民都遭到不同程度的残酷榨取和深重盘剥，在此期间，人民遭受的直接损失是十分惊人的，估计被掠夺了价值一百五十亿银圆以上的财富。这是个极其沉痛的历史教训，它指出了一条真理，马克思揭示的货币流通规律（包括纸币流通规律）这条客观经济规律是不能违背的，否则，不管当权者的权力有多大，必然要受到客观经济规律的惩罚，国家和人民都要遭受一场浩劫。这是多次的历史实践已经证明了的。

浦熙修评金圆券

朱正先生在《从新闻记者到"旧闻记者"——浦熙修小传》一文中追述

道——

1948年7月8日，国民党当局以"为匪宣传、诋毁政府、散布谣言、煽惑人心、动摇士气……"一大串罪名，宣布给予南京《新民报》"永久停刊处分"。报纸被封，新民报社的采访主任浦熙修原可以离开南京。正好这时，徐铸成要创办香港《文汇报》，托钦本立约浦熙修写"南京通讯"，定每月写四篇，港币百元。她对写通讯还有兴趣，生活也可以维持，于是就留下来不走了。

1948年9月9日香港《文汇报》开始出版。9日、10日连续两天，刊出了浦熙修写的南京通讯《是王牌么？》，副题是"改革币制内幕"。接着，又连续发表了《币改的挣扎》、《暮秋南京》、《金圆券的下场》等一系列文章。不能用本名发表，就署名"本报南京特派员青涵（或青函）。这一组文章相当充分地写出了蒋介石统治临近覆灭时候的情况，有很高的史料价值。文章围绕着当时的两件头等大事展开，即战局和币制改革。

《是王牌么？》谈的是币制改革的内幕，由担任中央银行秘书处副处长的黄苗子提供材料。黄夫人郁风在《新民报》编过副刊，浦熙修因郁风的关系去找他帮忙，在他帮助下写了这篇谈币制改革的文章。其中不但有局外人无以获悉的"内幕"，还有财政金融专家才能够作出的精辟分析。

蒋介石在8月19日下令改革币制、发行金圆券。浦熙修9月3日寄出的这篇文章，一开头就说："改革币制这张牌摊出来了。是王牌还是烂牌，目前依然是个大疑问。"财政部长王云五是力主发行新币的。他的如意算盘，一是靠增加税收，二是希望缩减军费，三是指望美援。针对这三项，浦熙修的文章分析说：增税一项，同原来预算相比，货物税、直接税增加10倍，盐税增加近60倍。国税署署长认为"绝对办不到"。文章说："在这民穷财尽的时候，这样的重税真不知从何处去收敛。"军费一项，文章说："战争不停，军费必将继续膨胀。……改革案最要一点是提高了士兵待遇。士兵每月几百万的饷银，如今增加成每月两千余万，而王部长却希望减少军费，这岂不奇迹？"至于指望以美援来弥补预算，文章引用了美方所表示的态度，指明"大致要成画饼"。分析了各种因素之后，文章指出："总之内战不能停止，生产不能增加，预算不能平衡，物价也无从稳定。这局面拖下去，今天的金圆券，能保证不变成当年的法币大钞吗？"

《是王牌么——改革币制内幕》还对蒋介石强行以金圆券兑民间金银外币一事分析说："这次改革币制方案，在经济专家看来，在老百姓看来，都看不出什么是处。但亦有人认为这是在位者精明的打算。这是当权者可进可退能战能守的策略。当然今天局面一切决定于战场。有了二十亿的三百万元一张大钞，今后总可以打几个硬仗的。战而胜，一切问题迎刃解决；战而不胜，白纸换来的黄金美钞，便有个万一的充分准备。"文章以这样的一段话作结："目前政府真是全副精力在维持这牌的价值。政府本身亦战战兢兢，俨然扑克场中'小2'当作'老K'打的神气。是吉是凶，是赢是输，他们亦捏着一把汗。这王牌到底是不是张烂牌，恐怕时间不久就会证明了。"

果然，不久就证明了这是一张烂牌。浦熙修在《币改的挣扎》一文中描写了金圆券崩溃的景象："南京抢购声中最不得了的是米店里没有了米。有人走遍全城，买不着一粒米。""糖果店、蛋糕、面包也都一扫而光。主妇们几天来都不安于室。街头行不通，商场挤不进。首都如今万人空巷，真是盛况空前。"

《币改的挣扎》结尾说："当币制改革案公布时，大家都知道这法案最多只能发生短时的效用。短到什么程度，当时许多人有了争论，有人估计5个月，有人估计3个月。今天距8·19不到两个月，改革案已经在作最后的挣扎了。这案关系甚大。金圆券垮了，恐怕整个局面都要跟着垮。因此政府今天亦就在币制案底下作最后的挣扎了。"

几天之后刊登《金圆券的下场》，副题就是"随着军事挫败一起垮台。"一开头就说："金圆券在出世的那一天，它就注定了失败的命运。但谁亦没有料到它失败得这样快，这样惨，更这样丑！政府本来是玩的一套空把戏。那违反了经济法则的改革币制案，完全要靠政治力量支持；但政治的威信，完全以军事的进展而定。目前军事既如秋风扫落叶般败下来，金圆券当然要跟着垮台了。"文章尖锐地指出："到了这种地步，谁亦知道这已接近大变动的边沿了。"如果要说得更露骨一点，就是蒋介石的统治就要走到尽头了。

11月7日，人民解放军发动了淮海战役。……浦熙修坐在家里，听到了每天不断从南京起飞的飞机声震屋瓦，她知道，这反映出了战局的紧张，南京政府已接近它的末日。她为香港《文汇报》写最后一篇"南京通讯"《南京政府的最后挣扎》。文章开头就是这样一段："在这军事山倒、经济崩溃、外援绝望的时候，谁也不相信南京局面会有什么奇迹出现了。今日南京已陷入混乱、慌张、恐怖的境地，但政府仍然在作着最后的挣扎。在老百姓说来也许是黎明前的黑暗吧！"文章列举了物价飞涨、教师罢教、美援绝望种种叫南京政府头痛的事情。至于军事方面，文章指出："东北完蛋了，华北也所剩无几，现在是要作华中决战了。""这一战有人说是最后一战；假若徐州易手，南京也随着结束了。"

文章以兴奋的心情写的这样几句话作结："老百姓过着无米没柴又缺油

的苦日子，真是活不下去了。但他们也发现了另一个新希望，他们在谈论着解放后的开封，白面是一毛钱一斤。解放后的济南，三日后秩序即行恢复。他们不觉冲口而出：共产党要来就快来吧！……"

对于金圆券的嘲笑和抗议

《观察》周刊第 5 卷第 11 期（1948 年 11 月 6 日出版）发表了储安平嘲弄国民党政府的文章《一场烂污》——

一场烂污

在全国空前骚动、朝野争战多日之后，政府终于放弃了他那"只许成功不许失败"的限价政策！这是 20 年来这一个政府第一次在人民面前低头的一个纪录！在这 20 年中，这一个政府，凭借他的武力，凭借他的组织，凭借他的宣传，统治着中国的人民，搞到现在，弄得民穷财尽，烽火遍地。这次，在全国人民不可抗拒的普遍的唾弃下，他终于屈服了一次！

过去一个月真像是一场噩梦！在这一个月里，数以亿计的人民，在身体上、在财产上，都遭受到重大的痛苦和损失。人民已经经历到他们从未经历过的可怖的景象。他们不仅早已丧失了人生的理想、创造的活力，以及工作的兴趣，这次，又丧失了他们多年劳动的积储，并更进一步被迫面临死亡。每天在报上读到的，在街上看到的，无不令人气短心伤。饥馑和恐怖、愤怒和怨恨，笼罩了政府所统治着的土地。地不分东南西北，人不分男女老幼，没有一个人相信这个"金圆券"。抢购抢购，逃卖逃卖，像大洋上的风暴，席卷了整个社会的秩序。抢购是一种"无言的反叛"，这是 20 年来中国人民受尽压迫、欺骗、剥削，在种种一言难尽的苦痛经验中所自发的一种求生自卫的行为。因为这种行为是自发的，所以这种行为能同时发生在政府统治区域中的大小各地，因为这个风暴已是全国性的，所以这个风暴已经威胁到政府政权的安全。中国的人民是可怜的，在政府种种秘密的监视下不能有什么大规模的组织，因之也不能发生任何足以左右政府政策的有效力量。这次的全民抢购，骨子里的意思是人民不相信这个政府，然而可怜的久在淫威之下的中国老百姓从来不能正面站起来对政府表示不信任，全民抢购从政治的观点来说也只是一种人民不和政府合作的消极反叛，然而只要是真正威胁到了人民的生存，即使是一种消极的反抗，或者如我前面所用的一个名词，"无言的反叛"，但也足够震撼政府的命脉。在中国近代的历史上，这是一次崭新的教训。

"纸币"本来只是一张纸，它本身并没有任何价值，它的价值都系于发行这个纸币的政府的信用。有一个"市民"曾在上海各大报纸登载大幅的广告，质问一般市民：为什么美国人民有了美钞不去抢购呢？为什么英国人民有了英镑不去抢购呢？为什么中国人民拿了金圆券就要去抢购呢？这问题真是问得漂亮！可是我们反问一下，为什么中国人民在以前（在10月31日以前），有了美钞英镑并不一定要去抢购物资呢？为什么在中国的美国人英国人有了中国的金圆券，也一样的要把它用掉，不要放在手里呢？稍稍一想，这里面自有道理。严格的说来，要以改革币制来解放中国当前的经济危机，本来是个幻想。发行法币的是这个政府，发行金圆券的也是这个政府，这同一个政府，法币的信用既然不能维持，难道金圆券的信用就能维持了吗？有人认为这次的改革币制和最近的放弃限价，都是为了人民。实际上真是如此吗？老实说，无非因为当前的经济情景实在不太像样，有点可怕，假如不改，恐怕政府要站不住了！改吧，改吧，乱七八糟先改它一下，暂时麻醉一下人民；后来弄到全国抢购，乖乖不得了，看上去可能要出什么乱子，威胁政权，所以只好放弃限价。这一切，说得漂亮是解除人民的苦痛，骨子里还不是要安定自己的政权？而在改革币制时，政府命令人民将平时辛辛苦苦积蓄的一点金钞，一律兑成金圆券；政府只要印刷机器转几转，可是多少老百姓的血汗积蓄，就滚进了政府的腰包里去了。政府拿这些民间的血汗积蓄，去支持他的战乱，使所有国家的一点元气，都送到炮口里轰了出去！上海的老百姓都在回想他们在敌伪时期所经过的一切，日本人管得再凶，也没有弄到连饭都没有吃，连买大便纸也要排队的程度；日本人逼得再紧，也没有把民间的金银收完——就靠这点元气，胜利后各地慢慢恢复各种小工商业的活动。现在呢，一切完了，一切完了，作孽作孽，每一个吃亏的老百姓心底里都在咒诅，有一肚皮眼泪说不出来！

70天的梦是过去了，在这70天中，卖大饼的因为买不到面粉而自杀了，小公务员因为买不到米而自尽了，一个主妇因为米油俱绝而投河了，一个女儿的母亲因为购肉而被枪杀了，还有不知多少悲惨的故事报纸上没有传出来。我相信这些人都是死难瞑目，阴魂不散的。许多良善的小市民，都听从政府的话，将黄金白银美钞兑给了政府，可是曾几何时，现在的金圆券已比八·一九时期打了个对折对折了！惨啊！惨啊！冤啊冤啊！一个只要稍微有点良心的政治家，对此能熟视无睹，无疚于中吗！ 70天是一场小烂污，20年是一场大烂污！烂污烂污！20年来拆足！烂污！

(引自《储安平文集·下》第78页)

金圆券时期的校园生活

"金圆券"对于校园生活产生了怎样的影响呢？这方面的文献资料，还整理得不多。我从历史档案中，找到以下的第一手材料：（1）1948年10月24日国立清华大学全体学生为求得最低生活致当时总统蒋介石的公开信；（2）第二天教师联合会的"停教宣言"。

国立清华大学全体学生为求得最低生活致蒋总统信

蒋总统钧鉴：

溯自"八一九"迄今施行币制改革以来，限价雷厉风行，物资逃匿、抢购成风。益以战事日紧，平津周边烽火四起，遂致涨风突起，物价甲于各大城市。市民列队街头挤购食粮，秋风萧瑟之中鹄候终日不足一饱，黑市面粉高达百元以上，燃煤一吨亦近二百金圆，其余物价亦已超过限价远甚，市民濒于绝境。生等膳食自亦不能例外。为维持最低限度生活，俾使弦歌不辍，国家文化得以维系，生等迫不得已不得不作如下之请求：

（一）全面公费待遇——抗战军兴，生等家庭或则颠沛流离，或则忍受敌寇残酷剥削。胜利迄今，又复烽火连天，百业萧条。经此浩劫之后，生等家庭鲜有不沦为赤贫者。以言工商，则经济凋敝、出路蔽塞；以言农村，则乡村破产，早不待言。至若公教人员，更已朝不保夕……。在此情况之下，犹望家中父老兄弟以其血汗之资供求学费用，似已绝望。学生无继续求学之能力，政府似应有维系文化之义务，故敢作此请求。

（二）公费面粉发给实物。生等公费中仅三分之二袋面粉系以实物发给。在目前黑市与限价之悬殊对比之下，三分之一袋面粉按官价折合现金能买二斤面粉，不啻在微薄之公费中又复扣出十三斤面粉，膳食之无法维持实已不言可喻矣！面粉苟不按实物发给，生活绝难继续。

（三）副食费实物发给或按物价波动合理调整。物价波动、一日三涨，"八—九"限价早成历史陈迹，而副食费冻结如故，长此以往，断炊终难避免。

上述三项，实为维持最低限度生活之要求，恳乞钧座于军务之暇，赐予圆满答复，不胜迫切待命之至。

国立清华大学全体同学敬上
中华民国卅七年十月廿四日
（抄自《清华大学档案》）

国立清华大学讲师教员助教联合会停教宣言
（1948年10月25日）

我们曾经三番五次吁请政府合理改善待遇，政府总是不闻不问，不让我们温饱。且自从币制改革以来，物价又上涨10倍，而我们的薪给却始终被冻结着，以致无法安心工作。因此，万不得已，我们决定自10月26日（星期二）起忍痛停教五日来争取生存权利！

特此宣言。

国立清华大学讲师教员助教联合会干事会
1948年10月25日
（抄自《清华大学档案》）

经济危机与顾颉刚

从20年代初到30年代末，顾颉刚教授的经济生活一向是比较安定、宽裕的。但是，到了40年代，经济危机的阴影也笼罩在他头上。

1943年5月顾颉刚夫人在重庆患疟疾病故。"此次丧事，计用2万3千元，尚系极不成样子者，所谓草草殡葬也。"（顾颉刚日记，1943年6月6日）

此前半个月，顾颉刚的大女儿顾自明远嫁贵阳，开销也不少："自明之嫁，几于不能成礼，而所耗已在万元上。生于今日，如何可以动弹！"（顾颉刚日记1943年5月9日）

这时顾颉刚教授在重庆的月薪为法币3000元。当时法币1元的购买力约相当于今人民币2角2分。

1943年6月，重庆米价每石（156市斤）法币1080元，也即每市斤6.9元。顾颉刚教授的月薪只能买到440斤米。相当于今人民币660元。

只过了半年，1943年12月重庆市米价上涨到每石法币1377元，再过半年，1944年6月又上涨到每石3700元（每市斤23元）。法币急剧贬值，其购买力1元约合今人民币6分半。

1944年4月4日，顾颉刚与张静秋订婚，请了几位来宾签名作证，并在重庆《大公报》上刊登订婚启事。顾颉刚熟人很多，考虑到当时公教人员生活太清苦，他不愿意人家破费，也不愿意自己多花钱。因此他决定这次不举行婚礼，不发请帖。7月1两人在北碚蓉香饭店设宴招待一些最熟的亲友。顾颉刚日记写道："今日结婚，临时发表，亲朋仓促不及防……然到客犹及百人，蓉香（饭店）中椅凳碗碟均感不足。"为请客吃饭以及婚前略备一些衣料被褥家具，共花费法币18万元。顾颉刚记载："以万元合战前25银圆计，仅用450银圆（陈注：合今人民币13500元），可谓甚俭。然此数已非我所能负担矣！"（顾颉刚日记1944年7月3日）他又在《大公报》上刊登《顾颉刚、张静秋启事》通告："兹已于七月一日在北碚结婚，值此国难严重之际不敢备礼，各亲朋处均未柬邀，务乞鉴谅，并乞勿致馈贻是幸！"

1945年初，重庆市米价飞涨到每石法币8000元，合每市斤50多元，这时法币1元的购买力合今人民币3分钱。顾颉刚主编《文史杂志》由中华书局出版，每月所领取的经费仅法币1.3万元，合今人民币400元。关于当时经济窘迫之状，顾颉刚日记1945年4月6日写道——

依今日物价，一个机关，茶水灯油两项已需万元以上。本刊稿费素薄，近日犹仅千字百元，较之其他杂志，已低三倍。中华印刷费津贴，每期六千元。此两项每期须万六千元。尚有办公费，旅费，薪金，工资，总须万余元。是则四万元之开支绝不能省，较之规定之办公费月亏二万七千元。是为正规之亏空，尚有诸种临时费，若修缮，若添置家具，俱不在内。予当此苦家，无可奈何，惟有将缺员不补，庶将其人之薪津米贴置于办公费内。……至于旅费一项，规定社长每天为百八十元，其他职员为百二十元，食宿交通俱在其中，如此价格，曾不足以供一饱，故不能派职员到城公干，否则必赔三四千元，非其人所可任。予乃一切自为，到党部领经费，到银行领津贴，到民食供应处领食米，归后虽开一单报账，而实不取分文。又本刊稿费过少，投稿实为半义务性，故见面时不能无酬应，而一上馆子，动须千元，故予去年月取四千余元皆挥霍之于食肆者也。如此苦干，何人肯做，徒以我富事业心，心气高强，不肯自认失败，故悉索敝赋以延旦夕之命。

抗日战争胜利后，顾颉刚回到上海。1948年初，他应邀到甘肃兰州大学讲学。当时内战正酣，法币急剧贬值；兰州物价之昂贵，到了吓死人的程度。七八月间，一石米价格已高达4000万法币，比江南苏州高出一倍。顾颉刚的牙刷坏了，买一个新的，哪知要价180万元！

1948年8月19日国民党政府以金圆券取代法币，禁止民间持有银圆和黄金外币。顾颉刚对此不抱任何幻想，因为从前早已吃过一次大亏。

他回忆：1935年政府推行法币，禁用银圆，顾家取出300枚银大洋，遵从政府法令，送到国家银行兑换钞票。老父亲一生省吃俭用积攒法币4万元，在老家苏州存进银行，后于抗战期间去世。苏州被日本侵略军占领，成为"沦陷区"，顾颉刚无法还乡将巨额存款取出。到1946年顾颉刚回到苏州老家，取出十几年前存进银行的4万元法币本息，却因大为贬值而成为一堆废纸。

在四川国民党统治的"大后方",前妻存在银行的法币2万元,后来也同样一文不值。顾颉刚看到报纸上宣布政府又下令将黄金、白银收归国有,他冷笑说:这次再也不上当了!

1948年10月13日,顾颉刚从兰州大学写信给在上海的妻子张静秋说:"我现在在此,每月一百七十金圆券。要是币值不贬,我当然有余……但兰州铺子已把值钱的货物藏起,买米、买面、买糖、买茶,都买不到,形成窒息。所以昨天长官公署开会,准许米面涨价百分之八十,米面一涨,别物当然紧跟。我的薪水就打了一个对折。

第二天家信中说:"可怜的金圆券,出世不到两个月,已经贬了十分之八的价值了!"

第三天顾颉刚日记写道:"8月19日发行金圆券,银圆二合金圆券一,未及二月,而金圆券七合银圆一,是未及二月之中物价已涨至十四倍也!可畏哉!"

10月18日致妻子张静秋信中说:"此间也是什么也买不到。黑市的价格已涨至百分之二百,我们的薪水就打了三折了!国家如此,不亡何待!"

12月初,顾颉刚乘飞机回到上海。他在日记中记载了亲历的金圆券崩溃过程——

1949年1月18日:"一切皆比刚发金圆券时加一百倍。大家有活不了之叹!"

3月3日:"予薪水十二万(金圆券),不为少矣,而近日银圆价二千七百元,是亦不过四十余(银)圆耳!"

3月31日:"今日发表物价指数达3402倍,物价之疯狂上涨可知。今日上午银圆价一万三千元(金圆券),下午即达一万七千元矣!……以前所谓'经济崩溃'者,至今日竟实现矣!"

4月5日:"袁大头一枚,值金圆券二万八九千矣,与美金几同值。"(笔者注:"袁大头"指民国初年所铸有袁世凯头像的银圆。)

4月10日:"大头扶摇直上,至六万元矣!"

4月15日:"今日发表指数,为15140倍。大头价13万。"

4月16日:"银圆涨至十八万矣!可骇!此真使人窒息!"

4月22日:"今日大头价至46—49万。"

4月27日:"大头一枚至一百卅万。"

4月29日:"大头价至三百六十万。"

4月30日:"今日发表指数为371344倍。银圆价经政府公告为每枚合金圆券四百万元,不分小大头。"(笔者注:"大头"指袁世凯头像银圆;

而"小头"指孙中山头像银圆。）

5月20日："银圆压了好久的四百万元，昨日国行挂牌为九百六十万，然实际之价已为一千四百万。今日下午升至二千三百万，及傍晚则升至三千万矣！予购豆腐时每方二十万，傍晚则三十万矣。在如此情形下，只得人食狗龁食，方可苟活。"

5月25日，中国人民解放军进入上海市。

金圆券、银圆券的大洗劫

1950年初，著名记者李普发表了一篇有关当时金融状况、城市人口实际收入的购买力的新闻报道《调整经济的来龙去脉》，摘引如下——

金融物价波动对国家和人民的巨大损害，是大家都知道的……抗战以前金融物价稳定，购买力大体上正常。抗日战争以来，中国发生了影响市场购买力的三件大事。第一是12年的战争，第二是12年的通货膨胀……

12年大规模战争所给予人力物力的损害和破坏，很容易想象，因为广大社会，特别是农村，比从前穷困得多。但是这笔账很难精确计算，因为范围太广、性质太深、数量太浩大了。……通货膨胀实质上就是一种不合理的税收。根据重庆的材料，1949年解放军渡江之后，全国伪金圆券的三分之一流入了重庆一地，国民党用20万元银圆券全部收回，后来人民政府又用10亿元人民币收兑了这笔银圆券。

……学校教职员，约共50万人。过去一个大学教授每月300—400圆银洋，现在只有1300—1400斤小米，以战前小米每斤5分计算，只合70圆上下。战前上海的小学教师每月可得30至45银圆，现在只有80斤粗粮（合4银圆）。……

12年来中国经历了国民党的法币，日伪的联银券、储银券，然后又是国民党的金圆券、银圆券等几次大洗劫。这几次恶性通货膨胀，特别是以上海为重点的所谓"八·一九"的币制改革，挖空了全国人民的口袋，包括上海工商业者的口袋在内。

12年的战乱和通货膨胀浩劫，使得中产的文化人的经济生活状况节节下降，新兴知识阶层沦为半无产的地位。全民族处于"水深火热"之中，自由民主的呼声日益高昂，国民党的一党专制独裁政权，必然走向崩溃。

从金圆券到人民币

百多年以来,自命清高的知识分子,实际上跟金钱结下了不解之缘。

金钱应该是社会对于知识分子劳动和贡献的回报,保障知识分子工作与学习的必要条件。这样一个不言而喻的真理,却蕴涵了整个世纪的甜酸苦辣、离合悲欢、成败兴亡。

一系列有关知识分子和金钱的问题,不断引发我们深切的反思和展望。

知识分子的待遇

内战期间,国共两党一直在争夺知识分子。这种剧烈的争夺,不仅体现在思想政治体制方面,而且体现在经济生活、工作条件方面。在20世纪40年代的"两个中国之命运"生死存亡的争夺战中,多数青壮年知识分子(主要是学生)纷纷倒向共产党一边,而中老年知识分子经过犹豫观望,也终于接受了共产党的领导。这个历史的选择,绝非出于偶然。

1911年辛亥革命和1919年五四运动,促进了我国迈向现代化的世界潮流。20世纪20—30年代,我国知识分子的生活水平并不低于日本,在京津沪宁杭一带的高等教育和出版事业是跟国际水平接轨的。根据《文化人的经济生活》一书考证——

1927年规定,教育界待遇如下:
教授月薪400—600银圆(合1995年人民币12000—18000元)
副教授月薪260—400银圆(合1995年人民币7800—12000元)
讲师、中学教师月薪160—260银圆(合1995年人民币4800—7800元)

助教月薪 80—160 银圆（合 1995 年人民币 2400—4800 元）
小学教师月薪 40—120 银圆（合 1995 年人民币 1200—3600 元）
1935 年新闻出版界待遇如下：
社长月薪 200—400 银圆（合 1995 年人民币 6000—12000 元）
总编辑月薪 150—300 银圆（合 1995 年人民币 4500—9000 元）
编辑部主任月薪 120—200 银圆（合 1995 年人民币 3600—6000 元）
特派记者月薪约 100 银圆（合 1995 年人民币 3000 元）
一般记者和编辑月薪 40—80 银圆（合 1995 年人民币 1200—2400 元）

当时多数文化人可称"安居乐业"，文教学术硕果累累。但是日本帝国主义的疯狂侵略下，内忧外患、战乱不断，破坏了中华民族文明建设的进程。到 40 年代以后，国民党政府的"法币"长期严重通货膨胀，物价持续飞涨，造成经济上的致命伤。知识分子的社会地位下降、物质生活一年不如一年。

法币和金圆券时期的实际薪津

我国知识阶层的贫困化，是从抗日战争开始的。

1935 年 11 月"法币改革"之初，1 元法币可兑换 1 银圆，其购买力相当于 1995 年的人民币 30 元，或相当于 2009 年的人民币 60 元。

但是，抗日战争爆发之后，为了支付庞大的军费开支，国防政府在财政上实行了"以法币为筹码"的通货膨胀政策；加上贪官污吏的腐败、不法奸商囤积居奇、靠投机生意"发国难财"，造成物价飞涨。整个 40 年代，知识不值钱，知识分子待遇一直滑坡。

由于生活费用不断上涨，国民党统治区产生了两个反映时代特点的概念，即所谓"底薪"和"实际薪津（金）"，意思就是基本薪水加上物价津贴。"实际薪金"的计算，是以底薪为基数，定出"薪金加成倍数"，再加"生活补助费基本数"。薪金加成的倍数和生活补助费，随着物价上涨每季度作调整，所以"实际薪金"也应该随之不断提高。

实际薪金 = 底薪基数 × 薪金加成倍数 + 生活补助费

1946 年 3 月，国民政府教育部通知：生活补助费基本数为法币 5 万元，物价加成倍数为 150 倍。1946 年 12 月，生活补助费基本数为法币 17 万元，物价加成 1100 倍。

1947 年 5 月上旬，由于内战军费激增，嫁祸于民，国民党统治区物价猛涨。北京大学校长胡适在记者招待会上抱怨:"教授们吃不饱,生活不安定,一切空谈都是白费"!1947年9月21日,胡适校长致电教育部,说平津物价高昂,教员生活清苦,"请求发给实物;如不能配给实物,请按实际物价,提高实物差额金标准"。

1947年9月,物价总指数为56000倍,10月份则达85000倍……

知识分子怨声载道,对于国民党的一党专政和贪污腐败,深恶痛绝!

广东海南的银圆券

1949年7月,节节败退的国民党政府又在广州等地开始发行"银圆兑现券"即银圆券;9月,由广东省海南特区行政公署(长官陈济棠)筹建的海口银行也发行银圆券,是在香港印刷的,面额有2分、5分、2角、6角、1圆等五种。规定银圆券1元兑换一块银圆,折合金圆券5亿元;而市场上银圆券1元折合金圆券8亿元。

当时包天笑对广州国民党当局发行银圆券,作过评论:"问他能否立即兑现?若能立即兑现,或可支持,否则仍蹈金圆券的覆辙,不过将金圆券降级为银圆券耳。有人说:能兑现也不成。兑现以后,可以将白银完全抢光,这种币制可行得吗?"

金圆券在北京大学

1948年8月20日,北京大学秘书处通知全体教职员,北大遵照金圆券发行办法规定,即日起,会计出纳一律以金圆券为单位。又,国民政府教育部训令:自1948年8月份起,公教人员薪给一律改发金圆券。

此后物价飞涨。10月17日,北平《益世报》消息:北大学生自治会16日上书训导长。因公费"不足维持最低之伙食",要求"公费全部配给面粉,副食费亦按官价配售。"

10月23日,北大秘书处通告:"查公教人员9月份配备面粉,本校业向平市配委会借到每人半袋(22斤)。定于25日至下月5日配发,请携私章、面袋一个、手续费、运费、出库费等共金圆3角,至庶务课领取。"

10月25日,北京大学教授发表《停教宣言》:"我们每月收入不过维持几天的生活……难于安心工作"。"政府对于我们的生活如此忽视,我们不能不决定自即日起,忍痛停教三日,进行借贷,来维持家人目前的生活。"同日致函胡适校长"要求学校在1周内借支薪津二个月,以免冻馁。"在宣言上签名的有82人。北平各院校的学生自治会发表《支援师长停教宣言》。

11月1日,北京大学沙滩四院的自费和半公费学生致校长函:"四院冷清清的整个在饥饿中,一天每人吃到3/10两油,一餐每人吃三块丝糕以及十几块苦味的萝卜。下月预算说:除2/3袋面粉(30斤)外,还要40多金圆券。面粉何日运来还遥遥无期，至于 40 多金圆券，那也更不是我们所能负担的。我们吃不饱饭，不能安心上课。万不得已，请校长立即解决我们的困难。我们的要求是：（一）给我们特种救济金，与全公费待遇相同。（二）特种救济金教育部未答复前，请学校暂垫。"

11 月 21 日，北大讲师教员助教联合会致胡适函："同人们真已走到山穷水尽的地步，请校长向政府据理力争，从 11 月份起按实际物价指数发薪，以维持低到无可再低的生活。还请求学校设法立即每人借薪一月，分期扣还，帮助我们渡过难关。"

11 月 22 日，胡适为职员生活问题致函教育部，提出：教职工役等自改行金圆券后，物价又复上涨，员工实感不支，请设法予以调整。

这时，解放军已重重包围文化古城北平市区，国民党政府企图将一些知名教授学者送至南京。12 月 11 日，教育部长陈雪屏自南京给北大秘书长郑天挺发来电报，嘱立即组织第一项名单所列各院校有地位之教授、中研院院士、各院校馆行政负责人先走（去南京）。其中特别提出："适师及师母必须先行，无论空军专机或航机先到，立即动身。"其余"一俟场可着陆，即派机来迎。""大抵每机可坐 40 人，拟用四机分两批"，何人先走，"排定次序，秘密通知，立即出发。"

12 月 14 日，北大校长胡适给汤用彤教授、郑天挺秘书长留下便条："今日及今午连接政府几个电报，要我即南去。我就毫无准备地走了。一切的事，只好拜托你们几位同事维持。"15 日，胡适离北平飞抵南京，同机有清华大学陈寅恪教授一家。

北大师生员工在饥饿煎熬中盼望着北平的解放。

金圆券在清华大学

1948 年 12 月下旬，位于北平西郊的清华园成了"三不管"地带。国民党政府以金圆券发放的教职员薪水，到 12 月份为止。一般教授们领取了金圆券 1000 元左右，但是迅速贬值。

清华大学教授浦江清日记 12 月 16 日记录："海甸、成府（注：即在今清华大学、北京大学之间及周围地区，中关村一带）交通如常。国军撤、共军来，都无扰乱。商店渐开门，东西很贵。共军所用长城银行的纸币出现了。"这是一份宝贵的史料。

这时候偶尔能买菜也很昂贵，12 月 22 日的物价又涨到：肉 60 元（金圆券）一斤，鸡蛋 10 元一只，青菜 4 元一斤，冻豆腐 4 元一块，金圆券发了没几天就花光了。浦江清的日记中写道："不知共军何时把北平攻下，方始得到安定。……不知人民政府何时来接收清华，使我们能够拿到薪水。这些问题盘旋在我们的脑子里。"

这时浦江清记载了临近的燕京大学林庚教授来谈，"述燕大近况，并慰问清华朋友。"

燕京大学紧挨着清华大学西边，就是后来"新北大"迁居的校址。据林庚教授谈："燕大昨日（12月20日）下午请共军十三师团政治部主任刘道生讲演。谓共方企图组织人民共和国，并非苏维埃制度。说话也毫不像一般人所想共产党员口吻。共方政策已变，适合国情，所要打倒者惟蒋政权及四大豪门。保护文化机关、公教人员、工农商各界。"

12月24日的清华大学教授会上通过议案，建议学校联合讲助教会、学生会、职员会、工警会等组织本校同人应变生活维持委员会，由教授会推出两名代表。

到12月28日，肉价还是金圆券60余元，纸烟40元20支，花生米涨到50多元一斤，浦江清"舍不得买"，跑了多家，只买了些黄豆（18元一斤）、黑豆（20元一斤）。

位于城内沙滩的北京大学仍在上课，北大同人得到了透支三个月薪水以应变，而且年内所应发的一部分实物分配如布、糖等，城里的公教人员都已领到。但是，"清华因交通断绝，独为向隅。梅公（校长梅贻琦）一走，主持无人，更落空矣。至于北平西郊，国军已撤守，解放军已来控制，而'人民政府'的政工人员未到，清华大学并未正式接收，校政现由校务会议维持，生活问题不久即感困难。如果北平围上两三个月，大乱必起，情形不堪设想也。"这是他们当时最为担忧的。清华同人只拿到12月的薪水，既没有遣散费，也没有迁移费，"共方尚未正式接收，经济来源无着，同人均窘。有些人家已经没有买蔬菜的钱，天天吃白菜而已。"

南方文化人日记中的金圆券

金圆券在北平、天津的生命，到1949年1月已经宣告结束。然而在南方，金圆券还苟延残喘了一段时间。我们可以从竺可桢、夏承焘、顾颉刚、包天笑等老前辈的日记中，找到有关的记载。历史学家顾颉刚教授生前常说：今天的日记到将来多少年后就是珍贵的历史资料！他的话应验了。他们的日记，就是金圆券临终前的病历档案。

竺可桢的记述

竺可桢（1890—1974）是气象学家，担任浙江大学校长共达13年

(1936—1949)。

他的自传中说:"对于一般的国民党员我是瞧不起的。不但是我自以为做科学和教育事业为清高,我从宋子文、孔祥熙的明目张胆贪污行为,更觉得官是做不得的。"宋子文是他在哈佛大学时的同学,"功课很平凡",做了财政部长,"数年之间顿成富翁"。竺可桢埋头科学研究,不太关心政治,可对国民党豪门的贪污腐败非常蔑视。

1948年11月8日他在日记中写道:"近日物价狂涨,为向来所未有,米昨日肖山170元一石,杭州250元,而上海到450元。今日闻上海已到700元。"

1948年11月29日:"报载行政院通过本月杭、京、沪公教人员比照10月份增加5倍,即6倍发薪,而立法院以为太少,尚有异议。但11月已到月底,而经费薪水均一无增加,是以不能不沿门托钵,向银行借贷度日。艺专教员因不能维持生活已罢教数日。浙大本月已发10月之5倍,现定10月1日又发一倍,薪水300元以下者发100元,300元以上者发200元,以资维持。"

1949年初的几个月内,竺可桢整天为浙江大学师生的薪水、公费、伙食而烦恼,不断地向教育部、行政院催款。1月7日,竺可桢写信给教育部代部长陈雪屏:"因目前已到公私两无办法之时候。私人方面目前一个月薪水只可购担米(昨白米860元),而公家方面每月经常费只一万二千元,不及电费八分之一而已。"这时,白米每斤价格为金圆券5元。浙江大学每月电费为金圆券10万元。

1月8日,他派人到南京和教育部、行政院接洽。"告以浙大教员困苦情形及校中拮据状况"。又派人到中央银行借款,"于星期二可以加发一个月之薪水,因许多教员均将无法维持生活。"1月10日,浙大从中央银行借到二月份的经费款。他决定第二天发薪,薪俸额300元以内的各发金圆券1000元,薪俸额300元以上者发1500元,其余的等南京款到后再发足。晚饭后,他带着孩子到街上一走,才知道物价大涨,白米近千元一担(160斤),每斤价格涨到金圆券6元。

2月27日,他再度来到上海,第二天会同复旦、交大等校代表14人夜车赴南京,准备分别上书行政院和李宗仁副总统,提出改善教职员待遇(以生活指数计算)、学生伙食费改为银圆6圆……等要求。

3月4日他从杭州火车站乘黄包车回到浙江大学,花费金圆券200元。可见贬值的迅速。

3月28日:"上海中行(中央银行)发5千、1万、5万、10万之大票面，物价大涨。"

4月8日："自昨日报载各大学共由政府拨400亿，将以1万倍发薪消息传出后，物价大涨。昨天米是14万一石，今天已25万。袁大头昨晨每元23000至25000，今日上午35000，下午至4万余矣。"

4月17日："物价更高涨，袁洋已到每枚19.5万，孙洋亦17万元，而米每担已超出100万元之外，较昨日60余万元又加1倍矣。"

4月21日："袁头上午17万，下午已23万。米上午140万，下午180万一担矣。"

5月1日（在上海）："6点在……乔家栅吃面，每碗100万金元，余一人一餐可抵杭州全家一星期之伙食。"

5月20日（在上海）："上海各校闻传将以关金发薪，依照底数每元关金作80万金圆（市价240万），而袁洋价已2700万一枚，则教授薪亦不过袁洋三数枚而已……"由此可知上海解放前夕，教授们最后一次薪俸只相当于3枚多银圆（合今100元左右）。可怜！5月21日："下午发5月份薪，得2.9亿元……"

解放军进入上海后，5月26日竺可桢和友人谈及政局，"以为国民党之失，乃国民党之所自取。在民国二十六年（1937）蒋介石为国人众望所归，但十多年来刚愎自私，包揽、放纵贪污，卒致身败名裂，不亦可惜乎！"5月27日竺可桢在日记中写道："民十六年（1927）国民党北伐，人民欢腾一如今日。但国民党不自振作，包庇贪污，赏罚不明，卒致有今日之颠覆。解放军之来，人民如大旱之望云霓。希望能苦干到底，不要如国民党之腐败！"

夏承焘的记述

1949年上半年，浙江大学教授夏承焘（1900—1986），也几乎无日不为柴米油盐而操心，并在日记中留下了亲身体验的史料。摘录如下——

1月4日："浙大同事有得共产党传单者，劝各安心职业。传共产党广播决心解放到底。国民党政府宣言皆不称共匪而称共党矣。物价仍日涨，米价已至700元一石"。6日"午后买食物，费百余元。物价连天飞涨，米出800关，黄金9千余矣"。7日"过大街购一帽，金圆百元。物价猛涨惊人，午后过珠宝巷口，买金买银洋者甚拥挤。金圆券，将成废物矣。"9日"午后与家人进城购日用衣物，费600元。物价一日数变，金圆券亟须脱手。"14日："剪发付13元，前次仅3元"。

2月5日："早与妇乘校车往校，领暂发薪1300余元，不足买斗米

（16斤）一银圆。今日银圆值1350金圆券。"12日："校薪发至6月份，今日领6600元。内子入城，买得3袁洋，1430元一枚，教授生计不及早日女佣矣。近日雇女佣，月需三四斗米，乳媪（女）须一石二三斗。"

3月8日："午后内子往校，领3月份500倍补发薪7万2千元。市上银圆已涨至4千余元一枚，浙大同事到处争购，内子无所得而归"。9日："早入城，以7万元买金二钱五分，入晚每钱涨四五千元"。11日："午后往校领研究费（500倍）5万8千元，买金一钱五分，银洋二枚，半日为钱财奔走"。3月25日："物价日涨，袁头银圆万金元一枚"。28日："早与伦清赴校取米7斗，营营半日，小事亦有计较心，徒费精神，后当痛改"。

4月7日："领得1500倍薪水，共19万8千元。午后入城购得黄金一钱，18万5千元，昨日尚仅11万余也"。9日"午后为领薪20万金圆券，往众安桥买银圆3枚，奔走甚劳，近三四日金银物价疯狂上涨，经济崩溃无法挽回矣。心叔从之江来，有朋友南开大学来信，教授每月可领小米千斤，待遇犹在劳工之上"。10日："今日发校薪1万倍，予得132万元，托伦清往市购得金戒三钱。抗战以来，公教人员以生活窘苦，皆孳孳向利，大学同事每闻发薪，即打点上市，为数万元市价争先恐后，恶俗不堪"。13日"又发校薪1万倍。声越谓各同事全集金店，张皇奔走，数张钞票，弄得一班穷酸子六神无主"。22日："袁头涨至40余万，今日发薪66万，不够2银圆"。

金银一日数变，连寄信邮费也不断地涨。夏承焘在日记中多次记下了邮票涨价前大量发信的事。2月20日："明日邮票涨五倍，晚发各友人复信六七封"。3月31日"早发七函，闻明日邮费又大加矣"。他在3月9日的日记中曾叹息："社会经济破产到此，当局犹作无用之挣扎，徒苦民耳。"

从夏承焘日记可以知道：当时人们领到以金圆券发给的薪水，尽快去换取银圆或黄金，方能保存价值。2月5日，发薪1350元金圆券，值1银圆。4月9日领薪20万金圆券，买银圆3枚。22日发薪66万，不够2银圆；袁头涨至40余万金圆券……

又参照竺可桢、包天笑的日记，可知物价飞涨的程度。杭州每石（160斤）米价：1948年11月7日250元，上海到450元。1949年1月4日每石700元，6日860元，10日每石1000元；2月5日每石13500元；3月29日上海米价涨至每石9万元；4月3日，上海米价涨至金圆券16万；8日杭州米价25万，16日60万，17日米每担已超出100万元之外，上海白米价每石120万元；21日："米上午140万，下午180万一担矣。"

……然而南方解放前的米价,每石 10 银圆左右,当时这个比值却是相对稳定的。

可见金圆券通货膨胀已濒临灭亡。当夏承焘教授听说:天津解放后,南开大学教授每月可领小米千斤,日常生活费用得到了保障;对比之下,他必然痛恨国民党的腐化败落,期待共产党的廉正、开明。

包天笑的记述

包天笑(1876—1973)曾任上海《时报》主笔。他在 1949 年的日记也是历史的见证。

包天笑感到了切肤之痛。他最关心巨变之际民生的艰难。3 月 29 日,有人从上海来,他得知"上海现钞非常缺乏,中央银行发行本票,分 5 千、1 万、5 万、10 万四种,数量无限制,不必提出交换,现已先发行金圆券 5 万元的,这是变相的发行大钞。上海米价涨至 9 万元,煤球每担 2 万元,问人情如何? 说:大家存着"共产党来也罢,不来也罢"之心,"依旧醉生梦死,过一天是一天的糊涂日子"。

4 月 1 日"中央银行发行 5 千元及 1 万元的新钞票。上海银圆,涨到每枚 1 万 6 千元"。4 月 3 日,"上海米价有涨至金圆券 16 万者,现钞仍缺乏"。可见米价跟着银圆滚,10 枚银圆一石白米。4 月 8 日,"上海金融混乱,物价飞涨,大家都说无办法"。4 月 15 日,他向新近从上海来的陈小蝶打听情况,"上海是麻木状态","新近到过杭州,杭州也是如此"。

4 月 16 日他接到上海来信,50 万稿费连 3 枚袁大头也买不到了,市价每枚银圆 17 万。卖文已不堪维生。4 月 17 日,"昨日上海市价,白粳(米),每担(石)120 万元;银圆,出了 20 万元关。饰金,进,每两 850 万;出,940 万。鸡蛋每个 4 千元。猪肉每斤 7 万"。

5 月 1 日,包天笑日记中载有南京 4 月 29 日解放后的消息。南京军管会布告,规定以人民银行发行的人民币为所有公私交易、买卖、票据交易的定价和结账本位,金圆券为非法通货,但为了人民方便,5 月 8 日前准予流通,并规定第一天的比价,为人民币 1 元值金圆券 2500 元。随着金圆券的贬值,随时调整比价。金银绝对禁止运出解放区,人民手里的金银只能卖给人民银行,不准用做贸易的计价标准,或进行买卖。进入或离开解放区都不得携带超过一两的任何金饰和四两以上的任何银饰。

5 月 10 日,南京消息,"日用品尚不昂贵,白米每担仅售银圆 3 至 4 枚"。可见南京解放后米价回落。5 月 11 日,有客自苏州来,"苏州自共军入城后,金圆券已禁止流通。人民币也同样流通,比率尚未公布。……白米每石银圆 4 枚,中国农民银行,已改为人民银行"。苏州米价跟南京一样回落。然而，人民币尚未站稳足跟。（部分摘自傅国涌编著《1949：中国知识分子的私人记录》一书。）

5月25日，中国人民解放军进入上海市。

从银圆价格看金圆券通货膨胀

包天笑日记，跟顾颉刚日记、竺可桢日记、夏承焘日记可以相互印证。

从他们四人的日记可以知道：1949年上半年，沪宁苏杭地区解放之前，银圆才是价值稳定的硬通货。当时米价每石10银圆左右，也就是每1银圆大约可购买16斤白米，这个比值却是相对浮动不大的。南京、苏州解放后，米价回落到4银圆1石（160斤），也就是回到30年代的平均水平。这就可以理解了。

2月5日，1银圆值1350元金圆券；12日，值1430元。3月3日，值2700元；8日，杭州银圆已涨至4千元一枚；3月25日，银圆1万元一枚；31日，1万3千元。4月1日，上海银圆涨到每枚1万6千元；4月7日晨每圆2万3千至2万5千元；8日："袁大头今日上午3万5千，下午至4万余。"9日杭州1银圆合6万7千金圆券；15日，银圆价13万元；16日17万元；17日20万元；21日："袁头下午已23万"。22日银圆涨至46—49万金圆券；27日130万；29日360万；4月30日："今日银圆价经政府公告为每枚合金圆券400万元，不分小大头。"（笔者注："大头"指袁世凯头像银圆；而"小头"指孙中山头像银圆。）

5月20日上海银圆一枚价2700万元。19日"国行挂牌为960万，然实际之价已为1400万。20日下午升至2300万，及傍晚则升至3000万。"……7月广州一块银圆，折合金圆券5亿元至8亿元。

这样的通货膨胀达到天文数字，只有第一次世界大战后德国发生过。

人民币的新时代

国民党的"金圆券"垂死挣扎，共产党的"人民币"方兴未艾。

解放战争时期的流行歌曲："解放区的天是明朗的天，解放区的人民好喜欢，民主政府爱人民呀，共产党的恩情说不完！"而民主政府的德政之一，就是人民币取代了法币、金圆券；共产党的恩情，就是做到了"人人有饭吃，人人有衣穿"。

知识分子也就唾弃了国民党的金圆券、银圆券，接受了共产党的人民币。

1948年12月1日，中国人民银行在石家庄市宣告成立，并发行了第一套人民币。面值最小的是1元券，还有2元、5元、10元券等。

1949年上半年，北平、南京、上海等大城市接连解放。在这期间，随着国民党军队在战场上一败千里，金圆券的币值也一落千丈。实际上许多大城市主要使用旧有银圆或美金甚至金条（在天津上海等地）、或香港英国殖民当局发行的港币（在广州和南方侨乡）。

1949年1月15日天津解放后不久，中国人民银行规定以金圆券6元兑换人民币1元；对于工人、学生的优惠兑换率则为金圆券3元兑换人民币1元（限额金圆券510元）；1月31日北平解放后，2月2日比价降到金圆券10元兑换人民币1元，20天内迅速结束了兑换工作。

4月29日南京解放。军管会布告，规定以人民币为所有公私交易、买卖、票据交易的定价和结账本位。5月8日前金圆券准予流通，并规定第一天的比价，为人民币1元值金圆券2500元。随着金圆券的贬值，随时调整比价。

5月25日人民解放军进入上海市区，六天以后，中国人民银行在上海市以金圆券10万元兑换人民币1元的比价（1银圆 = 人民币8百元），在一星期内收兑完毕。6月5日起，中共华东军事管制委员会完全禁止金圆券流通。

人民币发行后，也面临着经济困难和金融动荡的危险处境。不到一年，在1949年9月中就发行了5千元及1万元新钞。这几年之间也免不了通货膨胀。新中国成立前后，国内市场掀起过4次物价飞涨的大冲击波。1951—1952年，人民政府采取了一系列的财政措施，全国物价波动逐渐缓和、趋于平稳了。（参看本书附录）

这是国民党政府在40年代的整整十年间从来没有做到的。人民币克服了通货膨胀的恶性循环，由此逐步获得了知识分子的信任。

教授们领取了人民币

1948年12月，北京西郊海淀市场上出现了人民币。当时金圆券2元折合人民币（当时又称为人民券）1元。其他如长城银行券及各种解放区流行的钞票各有各的折合率。但物价飞涨，附近老百姓到清华园内卖菜、肉、鸡蛋等，都希望以煤油、面粉换；对于各种钞票都不够信任。金圆券已受到唾弃，而对人民币还不放心。

1949年1月10日下午，北平军管会文化接管委员会主任钱俊瑞和教育委员会张宗麟等同志来到清华园，在大礼堂开会。由校务会议主席冯友兰主持。钱俊瑞宣布：正式接收清华大学，成为"人民解放军第一个解放的大学"。并宣布新民主主义的方针："打倒帝国主义、封建主义、官僚资本主义，提倡民族主义、民主思想、科学精神。在校内，取消国民党教育中之训导制度，取消公开的或秘密的党团活动。一切暂维原状，薪水仍用等级制。至于高等教育的改进方案，待北平解放后，统盘筹划。"

共产党接管清华园之后的第一件事就是暂时先发放人民币和一部分粮食，教授可以得到大约 900 元人民币和 30 斤小米。这是他们头一次领取人民币。

1 月 15 日，从张家口运来的小米还没到，每人先分得 20 斤玉米。但因物价飞涨，900 元人民币实际上连一袋（44 斤）面粉也买不上，买肉也就 15 斤左右。第二天，浦江清教授领到人民银行现钞 400 元人民币，浦江清夫人也领到 200 元人民币，就约了朱自清夫人、余冠英夫人、杨业治夫人等一起去买菜，猪肉 65 元一斤，花生米 25 元一斤，纸烟 25 元二十支，"蔬菜价亦甚昂"。金圆券已停止使用。

1 月 22 日，因为传说"傅作义投降了"，海淀市面上的物价有所下跌，肉 40 元一斤。然而到了第二天"和平之音尚未证实"，而且还隐约听见炮声，"西郊物价又上涨"。

1 月 29 日是旧历新年，虽然清华园内几乎家家户户都很穷，花生米、纸烟、杂糖及自做的赤豆糕都成了珍品，可是大人小孩都很高兴。不过在 1 月 31 日举行的教授会上，"教授们因过年过得太穷，大发牢骚，说话不客气，主席冯公（文学院长冯友兰）多方辩护，也很失态"。

浦江清日记 1949 年 2 月 2 日载，清华大学委派代表到青龙桥去与文化接管会接洽，据说："不久即有 100 万人民券及若干斤小米可发到清华以应急。教授每人仍同上次，可得人民券 900 余元，小米 60 斤云。至于 1 月份正式薪金则根据去年 11 月份南京政府所发薪水及一袋（44 斤）面粉、200 斤煤球之价值，折合成当时购买力之小米数，以此为标准而发薪。如此则教授最高薪额者可得 1300 斤小米云。"

1300 斤小米，价值为标准银圆 68 圆，相当于今 2050 元。这个数字，也就是 1948 年 8 月金圆券改制时教授的薪俸额，或 11 月份国民党政府所发放的教授月薪。

教授们的心态，初步得到了平衡。

有此消息，所以浦江清仍去"定冰"，就是按照老北京的习惯，冬天在自家冰窖里库藏大冰块，留待夏天作为"冰箱"冷藏食品。日记写："今年定 1500 斤，与杨家合定。去年浦家单定 1000 斤。起初认为今后或许伙食很苦，没有什么东西可以搁到冰箱里面的，所以要把已定之冰勾销。经商量后，姑且又定下了。1500 斤冰要 60 斤玉米这代价。"

1949 年 2 月 5 日："下午发薪。仍非 1 月份全薪，乃是一部分维持费，数额同 1 月 15 日所发。教授约可得人民券千元，此外每个同人得小米 60 斤，比上次多 20 斤。企罗（夫人）也得到小米 30 斤，人民券 300 余元。出纳处但发支票，未领到现款。"

这次旧历年，工钱及赏钱，家中雇佣的老妈子得到 200 元人民币，相当满意了。

1949 年 2 月 7 日："上午到海甸去买肉菜，猪肉 50 元一斤，买了二斤。纸烟两盒，70 元。企罗要吃的中药两帖，90 元。生花生 30 元一斤。赤豆 8 元一斤，白米 15 元一斤（要了廿斤）。这次海甸之行，用去我 950 元。昨天所得到的钱，一天内已用得差不多了。以购买力而论，则人民券千元，可购白米七十斤，仅合战前大洋 5 圆而已。而现在市面上袁世凯头大洋，确是 180 元人民券一个；所以人民券千元合袁头大洋 6 块不足。……"

可见，当时人民币仍在贬值，市面通用银圆。1 银圆合大米 15 斤。教授们的生活还是很困难。

难怪此后几年内，薪金一直按照实物（小米斤数）计算，折合成当月的人民币值发给。

北平军管会接管北京大学

1948 年底，国民党政府派飞机接取北平的若干大学教授，要"抢救"到南京。开了一个名单，15 所大学都有。北大应该"抢救"的教授名单，是傅斯年等所拟。北京大学接到这份名单，秘书长郑天挺觉得不太好办，决定公开，便要离平者登记。结果有些名单上的教授不想南行，有些讲师本来有家在南方因故要南行的，抢得此机会。北京大学校长胡适、清华大学校长梅贻琦以及陈寅恪教授等人都走了。12 月底，位于城内沙滩的北京大学仍在上课，北大同仁得到了透支三个月薪水（金圆券）以应变，而且年内所应发的一部分实物分配如布、糖等，城里的公教人员都已领到。

1 月 29 日浦江清日记，写到当天有些北大朋友从东城区（沙滩）到清华园过春节的情况："旧历元旦日。晨起甚迟，吃莲心红枣汤，点缀元旦。我们都很高兴，小孩尤其喜欢。……早上，有些客来，游泽承（即北大教授游国恩）来，他是昨日下乡的，说到城中的情况，北大的近况。围城月余，城里的人比在清华园里的人多受熬煎。……上午，北院同仁眷属，即在北院一个小圈子里走动，算是拜年。今年各家都穷，花生米、纸烟、杂糖，都成为珍品。我们做了赤豆糕，很成功。下午有李广田夫妇等来，到西院回看游公（游国恩）。中文系同仁几位在马汉麟家中打牌过新年，还热闹。"可见当时北平城内外还是相通的。

1949年1月31日，北平城区正式和平解放，北京大学部分师生集体赴西直门，欢迎中国人民解放军进城。

1949年2月28日上午10点钟，北平军管会钱俊瑞等10名军代表，到东城沙滩（红楼）北京大学，与校方行政负责人及教授、讲师、教员、助教、学生、工警代表等，在人民纪念堂开座谈会，商谈接管及建设"新民主主义北京大学"诸问题。下午2时，"欢迎接管大会"在民主广场举行，2000余名北大师生员工到会。汤用彤教授致词，表示欢迎接管。钱俊瑞宣布正式接管，并讲述新民主主义文化教育方针，同时宣布：国民党三青团之类反动组织立即解散，活动立即停止；国民党"训导制"取消，"党义"之类反动课程取消；学校行政事宜暂由汤用彤教授负责。会后列队游行。

当时，军管会下了大力气狠抓粮煤供应，稳定金融市场。从2月2日起，中国人民银行规定以金圆券10元兑换人民币1元；对于工人、学生的优惠兑换率则为金圆券3元兑换人民币1元，每人可兑换金圆券510元，折合人民币170元。20天内迅速结束了兑换工作。并通告每个教职员工可以借薪2000元人民币（可购买面粉3袋约132斤）、借粮食30斤，待以后发薪时扣还。如此人心安定。

新生活开始了

北平解放后，1949年1月份，清华、北大等高等学校的教职员薪资按1948年11月份原薪（也就是最困难时期的月薪）所得，以11月份北平社会局统计的小米平均价折成小米斤数：教授871.7~985.2斤，副教授802.4~897斤，专任讲师707.8~808.7斤，教员633.2~739.2斤，助教581.7~657.4，职员487.2~909.6斤，按照1月份核定的米价折发人民币现款。此外，每人加上1948年11月份公教人员的实物配给部分（面粉一袋44斤，煤球200斤），折合小米90斤发给实物。（注：每斤小米约合今人民币1元5角左右。下同。）

也就是说，沿用而又改进了"实际薪金 = 底薪基数 × 薪金加成倍数 + 生活补助费"的办法，采取"实际薪金 = 底薪小米斤数 × 折合人民币米价 + 实物（面粉1袋加煤球400斤折合小米90斤）补助费"的变通办法。

这种基本按照小米斤数发给月薪（折合当月人民币）的办法，受到广大知识分子的理解和欢迎。因为当时老人民币仍然经常贬值，以"小米斤数"为工薪单位，近似一种实物工薪，照顾到生活费指数上涨的变化，在一定程度上抵消了通货膨胀、人民币贬值带来的损失。

历史的教训必须牢记

1949年在中国大陆上，国民党一统天下的专制政权被推翻，这是中国历史上的一个重大转折，也是世界历史上的一个重大转折。蒋介石"党天下"的覆没，除了军事失利的因素以外，它失去老百姓的民心、失去文化人的信心，是同样重要的因素。而国民党何以失去民心？一曰政治上的独裁高压，二曰经济上的腐化堕落。

1947年2月15日国立浙江大学学生自治会发出《要求停止内战宣言》中着重指明：

空前内战的刺激和恶性通货膨胀的结果，已经加速和促成了全国经济总崩溃的危机。金价一下子涨了几十万，白米缺市，物价正在作等比级数的飞涨，法币的价值一泻千里的跌落，上海各地国货工商业加速倒闭，专科大学的同学纷纷被迫退学，北大一校已经有568人以上宣布休学，而我们在校的每个人也都焦头烂额，惶惶不安，着急于今后生活问题的无法解决，人民的生存已经为正在开始的经济崩溃和反民主的政治逆流直接威胁，国家民族的前途已经临到混乱毁灭的边缘了！……（原载上海《文汇报》1947年2月19日）

曾任蒋介石侍从室组长的唐纵，在《日记·反省录》中，将国共两党的情况作过这样的对比：

"国内政治，毛泽东经过土地革命之教训，与封建势力斗争的经验，知道国民革命走的路线是正确的，中国革命的主力不是工人，而是小资产阶级和农民（引者注：原文如此），故在民国三十一年（注：即1942年）整风运动以来，竭力争取中间层知识分子。在第七次大会毛泽东的政治报告，主张保持私有财产制度并发展资本主义，这是中共一个很大的转变。这一个转变在中国收得很大的效果，后方许多工商界和国民党内部失意分子，过去对于共产党恐怖的心理，已完全改观。本党（注：指国民党）政治的腐化不但引起党外的反感，而且失去了党内的同情，如果没有显著的改革，全国人心将不可收拾。"（摘自《在蒋介石身边八年》，转引自《国民党怎样丢掉中国大陆?》第75页）

《唐纵日记》在1946年5月17日写道：

当前危机。全国公务员、教职员和大多数老百姓都生活不了，天灾人祸，物价高涨，大家都在死亡线上挣扎。此时强者铤而走险，弱者转死于沟壑。……人心不安，精神涣散，工作效能低落，在职者不能生活，失业者彷徨无所依归。政府事事要办而无一事办好，人力分散，财力分散，显得处处薄弱，处处危险。在职的公务员，个个忙乱，精力分散。在下的忙于柴米油盐、在上的忙于妻财子禄，精力另有所托，另有所耗，对公事敷衍塞责，任何问题，不能解决。（同上书78—79页）

1947年4月章乃器在《如何恢复政府信用》一文中指出：

政府要恢复信用，首先必须做到政策稳定，绝对不可朝令夕改。但是要注意，这是一个制度问题，而并不是人的问题。在民主制度之下，国家的政策要由人民代表来决定，政策自然就稳定。……反之，在独裁制度之下，以一人之喜怒决定国家政策，就既不会符合人民的要求和实际的需要，又不能避免朝令夕改。他的左右，自然还有些谋臣策士。这班人的生活是脱离人民的，他们的意识也只迎合在上者的意思，为自己升官发财，所以也往往不会为人民的利益打算。他们还要互相斗法，各献殷勤，政局便由此多事。在这种制度之下，政府可能有威，但不易有信。目下要恢复政治信用，必先从建立民主制度入手。（原载上海《工商天地》第1卷第1期）

第二次世界大战结束时，国民政府的法币再度通行全国，提供了一个短暂的喘息机会。但是蒋介石为了准备内战，庞大的军费开支继续上升，而不受民众监督的一党专政横行霸道、贪污腐败。恶性通货膨胀又来了。从大后方回到沿海城市的市民掀起抢购物资的风潮。从1946年1月到1948年8月的两年半里，物价飞涨67倍。在这期间，城市中的不断贬值的法币得不到人民的信任，大额通货由金条、银圆和美钞俗称"黄白绿"代替。

当时电影明星和导演们拍摄影片的片酬是一根或几根金条。租赁房屋的定金要交金条。购买比较值钱的日用品、药品、化妆品要用银圆或美钞。市民领取薪水工资、拿到法币或金圆券以后，往往立即购物或者到黑市兑换成"黄白绿"。

1948年8月19日发行"金圆券"的币制改革是独裁政府腐败财政制度的垂死挣扎。物价在不到半年中飞涨8.5万倍，历史上只有德国大战失败后马克的雪崩式贬值速度能跟它相比。1949年初独裁政权随着金圆券走向彻底崩溃的绝路。

蒋介石党天下专制政权的覆灭，使得先进的觉悟的文化人总结了历史教训：要救国爱民必须发展经济生产，要发展经济生产必须建立和完善民主法制，加强科学管理，并充分保障人民行使自由的权利。无论爱国、救亡、民主、科学、自由，这些不同的方面有一个共同的敌人，就是专制独裁制度；所以它们有一个共同的目标，就是反专制主义。只有彻底的反专制，国家才能得救，革命才能成功，民主才有效能，科学才有力量，自由才有保障。

1927年，鲁迅在上海劳动大学的讲演中提出"真假智识阶级"的划分，他说：

> 真的智识阶级是不顾利害关系的，如想到种种利害，就是假的，冒充的智识阶级；只是假智识阶级的寿命倒比较长一些。"

1934年8月鲁迅在《门外文谈》中写道：

> "凡有改革，最初，总是觉悟的智识者的任务。但这些智识者，却必须有研究，能思索，有决断，而且有毅力。他也用权，却不是骗人，他利导，却并非迎合。他不看轻自己，以为是大家的戏子，也不看轻别人，当作自己的喽罗，他只是大众中的一个人，我想，这才可以做大众的事业。

鲁迅所说这种"不顾利害关系的、真的智识阶级"，"觉悟的智识者"的集合，也就是通常所说的进步的知识阶层包括"文化人"在内。

觉悟的知识阶层、文化人面临着新世纪的"文艺复兴"或者"新生""复活"（the Renaissance），因为这"复兴"不限于文艺，甚至不限于文化本身；复兴应该是全面的复兴，这就是五四精神的复兴，自由民主科学的复兴。必须牢记历史的教训：

要救国爱民必须发展经济生产，要发展经济生产必须建立和完善民主法制，加强科学管理，并充分保障人民行使自由的权利。

【附录 1】

从法币到金圆券

"废两改圆"

北伐战争后,国民政府在南京成立。1928年10月公布《中央银行章程》,11月1日国民政府在上海设立新的"中央银行",特定为国家银行,具有经理国库、铸造货币、发行全国性兑换券、经营内外债券的特权。后来又利用修改金融条例的办法,把中国银行、交通银行的总行迁移到上海,特许中国银行为国际汇兑银行,交通银行为全国实业银行。

1933年4月国民政府开始在上海首先施行"废两改圆",规定银圆和纸币"元"完全一致;颁布《银本位币铸造条例》,确定以银本位币的"圆"为单位,银圆同银两的折算率,定为一圆等于上海规元七钱一分五厘。零碎的银两不再流通,由中央银行收购统一铸造银圆,价值估计约2.6亿圆。

规定每枚银圆重26.7克,含纯银23.5克(含量88%),标准银币,正面为孙中山头像、背面为双帆船图案的"孙币"又称"船洋"。这时只有作为小币值辅币的铜钱(铜板、铜子儿)尚可流通,但是逐渐也被纸币角票和辅币代替。于是各地"钱庄"(银号)操纵中小型工商业金融市场的实力被大大削弱了,不得不向现代化银行靠拢。此后全国的货币制度逐步得到统一。

所谓"银两"实际上是一种记账单位,并非在市面上真有银两作为货币在流通。不过由于我国使用银两有悠久的历史,而银圆是在清中叶以后,才大量自国外输入的(最初有西班牙本洋与墨西哥鹰洋,后来有英国的香港银圆与法国的安南银圆等等)。因其质量形式标准化,使用方便,流通日广;民国以后,早已成为市场上通用的本位货币。无论国家预算、赋税收入、薪工支付,概以银圆计算。只有某些个别单位(如海关)仍以"银两"记账,实际收付,亦折合为银圆。而银两的成色不一,计算方法复杂,虽然上海、汉口等地都产生了标准计算单位,如上海的"九八规元",汉口的"洋例",北京的"京公砝平",天津的"行平"等等。但仍无补于全国性银两制度的统一,而且银两与银圆两种币制并存,形成一种复本位制度,对发展经济是有百害而无一利的。所以,"废两改圆"这项改革是有进步意义的。

币制改革——法币

1935年11月4日国民政府实行币制改革。考虑到白银外流和国际市场上银价波动较大等因素，决定废止"银本位"制度，采用纸币流通制。规定以中央、中国、交通三大银行（1936年2月以后又增加中国农民银行）所发行的纸币（原有数额共约4亿圆）为"法币"；同时发行法币小面值辅币。禁止其他银行再发行纸币；所有赋税和公私款项收付以及债务结算，一律使用法币；禁止使用白银和其他钞票，并限期到指定的四大银行兑换法币。

法币发行以后，许多场合仍然以"银圆"结算。如外汇的买卖，鲁迅委托日本友人在东京购买图书，还是用银圆兑换日元。

此后，我国的钞票从可以兑现的信用货币一变而为不兑现的纸币。但还不能算是一种纯纸币制度，而是一种金汇兑本位制度，因它可以自由买卖外汇。

1937年七七"卢沟桥事"变抗日战争爆发，"八·一三"淞沪战起，平津和上海广州等口岸外汇大量外逃。国民党政府为了防止外汇套购，开始实行外汇统制政策，废止无限制买卖外汇办法。从此，法币对内既不能兑换银圆，对外又不能自由购买外汇，它就变成一种纯纸币本位了。

关金券

关金券，是"海关金单位兑换券"的简称，为国民党统治时期中国海关收税的计算单位。原来海关的关税以银两计算，但是1929年世界银价大落，影响了中国关税收入。中国政府于1930年1月决定征收金币，以纯金0.601866克（合美金0.40元）为计算标准，称为"海关金单位"。

1931年5月，中央银行发行"关金"兑换券，作为交纳关税之用。

1941年4月，以关金券1元折合法币20元的比价，跟法币并行流通。实际上表明，这时法币已经贬值到二十分之一以下。

【附录2】

20世纪中叶各地购买力

如果以上海1936年生活费指数和实际工资指数为100%，那么1940年，上海生活费指数上升到692.5%，即大约比4年前增加6倍；

又有史料表明：1941年，上海沦陷区生活费指数上升到871.9%，而实际工资收入指数下降为53.6%，大约降到5年前的一半。

1937—1948年各城市历年物价指数

1937年以后，重庆、昆明、上海、西安等地历年物价指数（以1936年为1.00），

即1标准银圆合法币元数，列表如下：

年 月	重 庆	昆 明	上 海	西 安（1银圆合法币元）
1937年				
1月	1.02	—	1.12	1.12
12月	1.15	1.08	1.29	
1938年				
12月	1.60	—	1.54	1.59
1939年				
12月	3.16	3.72	3.62	2.98
1940年				
12月	10.13	8.89	5.97	6.03
1941年				
12月	27.6	23.57	17.75	21.36
1942年				
12月	80.1	126.2	71	63.17
1943年				
12月	218.0	404.5	411.8	228.05
1944年				
6月	544.7	838.9		546.51
12月	548.6	—		—
1945年				
12月	1404.5	1809	—	1798.54
1946年				
12月	2687.63	—		8233.21

40 年代上海的物价和法币的购买力

当时上海的物价如何呢？几乎每月都在涨价。

抗战胜利后，法币一百元的购买力，大约合 1995 年人民币 1 元，约合 2009 年人民币 2 元。

1946 年 2 月 20 日国民党控制的报纸《前线日报》（总编辑为宦乡）发表了一篇报道，根据社会调查的结果，认为当时上海等城市一个五口之家最低生活费为法币 15 万 6 千元（购买力大约合抗战前法币 50 元，或者 1995 年人民币 1 千 5 百元）。

1946 年夏季大米涨到每石 4.27 万元（法币），合每市斤 267 元；黄豆每市斤 2 百多元，豆油每市斤 8 百多元，菜油每市斤 7 百元；猪肉每市斤 1 千 3 百元，白糖每市斤 1 千 1 百元，酱油每市斤 362 元，食盐每市斤 160 元；豆腐每（4 块）71 元；白酒每市斤 8 百元，黄酒每市斤四百多元；士林布匹每市尺 1 千 1 百元，龙头细布每市尺 7 百多元；

因此 1946 年夏季法币 2 百元约合 1995 年人民币 1 元，约合 2009 年人民币 2 元。

但是在一年之内，物价飞涨的速度令人瞠目结舌。

1947 年夏季大米涨价到每石 36.9 万元（法币），合每市斤 2 千 3 百元；黄豆也是每市斤 2 千 3 百元，豆油每市斤 9 千多元，菜油每市斤 8 千元；猪肉每市斤 9 千 5 百元，白糖每市斤 6 千 3 百元，酱油每市斤 2 千 8 百元，食盐每市斤 1 千 3 百元；豆腐每（4 块）6 千元；白酒每市斤 7 千 9 百元，黄酒每市斤 4 千元；士林布每尺 9 千 9 百元，龙头细布每尺 6 千 6 百元；都飞涨到前一年夏季的 9-10 倍。

因此 1947 年夏季法币 1 千 8 百—2 千元的购买力，约合 1995 年人民币 1 元，约合 2009 年人民币 2 元。

【附录 3】

1937—1948 年 1 银圆合法币多少元

1937 年以后，重庆历年物价指数（以 1936 年为 1.00），即 1 标准银圆合法币多少元，列表如下：

1937 年

1 月 1.02，2 月 1.07，3 月 1.074 月 1.18，5 月 1.10，6 月 1.11，7 月 1.07，8 月 1.07，9 月 1.11，10 月 1.14，11 月 1.16，12 月 1.15

1938 年

1 月 1.16，2 月 1.22，3 月 1.25，4 月 1.25，5 月 1.25，6 月 1.30，7 月 1.30，8 月 1.31，9 月 1.40，10 月 1.46，11 月 1.55，12 月 1.60，

1939 年

1 月 1.66，2 月 1.70，3 月 1.74，4 月 1.78，5 月 1.87，6 月 1.97，7 月 2.00，8 月 2.25，9 月 2.55，10 月 2.72，11 月 3.00，12 月 3.16，

1940 年

1 月 3.31，2 月 3.53，3 月 3.90，4 月 4.46，5 月 4.99，6 月 5.61，7 月 6.42，8 月 6.98，9 月 7.88，10 月 8.62，11 月 9.92，12 月 11.30

1941 年

1 月 11.7，2 月 12.3，3 月 12.6，4 月 13.1，5 月 14.3，6 月 15.7，7 月 17.2，8 月 18.4，9 月 20.0，10 月 22.1，11 月 25.3，12 月 27.6，

1942 年

1 月 30.1，2 月 33.0，3 月 36.7，4 月 41.0，5 月 44.4，6 月 48.1，7 月 51.7，8 月 60.6，9 月 67.3，10 月 73.7，11 月 77.6，12 月 80.1，

1943 年

1 月 84.9，2 月 92.3，3 月 95.3，4 月 100.0，5 月 112.0，6 月 127.0，7 月 145.0，8 月 164.0，9 月 179.0，10 月 189.0，11 月

208.0，12月218.0，

1944年

1月 218.2，2月 266.05，3月 262.2，4月 403.5，5月 483.0，6月 544.7，7月 497.2，8月 464.2，9月 471.8，10月 472.25，11月 506.8，12月 548.6，

1945年

1月 658.6，2月 914.3月 1189.0，4月 1296.1，5月 1480.0，6月 1553.0，7月 1645.0，8月 1226.0，9月 1226.0，10月1184.2，11月 1350.9，12月1404.5，

1946年

1月——，2月 417.50，3月 1478.00，4月 1775.30，5月 1878.966月 1716.45，7月 1555.61，8月 1583.18，9月 1868.91，10月 2094.40，11月 2364.06，12月 2687.63，

1947年

1月 3537.08，2月 4923.67，3月 4390.50，4月 5021.78，5月 6400.57，6月 9253.40，7月 13585.63，8月 14716.67，9月 18658.，10月26956.，11月31176.，12月40107.，

1948年

1月 63277，2月 81094，3月 38519，4月 166788，5月 218625，6月 455080，7月 1325000，8月——，

又，上海批发物价指数历年上涨倍数列表如下：

年 代	上涨倍数			
1937年7月至1938年底	0.5倍	+1=	1.5	1.29
1939年底	1.5倍	+1=	2.5	3.62
1940年底	3.0倍	+1=	4.0	5.97
1941年底	2.0倍	+1=	3.0	
1942年底	3.0倍	+1=	4.0	
1943年底	4.8倍	+1=	5.8	
1944年底	11.6倍	+1=	12.6	
1945年8月	34.0倍	+1=	35.0	
1946年底	7.7倍	+1=	8.7	
1947年底	14.7倍	+1=	15.7	
1948年8月	56.0倍	+1=	57.0	

(2010年7月修订于上海-北京)

【附录4】

度量衡的标准化

在20世纪,首先为了全国度量衡统一,后来又为了跟国际上共同的"克—千克(公斤)/米—千米(公里)"制度接轨,我国度量衡标准在1928年和1959年两度进行改革,主要是重量单位和名称的改革。

1928年公布度量衡法

光绪三十四年(1908),清廷拟订划一度量衡制和推行章程。商请国际权度局制造铂铱合金原器和镍钢合金副原器,次年制成运回中国。

1928年,中华民国政府公布度量衡法,规定采用"万国公制"为标准制,并暂设辅制"市用制"作为过渡,即1公尺为3市尺,1公升为1市升,1公斤为2市斤。改革后的市制适应民众习惯,又与公制换算简便,逐渐为民众接受:

(1)单位"斤"

(1928年为第一次分界,1959年为第二次分界)

1928年以前的"老秤"与此后的"新秤"比较:

1斤(老秤)合596.82克,1斤(新秤)合500.0克

也就是应该如此换算——

"老秤"1斤=16两=(约)597克

"新秤"1斤=16两=500克

"老秤"1斤="新秤"1.194斤=16进制"新秤"19两(1斤3两)

16进制"老秤"1两="新秤"1.194两=37.3克

16进制"新秤"1两="老秤"0.8375两=31.25克

1949年后,市用制通行全国。

然而,1斤=16两的16进位制,使用起来很不方便,因此又需要改革为10进制。

1959年后,定1市斤=10市两=500克,1市两=50克。

1市两=16进制"新秤"1.6两=16进制"老秤"1.9两

(2)单位"石·斗·升"

在探讨"20世纪中国社会生活"的过程中,常遇到一些史料如何处理、统计数字如何检验的问题,其中包括计量单位换算的专门问题。

多年以来经常混淆的一个突出问题,就是"石"。

计量米、谷、麦、豆的单位，自古以来直到清末、民国都用"石"（音如"担"dan，不念shi）。

当代许多研究论著，把这个"石"混同于"担"，都当作"100斤"来计算。例如：

《申报》创刊于同治十一年三月二十三日（公元1872年4月30日）当天上海的米价是，最贵的米每担（100斤）为2.7元。（引自《稿酬怎样搅动文坛》第39页）

1907年的时候……在上海最好的米叫"常白米"，每担（100斤）在4元左右。（同上第126页）

查《中国物价史》载："清代沿用明之度量衡制，粮食以'石、斗、升、合'计算，并以十进位。"（《中国物价史》第252页）将历史记载加以比较，可见上文的"担"应该为"石"。

《当代中国的职工工资福利和社会保障》一书也认为"1石为50公斤=100市斤"。（同上书第23页）

"石"在上述情况下不做"石头"之意，而是"计量液体和干散颗粒容量的单位"，《现代汉语词典》认为"石"今音为"dan"，"在古书中读shi"。一石等于10斗，100升。而"担"是重量单位，一担等于100斤。两者概念不同，不应混淆；但读音有一种类同，极易混淆。

又有著作认为："一石平价米为120斤"（闻黎明著《闻一多传》第207页）。这种看法，来自《辞海》和《辞源》。查1979年改版《辞海》解释"石"为重量单位，一百二十市斤为一石。《汉书·律历志上》："三十斤为钧，四钧为石"。今用为"市石"的简称。1988年修订本《辞源》也释为："重量单位。百二十斤为石。"

这是对实际情况的误解。汉代重量单位"斤"跟现代标准不同。明清直到民国，都把"石"用作容量单位。近代没有1石米=120斤的说法。

（附注：旧中国有些地方如湖南、四川、云南等地，1担水或一挑水重120斤）

我们必须严格区分作为容量单位的"石"，和作为重量单位的"担"。否则，有关数据的计算就都弄错了，也绝不可能得出正确的结论。

甚至有某些列入"国家社会科学规划基金项目"的著述中，也产生了这样的错误。例如：

把"升"（市升）误作"斤"（市斤）——

"抗战初期重庆市部分农产品价格"中等籼米1市斤1.315元，错了。应为1斗1.315元。（《中国抗日战争时期物价史》第47页）

单位市斤错了。应为"升"。（同上书第 52 页）

此外，还有把"升"（市升）误作"斤"（市斤）的，例如：

"1941 年 6 月，重庆市中等籼米 1 市斤 4.187 元"，错了。应为 1 市升 4.187 元。

那么，一"石"米究竟相当于多少"斤"呢？

我查出几种比较可靠的说法，略有差别，基本一致：

(1) 民国时期的"石"作为重量单位：

在北京 1 市石米=156 市斤。（《中国物价史》第 358 页）

(2) 天津旧石 1 石米=160 旧斤=177.7 市斤；（《南开指数资料汇编》，第 70 页）

(3) 杭州 1 杭斛石米=1.053 市石=164.3 市斤；（《浙江粮食调查》1935 年，第 55 页）

(4) 兰州 1 石=147.5 斤，1 斗=14.75 斤=14 斤 12 两，1 市升=1.475 斤；1 小升（小麦）为 7.5 市斤

(5) 在上海郊区奉贤县

1911–1918 年 1 石米为 170—180 市斤；

1919–1936 年 1 石米为 160 斤；

1937–1949 年 1 石米为 150 斤。（《奉贤县物价志》第 442 页）

这表明"石"的换算随年代不同而有小的变化。

一般说来，可以认为：

1 石=150—160 斤，1 斗=15—16 斤，1 升=1.5—1.6 斤；

这个计量的根本问题，过去往往混淆，有必要在这里加以澄清。

于是，上述所引史料应该是：

《申报》创刊于同治十一年三月二十三日（公元 1872 年 4 月 30 日）当天上海的米价是，最贵的米每担（160 旧斤）为 2.7 元。（引自《稿酬怎样搅动文坛》第 39 页）

1907 年的时候……在上海最好的米叫"常白米"，每担（160 旧斤）在 4 元左右。（同上第 126 页）

这里的担（石）和斤都是旧石、旧斤；1 旧石米=160 旧斤=177.7 市斤；

所以，1872 年 4 月 30 日上海最贵的米价是每担（160 旧斤）为 2.7 元（银圆），相当于每市斤（500 克）米价为 0.015 元（银圆），也就是银圆 1 分 5 厘；

1907 年上海最好的米"常白米"，每市斤（500 克）米价为 0.0225 元（银圆），也就是银圆 2 分 2 厘多一点。

后记：救亡与启蒙

经济权是跟精神文明、教育事业、独立人格紧密相关的。对于经济生活、社会经济状况的自觉反思和研究，提出并实践经济权的主张，乃属于文化人启蒙使命的一个必不可少的组成部分。

五四运动以来，"启蒙"与"救亡"成为我国新时代两大主旋律。然而"启蒙"与"救亡"之间的关系和互动如何？至今没有得出深刻的共识。

过去有学者提出"救亡压倒启蒙"的说法，又有学者补充为"革命压倒启蒙"。我经过多年的探讨，认为这两种说法都不妥帖，难以苟同。

我们应该用史料、用实证来说话，而不能只靠感觉、感想、联想来说话。

事实表明：在"救亡"尤其是抗日救亡的艰苦奋斗过程中，我国进步的文化人不仅没有中断"启蒙"，而是以更强的力度推进了"启蒙"。

抗战期间，民主运动在大后方得到空前的发展，反专制独裁的民主联合政府的政治主张得到广泛的支持，作为民主堡垒的西南联大、复旦光华等高等院校挺然屹立，作为民主斗士的李公朴闻一多陶行知等革命先烈前仆后继，作为民主喉舌的《大公报》、《新民报》、《文汇报》、《观察》等持续印行，作为民主理论的许多著作不断发表，作为民主文艺的歌咏、戏剧活动繁荣昌盛……这一系列历史事实，雄辩地证明了"救亡"不仅没有"压倒启蒙"，正相反地"救亡（不做亡国奴）保护了启蒙"、"启蒙（不做愚民）促进了救亡"。

救亡的实质就是反抗并击退帝国主义的奴役，启蒙的实质就是反抗并击退思想文化专制的奴役；救亡落实到行动就是力争民族解放、维护国家主权，启蒙落实到行动就是力争个性解放、维护自由人权。

新文化启蒙运动以及救亡运动都是思想解放运动，主张国家独立和人格独立的一致，民族自由和个性自由的一致。"启蒙"的核心是民主与科学，启蒙之敌是专制、暴政、愚昧、迷信。而真正的"救亡"更需要民主与科学的支援，并保护民主与科学的园地。所以，启蒙思想就是爱国爱民的思想，就是"人本位"的思想，跟救亡的目标是一致的，没有什么"谁压倒谁"的根本冲突。

历史证明："启蒙"与"救亡"之间的积极互动，唤起民众、深入人心，开拓了大后方的现代产业和文化教育事业，成为抗战时期支撑我国独立国格和独立人格不致沦丧、中华民族免于亡国奴厄运的根本力量。

我国五四以来的启蒙（民主与科学）运动是被野蛮的暴力摧残的，是被愚民的独裁摧残的。野蛮的暴力、愚民的独裁、腐败的专制乃是反民主、反科学的刽子手。我们应该还历史的本来面目，决不应该以感想代替实证，决不应该把扼杀"启蒙"的元凶推到"救亡"身上去。

什么叫"启蒙"？就是开启民智的思想革命运动。启蒙与革命本来也是一致的、相互促进的。

"启蒙"即"思想文化革命"的原动力在于人，其中数量虽少、能量巨大的一部分乃是进步的文化人。人的经济生活构成了启蒙与思想文化革命的物质基础，像鲁迅李大钊胡适陈独秀那样的"中产的知识分子"文化人群体，构成了启蒙与思想文化革命的中坚力量。鲁迅关于"娜拉走后怎样"对于我们祖辈、父辈的讲演，将永远回荡在后人耳畔，铭刻在后人脑中——

自由固不是钱所能买到的，但能够为钱而卖掉。……为准备不做傀儡起见，在目下的社会里，经济权就见得最要紧了。（引

自《鲁迅全集》第一卷 161 页）

曾任北京大学文科讲师的鲁迅，在 70 年前离开北大时痛心地感叹："生命的泥委弃在地面上，不生乔木只生野草，这是我的罪过。"但我们要扪心自问：那究竟是谁的罪过？怎样造成的罪过？又如何赎回，如何立功立德来加以弥补？

从 19 世纪末年以来，在专制主义和帝国主义双重压迫下的的中国，艰难萌芽、挣扎成长的我国文化事业，好比一株青春之树，半身是不屈不挠、枝条茂盛、绿叶纷披；另半身却深受人祸天灾，枯败腐朽、凋谢飘零。是新枝绿叶盖过枯败腐朽，还是枯败腐朽压倒新枝绿叶，这将决定我国文化事业的命运，中产阶层文化人的命运。

笔者写这书的过程中，感受着巨大的忧患。十年浩劫的严重创伤和危害，迄今仍是我民族文化的病灶，时常复发；"文化大革命"病毒的后遗症，需要许多年的艰苦努力方能根除。由于思想专制和愚昧迷信的残酷迫害，从事研究社会经济生活的社会学、经济学早已中断多年。笔者不揣冒昧，知其难为而为之，力图以本书作为新生代一个启蒙的枝条。

笔者写这书的过程中，隐含着深沉的哀痛。笔者感激先父陈在文、先兄陈明通的养育启蒙之恩。笔者对于社会、经济的知识和资料，很多是父兄所赐；本书的发表只是初步实现了父兄的遗愿。同时感激周有光老师长期以来的亲切指导，许多人只熟知他是著名的语言学家、文字学家，而竟然不知周先生本行是经济学家，原为上海复旦大学与财经学院经济学教授。我的姐姐陈明璜是他的门生，而本书的内容原为已故姐姐在上海财经学院的研究课题。志未酬、身先死，其痛何如！

笔者写这书的过程中，更怀抱着殷切的希望。本书已经引起社会的重视，本书提出的若干看法已经引起广泛的共鸣，希望它进一步在我国现代化进程中发挥效用。本书的修订再版不是结束，而只是揭开一些新的叶片。希望更多的文化人来栽培灌溉这个枝条，使它不致被污泥浊水泯没，而能迎着曙光开花结果。

2010 年中秋于北京中关村